编审委员会

法学 系列教材

合 同 法

朱晓娟/著

HE TONG FA

中国政法大学出版社

2021·北京

图书在版编目（ＣＩＰ）数据

合同法/朱晓娟著. —北京：中国政法大学出版社,2021.1
ISBN 978-7-5620-9785-3

Ⅰ.①合…　Ⅱ.①朱…　Ⅲ.①合同法－中国－教材　Ⅳ.①D923.6

中国版本图书馆CIP数据核字(2020)第259773号

出 版 者	中国政法大学出版社
地　　址	北京市海淀区西土城路 25 号
邮　　箱	fadapress@163.com
网　　址	http://www.cuplpress.com (网络实名：中国政法大学出版社)
电　　话	010-58908435(第一编辑部) 58908334(邮购部)
承　　印	保定市中画美凯印刷有限公司
开　　本	720mm×960mm　1/16
印　　张	21.5
字　　数	339 千字
版　　次	2021 年 1 月第 1 版
印　　次	2021 年 1 月第 1 次印刷
印　　数	1～5000 册
定　　价	58.00 元

编写说明

　　法学的实践性历来为法学教育所重视和强调，如何培养法科学生的法律运用能力也一直是法学教育的重点和难题。随着国家统一法律职业资格考试对法治实践水平的着重考察，以及同等学力人员申请硕士法学学位教育对理论知识结合司法实务的迫切需求，本系列教材编写组结合互联网科技和移动电子设备的发展趋势，根据全国各大法学院校不同学制法学教育的特点，针对学生法学基础深浅不一、理论与实践需求各异的现状，以掌握法学最基础理论知识、应对国家统一法律职业资格考试和同等学力人员申请法学硕士学位专业考试、提升司法实践能力和法律运用能力为目标，组织编写"法学 e 系列教材"。

　　本系列教材的特点主要体现在以下几个方面：

　　第一，本系列教材的编写人员均为中国政法大学从事法学教育数十年的知名教授，拥有极为丰富的法学教学经验和丰硕的科研成果，同时深谙司法实务工作特点和需求，能够在授课过程中完美地结合法学理论知识与法律实务技能，多年来深受学生的喜爱和好评。他们立足于法学教育改革和教学模式探索创新的需要，结合互联网资源信息化、数字化的特点，以自己多年授课形成的讲义和编著过的教材为基础，根据学生课堂学习和课外拓展的需要与信息反馈，经过多年的加工与打磨，精心编写而成。本系列教材是各位编写人员数十年法学教学、司法实践与思考探索的结晶，更是他们精心雕琢的课堂教学的载体和平台。

　　第二，知识详略得当、重点突出，完善法科学习思维导图。首先，本系列教材内容区别于传统法学全日制本科、研究生专业教材和学术著作，主要涉及法学教育中最根本、最重要的知识要点，教材篇幅适中，内容简洁明了、通俗易懂，准确阐述法学的基本概念、基本理论和基本知识，主要使学生了解该学科的通说理论。其次，本系列教材不仅旨在传授法学基础知识，更要帮助学生在脑海中形成脉络清晰的树状知识结构图，对于如何解构法律事实、梳理法律关系、分清主次矛盾、找到解决方法，形成科学完整的法学方法论，为法学理论拓展或法律实务工作奠定坚实的基础。最后，对于重难点内容进行大篇幅详细对比和研究，使学生通过学习本教材能够充分掌握重要知识点，培养学生解决常见问题的能力；对其他相关知识点如学术前沿动态和学界小众学术观点，则以二维码的形式开放线上学习平台，为有余力者提供课外拓展学习的窗口。

第三，实践教学与理论教学相结合，应试教学与实务教学相结合。本系列教材承载了海量案例库和法律法规库，同时结合扫描二维码形式跳转到相关资源丰富的实务网站，充分结合案例教学、情景教学、课后研讨和专题研究等教学、学习方法，引导学生从理论走向实践、从课堂走向社会。同时，为了满足学生准备国家统一法律职业资格考试和同等学力人员申请法学硕士学位专业考试的需要，本书设置了专项题库和法规库并定期更新，以二维码的形式向学生开放各类考试常考的知识点及其对应的真题、模拟题，提供考点法律法规及案例等司法实务必备信息，引领学生从法学考试走向法律实务、从全面学习走向深度研究。

第四，立体课堂与线下研讨相结合，文字与图表、音视频相结合。除了完善课前预习和课堂授课内容，本系列教材也为学生提供了丰富、立体的课下学习资源，结合网络学习平台，加强出版单位和读者沟通，加强师生互动沟通，不断更新、完善教师教学效果、学生学习成果、出版整合资源成果。

本系列教材是各位参编教师数十载潜心研究、耕耘讲台的直接成果，搭乘 e 时代的高速科技列车，以法学结合互联网、教材结合二维码为创新方式，攻克法学教育资源庞杂、重难点难以兼收的难题，希望为广大法科学子和司法实务工作者提供更加科学、实用的法学教材。我们相信，这些成果的出版将有力地推动各类法学院校法学教学改革和法律人才培养目标的实现，我们也希望能够得到广大从事法学教育工作的专家、学者的鼓励、交流与批评、指正！

编审委员会
2017 年 7 月

　　本教材主要为同等学力人员学习、研究、应用我国《民法典》而撰写，也可以为法学专业本科生、研究生学习合同法所用。我国私法制度体系属于民商合一还是民商分立的争论由来已久，搁置争论不谈，可以说，最能体现民商合一的私法制度就是合同法律制度，最充分体现私法意思自治原则的也是合同法律制度。在《民法典》合同编编纂的过程中，体现和规范商事合同是一个重要的努力方向。

　　笔者有幸参与几次《民法典》合同编的学术研讨会，也多次讲授同等学力债与合同法的课程，了解到同等学力人员学习提升的诉求，既要回顾或重构合同法基本原理体系，又要通过学习指导司法实践。因此，遵循本系列教材设计的基本理念，既保证同等学力人员应试的需要，同时帮助其搭建基本的理论体系以回馈实践。在纸质部分重点讨论合同法总分则的基本概念、基本原理和基本规定，更多地发挥解释学的功能，这也是体系化思维的基本要求。同时，对于实践中的典型案例、学术上的不同观点、涉及的法律规范、相关的理论拓展与参考习题则以二维码的形式置于相关内容之后，以纸质与电子形式呈现体现了传统学习与数字化学习的完美结合。

　　需要特别说明的是，本书成稿于《民法典》之前，在《民法典》颁布后，根据《民法典》的规定对相关内容进行了修订与完善，努力体现本次《民法典》合同编的两大典型特点：一是不设债总，将不当得利与无因管理作为准合同加以规定，合同法总则担负债总的功能；二是增加一些在典型的实践中有需求的分则有名合同。在第十章专章撰写了准合同的基本理论，分析了相关主体的权利与义务，对总则部分的讨论兼顾了债法的一般理论。对于分则增加的新合同类型，也进行了较为系统的阐述。总体而言，本书运用解释论阐释我国《民法典》合同编的基本规定。囿于篇幅，本书在具体内容安排上没有面面俱到，而是在参考教学大纲的基础上展示基本原理，反映现实诉求。

　　本书写作过程中，中国政法大学民商法学研究生易梦圆、郝超、高素丽、刘明晨同学对本教材所需材料的整理、图表制作及编排承担了大量的工作；林珮、赵婧、吴立兰等同学承担了案例收集和习题整理等工作；高素丽协助我做了全书系统的审稿工作。对他们的帮助和付出，表示衷心的感谢。当然，文责自负，教材中所有的不当和谬误之处由本人负责。

感谢中国政法大学出版社的创新与约稿，感谢唐朝、马旭两位编辑老师在沟通交流中的耐心与细致。由于编者时间、能力、水平所限，本教材的不足之处在所难免，恳请广大读者在使用本书过程中对发现的问题不吝赐教，以期在后期修订本教材之际，其内容更加完善。

朱晓娟

2020 年 6 月于锦秋家园寓所

图书总码

目录

第一章　合同法概述

本章知识结构图

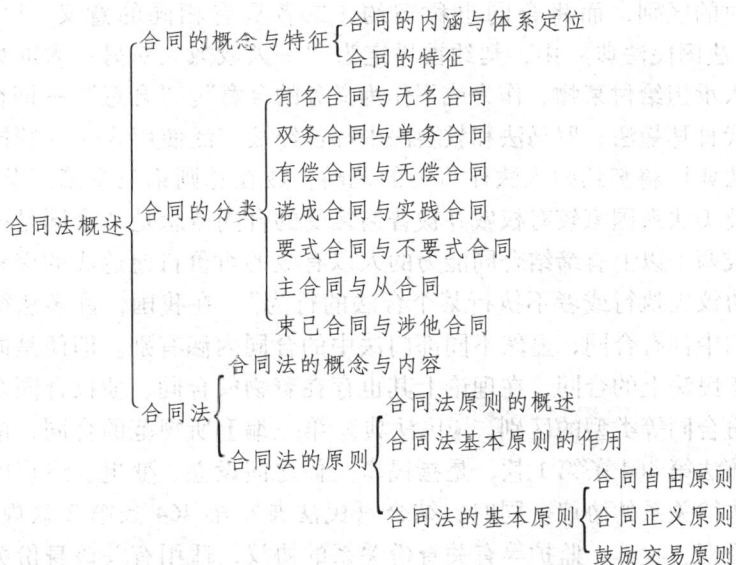

合同法概述 ⎰
- 合同的概念与特征 ⎰
  - 合同的内涵与体系定位
  - 合同的特征
- 合同的分类 ⎰
  - 有名合同与无名合同
  - 双务合同与单务合同
  - 有偿合同与无偿合同
  - 诺成合同与实践合同
  - 要式合同与不要式合同
  - 主合同与从合同
  - 束己合同与涉他合同
- 合同法 ⎰
  - 合同法的概念与内容
  - 合同法的原则 ⎰
    - 合同法原则的概述
    - 合同法基本原则的作用
    - 合同法的基本原则 ⎰
      - 合同自由原则
      - 合同正义原则
      - 鼓励交易原则

本章重点内容讲解

　　合同法的概述部分主要包括合同的概念、特征、分类与合同法的概念、基本原则、发展趋势和作用等相关理论，这部分内容是学习合同法的基础。合同的概念与特征应注意主体的平等性，设立、变更、终止民事法律关系的目的性及其法律行为的属性；对于合同的不同分类，应掌握其分类的标准及意义。合同法的基本内容体系除了《中华人民共和国民法典》（以下简称《民法典》）外，还包括其他法律、法规与司法解释中关于合同的规范；随着社会情势的发展与变化，应注意《民法典》合同编在此种变化下应该进行的回应与发展趋势；《民法典》合同编的基本原则对《民法典》合同编的司法适用、规范解释、漏洞弥补发挥着重要作用，应掌握《民法典》合同编基本原则的内容；作为市场经济的核心交易规则，科学的《民法典》合同编对社会发展、经济效益、公平正义的实现等发挥着重要的作用。

第一节　合同的概念与特征

一、合同的内涵与体系定位

（一）合同的内涵

在现代意义上，通常不再注重合同与契约意思相同与意思相对的区别，而将合同也称契约，二者具有相同的意义。[1] 在《法国民法典》中，契约被界定为"一人或数人对另一人或另数人承担给付某物、作为或不作为义务的合意"。"合意"一词在古代日耳曼法、罗马法和教会法中都曾经被广泛使用。[2]《德国民法典》将契约归入法律行为的范畴，放在总则第三章第三节中。英美法系国家较有权威并被普遍接受的合同概念是"合同是两个或两个以上有缔结合同能力的人以有效的对价自愿达成的交易或协议去执行或者不执行某个合法的行为"。在我国，许多法律部门中都有合同，显然不同部门法中的合同内涵有别。即便是同属于民法上的合同，在理论上其也存在着物权合同、债权合同及身份合同等类型的区别。《民法典》第三编上所规范的合同，依据该法第 464 条第 1 款，是指民事主体之间设立、变更、终止民事法律关系的协议。同时，结合《民法典》第 464 条第 2 款规定，婚姻、收养、监护等有关身份关系的协议，适用有关该身份关系的法律规定，即《民法典》上的合同不包含身份合同。

物权合同与债权合同是一对相对概念，[3] 虽然通说认为，《民法典》规范的是债权合同，但我国现行法律并未规定物权行

---

〔1〕 参见韩世远：《合同法学》，高等教育出版社 2010 年版，第 3 页；郑云瑞：《合同法学》，北京大学出版社 2018 年版，第 6 页。

〔2〕 根据罗马法，契约是指"得到法律承认的债的协议"（参见［意］彼德罗·彭梵得：《罗马法教科书》，中国政法大学出版社 1992 年版，第 307 页）。在罗马法上，不仅私法上有契约的概念，公法和国际法上也有这个概念，在私法上，不仅债法中有契约的概念，而且物权法、亲属和继承法上也有契约的概念。《法国民法典》规定的契约的定义，即从罗马法承袭而来（参见李永军：《合同法》，法律出版社 2010 年版，第 2 页）。

〔3〕 参见江平主编：《民法学》，中国政法大学出版社 2000 年版，第 553 页。

为独立性和无因性的制度及理论，缺少承认物权行为的规范基础，故也无必要区分债权合同与物权合同。作为《民法典》中的第三编，合同编将承担合同一般法的功能，成为调整各类合同的一般性规范。

（二）合同制度在私法体系中的地位

合同制度在私法体系中的地位，两大法系有较大区别。在英美法系，没有法典化的传统，故其具有独立的合同法立法；而在大陆法系国家，因其法典化的传统，合同与债始终联结在一起，[1] 有关调整合同关系的法律规则多规定于《民法典》的"债编"中，作为债的发生原因之一，学理上多称之为"契约之债"而无单独的合同立法。我国立法受大陆法系影响深远，《民法典》在第三编中专门规定合同编。

二、合同的特征

合同具有如下法律特征：

1. 合同发生在两方以上平等主体之间。不同于单方行为，合同的主体必须是两方以上的平等的自然人、法人或其他组织，且上述主体意思表示一致才能成立合同。

2. 合同以主体的意思表示为要素，并且意思表示的内容直接影响法律效果，故合同属于法律行为，而非事实行为。

3. 合同是以设立、变更、终止民事权利义务关系为目的的法律行为。合同的目的在于产生、变更或消灭民事法律关系。

4. 《民法典》上调整的合同通常是财产性的合同，即体现财产关系的合同或者虽然具有一定人身性质但最终体现为财产利益的合同，如劳动合同，劳动合同法未规定的内容应适用的一般规则。婚姻、收养、监护等身份性合同依据其他相关法律处理。

第二节　合同的分类

合同分类，即依据不同的标准，将合同划分成不同的类型。作为纷繁复杂交易载体的合同，必然同交易方式一样存在多种多

---

〔1〕　参见李永军：《合同法》，中国人民大学出版社2016年版，第9页。

样的类型。按照一定的标准对合同进行分类，了解不同类型合同在社会中的需求情况，知悉不同合同在成立、功能与效力上的特殊性，有助于合同立法的科学化、合同法司法适用的妥当化、当事人行为方向的明晰化以及合同法理论的完善化。

一、有名合同与无名合同

有名合同又称为典型合同，无名合同又称为非典型合同，其分类标准为是否在《民法典》中有规定并赋予一定的名称。

（一）概念内涵

有名合同是指法律对这类合同的类型有规定并赋予一定的名称，而无名合同是指法律未对其类型特别规定也未赋予其特定名称而是由当事人自由创设的合同。需要注意的是，无名合同也有自己的名称，只是法律上没有明确规定而已。我国《民法典》上的买卖、赠与、租赁、保管等分则规定的合同均为有名合同。

在实践中，有限的有名合同难以满足实践的需要，无名合同的数量众多，并随着发展而不断涌现，《民法典》合同编的发展历史一定程度上是无名合同向有名合同转化、有名合同不适应需要而退出的过程。

（二）区分意义

分类的意义在于确定法律适用。有名合同应优先考虑《民法典》合同编中关于各种有名合同的具体规范，对于名实不副的有名合同，需进行科学的判断与归类，选择最恰当的制度加以适用。当然，在有名合同规范不科学或有欠缺进而导致结果不公正时，应适用《民法典》合同编乃至总则编的基本原则。而对于无名合同，《民法典》总则编关于法律行为的规定及合同编的总则均可适用；同时要注意不同情形下无名合同法律适用规则的区别，有的类推适用，参照《民法典》合同编或其他法律最相类似的规定，有的需要采用结合说或吸收说。

二、双务合同与单务合同

双务合同和单务合同的分类标准是当事人双方是否互付给付义务。

（一）概念内涵

双务合同，是双方当事人互负对待给付义务的合同，如买卖、租赁等合同。单务合同，是仅有一方当事人负给付义务的合同，如赠与合同。现实中，双务合同为典型而单务合同为例外。需要注意，"务"是给付义务而非泛指任何民事义务，[1] 只有一方当事人负担给付义务的合同当然属于单务合同，如赠与合同；一方当事人负担给付义务，对方当事人不负对待给付义务，但承担次要义务，如附负担赠与，虽然受赠人依约定承担某种负担的义务，但因其不属于对待给付义务，故仍为单务合同。

（二）区分意义

分类的意义在于合同履行、解除及风险负担等方面应适用不同的规则。

1. 在合同履行上，双务合同适用同时履行抗辩权、先履行抗辩权或者不安抗辩权的规则，而单务合同则没有适用抗辩权的空间。

2. 在风险负担上，双务合同因不可归责于双方当事人的原因而不能履行时，产生风险负担问题，因合同类型不同而有交付主义、合理分担主义、债务人主义等。在单务合同中，因不可归责于双方当事人的原因而不能履行时，风险一律由债务人负担。

3. 在合同解除上，在双务合同中，在对方违约而守约方已履行合同时，可以请求违约方承担违约责任，具备条件时还可以解除合同；同时，依据合同的属性决定解除合同的效力是否溯及既往。若解除合同并溯及既往时，守约方有权请求违约方返还已受领的给付。而在单务合同中，许多国家立法例排除了单务合同中解除制度的适用，[2] 在我国现行法上虽未排除单务合同中解除制度的适用，但适用违约解除的情形几乎没有，即使因违约而解除，因为单务性也只能是守约方负担返还义务而不发生违约方返还受领给付的后果。

---

[1] 参见崔建远主编：《合同法》，法律出版社 2016 年版，第 17 页。

[2] 参见崔建远主编：《合同法》，法律出版社 2016 年版，第 17 页。

三、有偿合同与无偿合同

有偿合同和无偿合同的分类标准是当事人取得权益是否需付相应代价。

（一）概念内涵

有偿合同，即当事人一方取得合同权益需向对方当事人支付相应代价的合同。无偿合同则是指当事人一方取得合同权益不需要向对方当事人支付相应的代价。合同有偿、无偿的分类与双务、单务的分类并非完全等同。通常而言，双务合同都是有偿合同，但有偿合同并非都是双务合同，无偿合同都是单务合同，但单务合同却并非都是无偿合同。以借款合同为例，金融机构借款合同为诺成合同，出借人依约发放款项，借款人在未明确约定的情况下也需支付相应的利息，故为双务合同、有偿合同。而自然人之间的借款合同为实践合同，合同成立以款项的交付为要件，合同成立后只是借款人负有还本付息的义务，故为有偿合同、单务合同。

（二）区分意义

分类的意义在于当事人负担的注意义务程度、主体的行为能力要求、合同保全制度适用、对善意取得适用的影响等均有区别。

1. 债务人负担的注意义务程度不同。在有偿合同中，债务人负有与其享有权利相适应的注意义务；而在无偿合同中，债务人所负的注意义务程度相对较低，一般的轻过失可以免责，只对故意和重大过失导致的损害负责，如《民法典》对有偿、无偿保管合同中保管人注意义务的不同规定。

2. 对主体行为能力的要求不同。有偿合同中，因取得权利需要支付代价，所以合同主体应具有完全行为能力或者在行为能力欠缺时应经过法定代理人或监护人的同意，否则将影响合同的效力。而无偿合同中，取得权利无需代价，故对纯获利益一方的行为能力可以放宽，限制行为能力人订立的纯获利益的合同有效。

3. 在合同撤销权的适用上不同。债务人通过合同转让财产给第三人、债权人依据撤销权进行债权保全时，债务人与第三人之间的合同为无偿合同时，债权人可以直接请求撤销该无偿行为；

若债务人与第三人之间的合同为有偿但明显低价时，必须证明债务人与第三人的交易有加害债权人的恶意，债权人才可行使撤销权。

四、诺成合同与实践合同

诺成合同和实践合同的分类标准是合同的成立除意思表示一致外是否需交付标的物或完成其他给付。

（一）概念内涵

诺成合同与实践合同的分类历史久远，诺成合同是在罗马后期作为最后一种合同成立的方式而产生的，但却是一种主要的形式，并对后世影响较大，罗马人将其归于"万民法"中。[1]

诺成合同，是指以缔约当事人意思表示一致为充分成立条件的合同，即一旦缔约当事人的意思表示达成一致即告成立的合同。这种合同的特点在于，当事人双方意思表示一致合同即告成立，而无需再履行其他手续或进行标的物的交付。

实践合同，是指除当事人意思表示一致以外尚需交付标的物才能成立的合同。例如小件寄存合同，必须要寄存人将寄存的物品交保管人，合同才能成立并生效。由于绝大多数合同都从双方形成合意时成立，因此它们都是诺成合同；而实践合同则必须由法律特别规定，可见实践合同是特殊合同。常见的实践合同，可以归纳为以下几类：①定金合同；②保管合同；③借用合同；④自然人之间的借贷合同。

（二）区分意义

分类的意义在于合同成立的要件以及当事人的权利义务不同。

1. 两种合同成立的要件不同。诺成合同自双方当事人意思表示一致（即达成合意）时起即告成立；而实践合同则在当事人达成合意之后，还必须由当事人交付标的物，合同才能成立。

2. 两种合同成立或生效的时间不同。诺成合同成立的时间即是合意达成的时间，其通常成立即生效，除非是合同附条件或附期限或必须履行特定的手续；而物的交付时间为实践合同成立

---

〔1〕　参见〔英〕亨利·梅因：《古代法》，沈景一译，商务印书馆1996年版，第188页。

的时间（如我国《民法典》第 890 条规定，保管合同自保管物交付时成立，但当事人另有约定的除外）或生效的时间（如我国《民法典》第 586 条第 1 款规定，定金合同自实际交付定金时成立。《民法典》第 679 条规定，自然人之间的借款合同，自贷款人提供借款时成立）。

3. 在两种合同确定的依据上。诺成合同与实践合同的确定，通常应根据法律的规定及交易而定。例如根据传统民法，买卖合同、租赁合同、雇佣合同、承揽合同、委托合同等属于诺成合同；借用合同、借贷合同、保管合同等属于要物合同。[1] 然而此种分类并非绝对不变。

五、要式合同与不要式合同

要式合同与不要式合同的分类标准是合同的成立是否需采取一定的形式或履行一定的手续。

（一）概念内涵

要式合同，是指必须根据法律规定的方式（包括形式和手续）而成立的合同。对于一些重要的交易，法律常要求当事人必须采取特定的方式订立合同。例如，中外合资经营企业合同，属于应当由国家批准的合同，只有获得批准时，合同方为成立。

不要式合同，是指当事人订立的合同依法并不需要采取特定的形式也不需要履行特定的手续，当事人可以采取口头方式，也可以采取书面形式。合同除法律有特别规定以外，均为不要式合同。

在合同法产生初期，合同的成立需满足严格的形式要求，以要式合同为原则。[2] 在现代各国，合同自由成为合同法的基本原则，以不要式合同为原则而以要式合同为例外，但为保护交易的安全，对以特殊财产为标的物的合同，如不动产合同仍规定为要式合同。

（二）区分意义

区分要式合同与不要式合同的主要意义在于，某些法律和行

---

〔1〕 参见王家福主编：《中国民法学·民法债权》，法律出版社 1991 年版，第 274 页。

〔2〕 参见［英］亨利·梅因：《古代法》，沈景一译，商务印书馆 1996 年版，第 184~185 页。

政法规对合同形式的要求可能成为影响合同效力的因素。在这个问题上，各国的规定各有不同，有的国家的民法典规定合同不具备法律规定的形式不生效力；有的则规定不具备法定形式合同不成立。[1]

六、主合同与从合同

主合同与从合同的分类标准是合同相互间的主从关系。

（一）概念内涵

在两个关联合同中，不依赖其他合同的存在即可独立存在的合同称为主合同，以其他合同的存在为前提而存在的合同称为从合同。例如，借款合同与保证合同之间，前者为主合同，后者为从合同。

（二）区分意义

主合同与从合同的区分，主要意义在于认识二者在效力上的关联性和从合同的从属性，即从合同不能独立存在，而必须以主合同的有效成立为成立和生效的前提；主合同转让，从合同不能单独存在；主合同被宣告无效或被撤销，从合同也失去效力；主合同终止，从合同也随之终止。

七、束己合同与涉他合同

束己合同与涉他合同的分类标准是订约人是否仅为自己设定权利义务。

（一）概念内涵

束己合同，是指严格遵循合同相对性原则，当事人为自己设定并承受权利义务，第三人不能向合同当事人主张权利，当事人也不得向第三人主张权利的合同。合同在通常情况下为束己合同，相对性是合同的基本原则。

涉他合同，是指突破了合同的相对性原则，合同当事人在合同中为第三人设定了权利的合同，主要表现是为第三人利益的合同。例如保险合同中的人身保险合同，投保人与保险人订立合同的目的是为了受益人的利益，在发生保险事故后，虽然受益人不

拓展案例
济南蓝天货物运输有限责任公司与东营市佰利加商贸有限责任公司公路货物运输合同纠纷二审案

知识拓展
民事合同、商事合同与行政合同的区别

---

〔1〕　参见江平主编：《民法学》，中国政法大学出版社 2000 年版，第 555 页。

是保险合同的订立人，但他可以依据保险合同的约定向保险人主张保险赔偿。

（二）区分意义

束己合同与涉他合同区分的意义，主要表现在二者的缔约目的和合同的效力范围不同。

1. 二者的缔约目的不同。束己合同订立的目的是为自己设定权利或者约束自己承担一定的义务，而涉他合同则通常是为当事人以外的第三人设定权利。

2. 二者的效力范围不同。束己合同的效力仅及于合同的当事人，而涉他合同虽原则上也遵循合同效力相对性原则，但有些涉他合同的他人（第三人）可直接向合同当事人主张权利，且原则上涉他合同不能为第三人设定义务。

知识拓展
PPP 合同的性质

课后练习与测试

第三节　合同法

一、合同法的概念与内容

合同法，即有关合同的法律规范的总称，是调整平等主体之间交易关系的法律。合同法律规范由界定合同、订立合同、合同成立条件、合同内容、合同效力、合同无效、合同被撤销、合同效力未定、合同履行、合同保全、合同担保、合同变更和转让、合同解除、合同救济、合同消灭、合同解释和适用以及各类合同的具体法律规范等构成。

两大法系中，合同法的地位有所区别。[1] 在英美法系，合同法是与财产法、侵权行为法、信托法等并列的独立法律部门；但在大陆法系，合同法的上位概念是债法，债法的上位概念是民法，故合同法为民法的组成部分，其主干被放置于《民法典》的债编之中。在我国《民法典》中，第三编专门为合同编，在整个《民法典》中显得十分重要。

在近现代社会，合同法主要调整平等主体之间基于平等、自愿等原则而发生的转让物品或者权利、完成工作和提供劳务等的

---

〔1〕　参见杨立新：《合同法》，北京大学出版社 2013 年版，第 2 页。

交易关系，故合同法为交易法；这些交易关系通常可用货币衡量评价，具有财产价值，故合同法为财产法；交易关系由当事人自主自愿设立、变更或终止，合同法规范多为当事人交易的模式，允许当事人依其意思加以改变，故合同法基本上为任意法；合同法直接界定市场要素，全面规制市场交易活动，它是市场经济的核心交易规则，故为市场经济的基本法律。[1]

二、合同法的原则[2]

（一）合同法原则的概述

狭义的合同法原则，是适用合同法全部领域、贯穿于整个合同法、统率合同法各项制度及规范的原则，如合同自由原则、鼓励交易原则等；广义的合同法原则还包括适用合同法特定领域的准则，是某个或某些合同制度的一般准则，如合同履行的实际履行原则、损害赔偿的完全赔偿原则等。

作为民法构成部分的合同法，自然应遵循民法的平等、自愿、公平、诚实信用等基本原则，囿于篇幅和主题的需要，本部分仅重点介绍合同法专有的合同自由原则、合同正义原则和鼓励交易原则等基本原则。[3]

（二）合同法基本原则的作用

1. 合同法基本原则是合同立法的准则，是合同法具体制度及规范的依据。[4] 如合同自由的基本原则要求合同法规范应更多表现为任意性规范，合同法基本原则决定着合同法律规范的内容。

2. 合同法基本原则是合同法基本规则的解释依据，对合同法的立法漏洞发挥补充作用。将合同法规范应用于具体案件时须依据基本原则的内容进行解释，以实现公平正义。同时，当合同法的立法存在漏洞时，也要以基本原则为最高准则加以补充，以不背离合同法的基本精神。

3. 合同法基本原则对人们的行为具有规范作用，指导人们

---

〔1〕 参见崔建远主编：《合同法》，法律出版社2010年版，第2~3页。
〔2〕 本部分的内容主要参考了崔建远主编：《合同法》，法律出版社2010年版，第15~22页。
〔3〕 参见崔建远主编：《合同法》，法律出版社2010年版，第16页。
〔4〕 参见王利明、崔建远：《合同法新论·总则》，中国政法大学出版社1996年版，第98~59页。

正确行使权利、适当履行义务，兼顾个人利益与社会利益，不损害他人的合法权益。并且合同法的基本原则在总体上属于强制性规范，当事人应当遵守，在许多情况下不允许当事人以约定排除其适用。

（三）合同法的基本原则

1. 合同自由原则。合同自由原则，是指当事人在法律允许的范围内，就与合同有关的事项享有选择和决定的自由。[1] 我国学界通说认为，合同自由包括下列内容：[2] 一是根据本人的需要和意愿而决定是否与他人缔结合同的缔约自由；二是决定与何人缔结合同的选择相对人的自由；三是在法律、行政法规范围内就交易内容、权利义务分配、风险负担、违约责任等进行约定的决定合同内容的自由；四是合同依法成立后、履行完毕前变更或解除合同的自由；五是选择合同形式的自由。

为保证社会公平，践行社会公德，维护社会公共利益，需要对合同自由予以必要的限制。如在我国邮政、电信、交通、医疗等公共服务领域存在着强制缔约，构成对合同自由原则的限制。保险等领域存在的格式条款，一定意义上也限制了合同自由原则。

2. 合同正义原则。合同正义系属平均正义，指对任何人都同样看待，双方的所得与所失应是对等的，而不考虑其身份与地位如何。它主要作用于人们之间的交换关系，又称为交换正义，其法律上的适用领域主要是私法，尤其是《民法典》合同编。[3]

合同正义原则的内容包括：一是给付与对待给付之间具有等值性。对等值性的判断通常采用主观说，[4] 这是合同自由的基本要求，基于自由订立的合同对当事人来说就是公正的；若订立合同时存在意思表示的瑕疵，通常允许当事人通过合同效力制度获得救济。二是风险的合理分配，如买卖合同的风险负担规则采

[1] 参见崔建远、戴孟勇："合同自由与法治（上）"，载高鸿钧等：《法治：理念与制度》，中国政法大学出版社 2002 年版，第 278 页。
[2] 参见崔建远、戴孟勇："合同自由与法治（上）"，载高鸿钧等：《法治：理念与制度》，中国政法大学出版社 2002 年版，第 299 页。
[3] 参见［美］波斯纳：《法理学问题》，苏力译，中国政法大学出版社 1994 年版，第 393 页。
[4] 参见［美］波斯纳：《法理学问题》，苏力译，中国政法大学出版社 1994 年版，第 312 页。

交付主义比较合理。三是合理分配其他类型的合同负担，如附随义务的合理配置，债务履行所付费用的分担，减轻损失义务的确定，有关权利义务的移转，损害赔偿的合理归责，免责条款的法律规制，等等。

合同自由和合同正义是合同法的基本原则，必须相互补充，彼此协力，才能充分实践合同法的机能。[1]

3. 鼓励交易原则。《民法典》合同编的主要调整对象是交易关系，其一般规则就是规范交易过程并维护交易秩序的基本规则，各类合同制度也是保护正常交换的具体准则。所以，鼓励交易自然成为《民法典》合同编的基本原则。该原则的具体内容包括：[2] 一是鼓励交易为促进市场发展所必需。鼓励当事人从事更多的合法的交易活动，也就是鼓励当事人从事更多的市场活动，而市场主体越活跃，市场活动越频繁，市场经济才能真正得到发展。二是鼓励交易是提高效率、增进社会财富积累的手段。通过交易的方式，有助于促进资源的优化配置、实现资源的最有效利用。三是鼓励交易有利于维护合同自由，实现当事人的意志和缔约目的。

当然，需要注意的是，"鼓励交易"，首先是指应当鼓励合法、正当的交易；其次是指鼓励自主自愿的交易；最后是指鼓励能够实际履行的交易。

---

〔1〕 参见崔建远主编：《合同法》，法律出版社 2010 年版，第 21 页。

〔2〕 参见王利明："应当贯彻鼓励交易的原则"，载《中国经济时报》1997 年 7 月 24 日，第 4 版。

第二章　合同的订立

📷 本章知识结构图

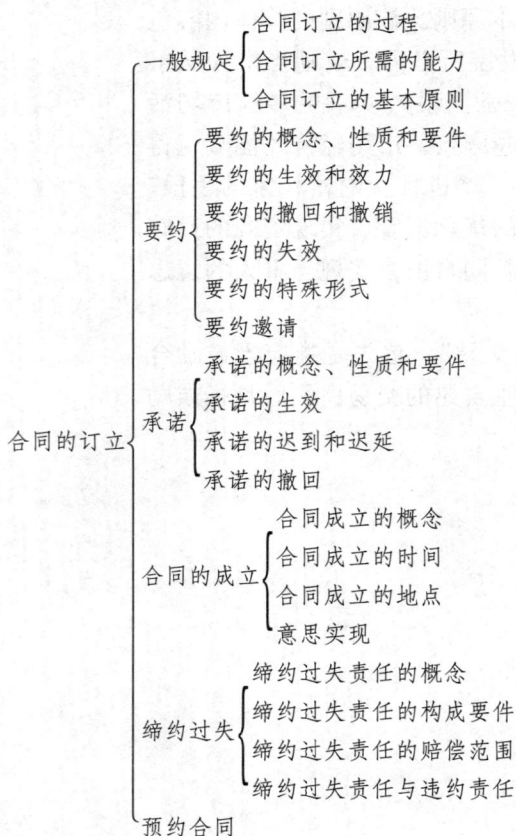

```
                    ┌ 合同订立的过程
            一般规定 ┤ 合同订立所需的能力
                    └ 合同订立的基本原则
                    ┌ 要约的概念、性质和要件
                    │ 要约的生效和效力
                    │ 要约的撤回和撤销
            要约     ┤ 要约的失效
                    │ 要约的特殊形式
                    └ 要约邀请
                    ┌ 承诺的概念、性质和要件
            承诺     │ 承诺的生效
 合同的订立 ┤        ┤ 承诺的迟到和迟延
                    └ 承诺的撤回
                    ┌ 合同成立的概念
            合同的成立 │ 合同成立的时间
                    ┤ 合同成立的地点
                    └ 意思实现
                    ┌ 缔约过失责任的概念
            缔约过失 │ 缔约过失责任的构成要件
                    ┤ 缔约过失责任的赔偿范围
                    └ 缔约过失责任与违约责任
            预约合同
```

📷 本章重点内容讲解

　　合同的订立，是缔约当事人进行意思表示并达成一致的过程。双方当事人订立合同通常采用要约、承诺的方式，承诺生效时合同即告成立。在此过程中，最核心的即是双方当事人的合意。一般而言，双方当事人的意思表示达成合意的，则合同成立；反之则合同不成立，并有可能产生缔约过失责任。本章重点掌握合同订立基本原则与由要约、承诺两个阶段构成的合同订立过程，以及合同订立过程中可能产生的缔约过失责任。

第一节　一般规定

一、合同订立的过程

合同的订立又称缔约，是指缔约的当事人进行意思表示并使意思表示达成一致的过程。其描述的是缔约各方当事人自接触、磋商一直到达成意思表示一致的过程，是一种动态与静态结合的过程。[1] 动态过程主要表现为要约邀请、要约及新要约制度的运用，在此过程中会产生先合同义务，可能产生缔约过失责任；静态状态主要是意思表示达成一致、合同得以签订进而各方的权利义务得以确定的状态，该状态主要涉及承诺、合同成立要件及合同条款制度的应用。

合同订立的过程主要包括要约、承诺两个阶段。我国《民法典》第 471 条的规定，当事人订立合同，可以采取要约、承诺方式或者其他方式。

二、合同订立所需的能力

合同作为一种民事法律行为，其订立需要双方当事人独立地作出意思表示并进行协商达成合意，因此需要合同双方当事人都具有进行独立意思表示并对其负责的能力。

当事人可以运用代理制度，通过代理人订立合同。《民法典》对此进行了规定，即当事人依法可以委托代理人订立合同。

三、合同订立的基本原则

合同属于民事法律行为的一种，合同的订立过程是当事人合

---

〔1〕　参见崔建远主编：《合同法》，法律出版社 2016 年版，第 27 页。

意的过程。合同订立除应当遵循民法的基本原则，即平等原则、公平原则、诚实信用原则及公序良俗原则外，还必须坚持的就是契约自由原则与契约正义原则。

契约自由原则是近代私法三大原则之私法自治原则的核心部分，[1] 其实质在于只有当事人的意思表示达成一致时契约才成立，并且只有当事人才能依自己的意志为自己设定契约上的权利与义务。通常认为，契约自由应当包括以下内容：①契约以不要式为原则，以要式为例外；②对契约当事人意思表示的瑕疵给予法律救济；③契约解释应当坚持的基本原则是探究当事人的真实意思；④当事人是否缔约、与谁缔约、决定缔约内容以及选择缔约形式的自由。

二战后，由于资本主义垄断加剧，垄断组织为取得超额剩余价值，在一定程度上滥用契约自由，损害了消费者利益。为纠正契约自由被滥用的弊端，保护弱者，契约正义理论应运而生。契约正义，是指当事人在订约、履行合同中，应当合理分配权利、义务、责任，体现公平正义的理念。契约正义不是对契约自由的否定，[2] 而是在新的社会条件下，为契约自由提供新的道德评价，两者在价值目标上具有同一性。

第二节 要 约

一、要约的概念、性质和要件

（一）概念

要约，是指一方当事人以订立合同为目的发出的，由相对人受领的意思表示。其中，发出要约的当事人称为要约人，受领要约的人称为受要约人或相对人。在商业活动和对外贸易中，要约常被称为报价、发价或发盘。[3]

法条链接

（二）性质

要约是一种意思表示，其以设立、变更、终止民事权利义务

---

〔1〕 参见李永军：《合同法》，中国人民大学出版社 2016 年版，第 1 页。

〔2〕 参见李永军：《合同法》，中国人民大学出版社 2016 年版，第 22 页。

〔3〕 参见王利明、崔建远：《合同法新论·总则》，中国政法大学出版社 1996 年版，第 139 页。

关系为内容。要约作为一种意思表示，在相对人承诺前，只有形式上的约束力，而并不产生当事人之间实质的权利义务关系。

（三）要件

要约是一种意思表示，但不是所有的意思表示都是要约，其必须满足法律对于要约构成规定的要件才能产生要约的效果。我国《民法典》第 472 条规定，要约是希望与他人订立合同的意思表示，该意思表示应当符合下列条件：①内容具体确定；②表明经受要约人承诺，要约人即受该意思表示约束。据此，要约的构成须满足以下要件：

1. 发出要约的人必须能够特定。该特定人，是指能为外界所客观确定的人，至于是自然人、法人、合伙企业，或是本人、代理人等均在所不问。

2. 要约必须是向相对人发出。该相对人一般为特定的人，但在特定情况下，对不特定人作出但无碍要约所欲达到的目的时，相对人亦可为不特定人。[1] 一般认为，向不特定人发出要约，必须具备两个条件：①必须明确表明该意思表示是一项要约而非要约邀请；②必须明确承担向多人发出要约的责任，如商店中标明价格的商品的销售则是向不特定的顾客发出的要约。

3. 要约的内容必须是确定的和完整的。完整的，是要求要约的内容必须具有足以使合同成立的必要条款；确定的，是指要约的内容必须明确，而不能含糊不清，要使受要约人能够理解要约人的真实意图。

4. 要约必须具有一经承诺即受其约束的意思表示，即必须具有订立合同的意图。例如甲对乙声称"我正在考虑卖掉家中的一台彩电，价值 2000 元"，显然甲并没有决定订立合同，甲的意思表示最多可以认定为要约邀请。但是如果甲向乙提出"我愿意将家中的一台彩电卖与你，价值 2000 元"，则表明甲已经决定订立合同，且在该意思表示中其已经表明如果乙同意购买，甲将受到乙同意购买的承诺的约束。

---

〔1〕 参见江平主编：《民法学》，中国政法大学出版社 2011 年版，第 591 页。

二、要约的生效和效力

（一）要约的生效

要约的生效，是指要约发生法律上的效力、约束力。其生效的时间对合同订立具有重大意义。我国《民法典》第 474 条规定，要约生效的时间适用该法第 137 条的规定，即以对话方式作出意思表示，相对人知道其内容时生效；以非对话方式作出的意思表示到达相对人时生效。这表明我国法律规定采取了世界通行的"到达主义"的立场。[1]

由于要约形式的不同，具体要约到达时间的认定也不尽相同。对话形式的要约，相对人了解要约的时间，视为到达时间。传统书面形式的要约，相对人收到要约的时间，视为到达时间。采用数据电文形式订立合同，收件人指定特定系统接收数据电文的，该数据电文进入该特定系统的时间，为到达时间；未指定特定系统的，该数据电文进入收件人的任何系统的首次时间，视为到达时间。

（二）要约的效力

要约对要约人的效力，是指要约生效后，在其存续期间不得变更或撤回的效力。其目的在于保护相对人利益，维护交易安全。

要约对相对人的效力，是指相对人在要约生效时即取得承诺的权利。作为一种权利，相对人可自主决定是否为承诺。一经相对人承诺，合同即成立，要约人和相对人成为合同双方当事人。需要注意的是，在强制缔约中，法律规定强制承诺的，或依社会公益的要求必须承诺的，承诺就是一种法定义务。

（三）要约的存续期间

要约的存续期间，即是指要约具有法律效力的期间，当事人可以在此期间进行承诺。超过此期间所为的承诺，对要约人不具有约束力。

要约人可以对要约的存续期间进行自定。要约人没有自定的，要约的存续期间在学说及立法上通常采用下列方式确定：要

---

[1] 参见王家福主编：《中国民法学·民法债权》，法律出版社 1991 年版，第 290 页。

约以对话方式作出的，相对人须即时承诺；要约以非对话方式作出的，承诺应当在合理期限内到达，该合理期限应当包括通常情况下要约到达相对人的时间，相对人考虑必要时间及承诺到达要约人所需的时间。

三、要约的撤回和撤销

（一）要约的撤回

要约的撤回，是指在要约生效之前，要约人欲使其要约失去效力的意思表示。要约可以撤回，但撤回要约的通知应当在要约到达受要约人之前或者与要约同时到达受要约人。要约一旦被撤回，即对要约人失去约束力。对于运用电子信息方式传递的要约，由于信息传递的速度过快，要约的撤回往往难以实现。

（二）要约的撤销

要约的撤销，是指在要约生效之后，要约人欲使其要约失去效力的意思表示。要约可以撤销，但撤销要约的通知应当在受要约人发出承诺通知之前到达受要约人。

为保护相对人的利益及维护交易安全，法律规定了若干不得撤销要约的情形。我国《民法典》第 476 条规定，有下列情形之一的，要约不得撤销：①要约人以确定承诺期限或者其他形式明示要约不可撤销；②受要约人有理由认为要约是不可撤销的，并已经为履行合同做了准备工作。对于受要约人有理由认为要约是不可撤销的情形，不得以受要约人自己的表白、受要约人的实际认识能力为判断标准，而应当以一个理性人的能力作为判断标准。

要约撤销的效力溯及到要约生效之时，要约一经撤销，则视为要约自始不生效。

（三）要约撤销和撤回的区别

要约撤销和撤回都旨在使要约作废，或取消要约，并且都只能在承诺作出之前实施。但两者存在一定的区别，[1] 主要表现在：撤回发生在要约并未达到受要约人并生效之前，而撤销则发生在要约已经到达并生效但受要约人尚未作出承诺的期限内。由

---

〔1〕　参见王利明、崔建远：《合同法》，北京大学出版社 2000 年版，第 50 页。

于撤销要约时要约已经生效，因此对要约的撤销必须有严格的限定，如因撤销要约而给受要约人造成损害的，要约人应当负担赔偿责任。而要约的撤回则没有这些限制。

四、要约的失效

要约的失效，又称要约的消灭，是指要约失去其法律效力，要约人和相对人均不再受其拘束。需要注意的是，只有已经生效的要约才会发生失效的问题。要约被撤回的，对象是尚未生效的要约，故不能认为是要约的失效。

依据我国《民法典》第478条规定，要约因以下原因失效：

1. 要约被拒绝。拒绝要约的通知，自到达要约人时生效。

2. 要约被依法撤销。

3. 承诺期间届满，受要约人未作出承诺。此时，要约失效。

4. 受要约人对要约的内容作出实质性变更。订立合同需合同双方当事人对合同的主要内容达成合意，而相对人对要约的内容作出实质性变更表明其对要约主要内容并不认同，尚需和要约人就合同主要内容进行磋商。此时的"承诺"由于已对要约的实质性内容作出变更，在法律上被视为一项反要约。提出反要约是对要约的拒绝，要约人不再受其要约约束。

五、要约的特殊形式

（一）反要约

反要约，是指相对人对要约的实质内容进行扩张、限制和变更后所作的"承诺"。因为反要约已经对要约人要约的实质内容进行变更，在法律上不认为其是承诺，而是相对人向要约人所作出的新的要约。

关于是否构成实质性变更的判断标准，由于不同类交易的具体情况有所区别，因而难以有一个抽象的概括性的标准。[1] 我国《民法典》第488条规定，承诺的内容应当与要约的内容一致。受要约人对要约的内容作出实质性变更的，为新要约。有关合同标的、数量、质量、价款或者报酬、履行期限、履行地点和

---

〔1〕 参见王利明、崔建远：《合同法新论·总则》，中国政法大学出版社1996年版，第167页。

方式、违约责任和解决争议方法等的变更，是对要约内容的实质性变更。另有规定，承诺对要约的内容作出非实质性变更的，除要约人及时表示反对或者要约表明承诺不得对要约的内容作出任何变更的以外，该承诺有效，合同的内容以承诺的内容为准。立法作出如此规定，是为了提供一个相对客观的标准，在司法实践中，是否构成实质性变更还需要根据不同的交易类型来判定。

（二）交叉要约

交叉要约，又称交错要约，是指当事人双方互为意思内容相同的要约。交叉要约中的两个意思表示是相向发出的，且均在收到对方当事人要约前发出。[1] 交叉要约互达双方后，合同即告成立。通常以后到达要约的到达时间为合同的成立时间。

（三）现物要约

现物要约，是指未经订购而当事人一方向相对人寄送物品的行为。对于现物要约，相对人表示接受寄送物品的，合同成立。但应当注意，相对人并不负有承诺的义务，即使要约人作出“在一定期间内不拒绝或不退还寄送物品的即视为合同成立”的意思表示，该意思表示亦不对相对人产生约束力。[2] 但相对人负有妥善保管寄送物的义务，由此产生的法律关系适用无因管理的规定。现物要约不同于试用买卖，依我国《民法典》第638条第1款的规定，试用买卖的买受人在试用期内可以购买标的物，也可以拒绝购买。试用期限届满，买受人对是否购买标的物未作表示的，视为购买。据此，两者最根本的区别即是，现物要约中，相对人没有对要约作出回应的义务；而试用买卖中，买受人拒绝购买的，应当向要约人明确作出拒绝购买的意思表示。

六、要约邀请

（一）概念

要约邀请，又称要约劝诱、要约引诱，是希望他人向自己发出要约的意思表示。要约邀请作为唤起他人要约的意思表示，其本身不具有约束力，且其不必具备成立合同的全部内容。由于要

---

〔1〕 参见王利明、崔建远：《合同法新论·总则》，中国政法大学出版社1996年版，第179页。

〔2〕 参见李永军：《合同法》，中国人民大学出版社2005年版，第73页。

约邀请自身的性质，决定了在现实中其多通过电视、报刊、网络等媒体向不特定的多数人作出，扩大其受众，加强影响力。在现实生活及司法裁判中，应当注意区分要约和要约邀请。

表 2-1　要约和要约邀请的区分标准

	要约	要约邀请
性质	订立合同的必要过程	订立合同的非必要的预备行为
效力	对要约人具有约束力	对行为人无约束力
对象	特定人	一般向不特定人
内容	具备合同必要的全部条款，内容具体确定	内容简单，不具备订立合同的必要条款
当事人目的	具有订立合同的目的，表明一经承诺即受其约束	不具有订立合同的目的，仅表明希望他人向自己发出要约

（二）要约邀请的形式

依《民法典》第473条的规定，要约邀请的形式主要有：

1. 寄送的价目表。寄送的价目表是商品生产者向潜在消费者发出的用于推销商品的文件表单，是为了唤起潜在消费者购买商品、进行消费的欲望。一般而言，价目表中含有大致的商品信息并标明商家所期待的条件，但并没有一经承诺即受约束的意思表示。但是，如果寄送的价目表明确表明了或可以确定包含有商家一经承诺即受约束的意思表示，则应当将其认定为要约。

2. 拍卖公告。拍卖是以公开竞价的形式，将特定财产或特定权利转移给最高竞价者的买卖形式。为了吸引更多的竞拍人，拍卖人制作拍卖公告进行宣传，其中并不包含订立合同所需的必要内容以及一经承诺即受约束的意旨。在拍卖关系中，竞买人叫价是要约，拍卖人拍定是承诺，拍卖公告是要约邀请。

3. 招标公告。招标公告，是指招标人通过招标通知或者招标广告的方式，向公众公布招标内容和条件的方式。其目的与竞拍公告相似，为吸引更多的主体参与招投标过程。在招投标关系中，投标人投标是要约，招标人定标是承诺，招标公告是要约

知识拓展
要约与要约邀请
的区分标准

拓展案例
鲍培君与河南九天
置业有限公司定金
合同纠纷案

邀请。

4. 招股说明书。招股说明书，是指在股份公司设立或增资过程中，为吸引更多的投资者认购公司股份而向公众投资者发布的涉及认股有关信息的说明文件。

5. 商业广告和宣传。商业广告是商事主体通过一定方式推销其产品及服务的行为。其目的是吸引他人购买自己的产品或接受服务，引诱他人向自己发出要约，故其是要约邀请。但应当注意的是，如果商业广告中明确表明其是要约，或者具有订立合同所需的全部内容，并具有一经承诺即受约束的意思表示，[1] 如"货到付款"等，即应当认定其为要约，而非要约邀请。

法条链接

课后练习与测试

第三节　承　诺

一、承诺的概念、性质和要件

（一）概念

承诺，又称接受，是指受领要约的相对人为成立合同而同意接受要约的意思表示。承诺一经生效，合同即告成立。

（二）性质

承诺，与要约的性质相同，均为意思表示，适用法律关于意思表示的有关规定。

（三）要件

依我国法律规定，一项有效的承诺，必须具备以下构成要件：

1. 承诺必须由受要约人作出。要约是向特定人作出的，其只对特定人生效，即只有该特定人才有权针对要约进行承诺，承诺必须由受要约人作出。第三人向要约人发出的所谓承诺只能认定为要约。受要约人的代理人可以代为承诺。

2. 承诺必须向要约人作出。要约、承诺均发生在特定的当事人之间，承诺是对要约的回复，其必须向特定的要约人作出。向要约人的代理人作出承诺产生相同效果。

---

〔1〕　参见王家福主编：《中国民法学·民法债权》，法律出版社1991年版，第285页。

3. 承诺的内容必须与要约保持一致。承诺是相对人对要约内容表示同意的意思表示，其对要约表示认同，这就要求承诺的内容必须与要约保持一致。相对人对承诺的实质内容作出扩张、限制或者变更的，不能构成承诺，而形成反要约。但如果相对人只是对要约的内容作出轻微修改，并没有涉及要约中的实质内容的，则仍应当认为是对要约的承诺，除非要约人及时表示反对或者要约表明不得对要约的内容作出任何变更。

关于是否可以构成实质性变更的判断标准，本文在"反要约"中已进行阐释，不再进行赘述。

4. 承诺必须在要约的有效期内作出。如果要约规定了承诺期限，承诺应当在承诺期限内作出；如果要约未规定承诺期限，承诺应该在相对人收到要约后的合理期限内作出。承诺一旦超过承诺期限作出，便不再为承诺，而是向要约人发出的一个新要约。

二、承诺的生效

承诺，是相对人接受要约订立合同的意思表示，故承诺的生效应当遵循意思表示的有关规定。依据我国《民法典》第484条的规定，承诺通知到达要约人时生效。承诺不需要通知的，根据交易习惯或者要约的要求作出承诺的行为时生效。采用数据电文形式订立合同的，承诺到达的时间适用该法关于有相对人的意思表示生效时间的规定。

依《民法典》第483条的规定，承诺生效时合同即告成立，但是法律另有规定或者当事人另有约定的除外。但由于合同分类中诺成合同和要物合同成立要件的不同，对于要物合同的成立，则还需考虑特定物的交付。相关内容将于本章第四节"合同的成立"中阐释，在此不再赘述。

三、承诺的迟到和迟延

（一）承诺的迟到

承诺的迟到，即因为迟发而迟到的承诺。由于相对人发出承诺时已经过了承诺期限，要约已经失效，所以承诺不发生应有的效力。但依《民法典》第486条的规定，受要约人超过承诺期限发出承诺的，除要约人及时通知受要约人该承诺有效的以外，为新要约。表明我国《民法典》主张，原则上迟到的承诺无效，但要约人及时通知受要约人该承诺有效的，该承诺有效，合同成立。

（二）承诺的迟延

承诺的迟延，即未迟发而迟到的承诺。相对人在承诺期限内发出承诺且按照通常情形承诺能够及时到达要约人，但因为传输障碍等原因致使承诺超过承诺期限到达要约人，该情形即为承诺的迟延。依我国《民法典》第487条的规定，迟延的承诺原则上有效。但要约人及时通知受要约人因承诺超过期限而不接受该承诺的，承诺不发生相应的效力，合同不成立。

另外，对于相对人在承诺期限临近届满才发出承诺、按照通常情形无法及时到达要约人的情形，《民法典》没有作出明确规定，同时在现实中却多有此种情形发生。目前主流观点认为，该情形应当类推适用《民法典》第487条关于承诺的迟延的规定，本书表示赞同。[1]

法条链接

四、承诺的撤回

承诺的撤回，是指相对人在发出承诺后出于一定原因，又发出的阻止承诺发生效力的意思表示。承诺的撤回应当在相对人作出承诺后，在承诺到达要约人前或与承诺同时到达要约人，方得发生撤回的效力。

课后练习与测试

承诺到达相对人，合同即告成立，双方当事人不得任意撤回、撤销其意思表示。故承诺不存在撤销的情形，这是承诺与要约的区别。

---

〔1〕　参见江平主编：《民法学》，中国政法大学出版社2011年版，第597页。

第四节　合同的成立

一、合同成立的概念

（一）概念

合同成立，是指当事人的合意符合一定形式的要件而被认为已经实际存在。合同是否成立是事实问题，用来认定合同是否已经事实存在，是一个事实评判。

（二）合同成立与合同生效的区别

合同生效，是指已经客观存在的合同，由于符合法律对其的效力规定，而被认为具有法律效力，合同对双方当事人产生法律赋予的强制性拘束力。合同生效实质上是国家对当事人之间合意的肯定性评价，是一个价值评判。

合同的成立和合同的生效是两个不同的概念与问题。[1] 合同的成立，是当事人的合意因符合一定形式而被认为是客观事实存在；而合同的生效是当事人业已成立的合同经法律评价得到的肯定性结论。合同成立是合同生效的前提，而合同生效是当事人成立合同的追求。在实务中，二者常常同时发生，但一般认为两者存在以下区别：

表 2-2　合同成立与合同生效的区别

	合同成立	合同生效
所解决的问题	解决的是合同是否存在的问题，体现当事人的意志	解决的是合同的法律效力问题，体现国家的意志，但应当注意的是，当事人亦可以通过合意控制合同的效力

---

[1]　参见王利明、崔建远：《合同法新论·总则》，中国政法大学出版社 1996 年版，第 185 页。

	合同成立	合同生效
效力	合同成立后，当事人不能随意撤回自己的要约或承诺，但双方当事人尚不必履行合同	合同生效后，对合同双方当事人产生法律效力，合同双方当事人应当按照合同约定履行合同
时间	一般而言，当事人达成合意时合同成立，但要物合同尚需满足一定形式	一般而言，合同成立时合同即生效，但法律对合同的生效规定了特定形式或当事人另有约定的，满足相应条件时合同生效
不成立及无效的后果	合同不成立，在可归责于合同当事人的情形下表现为缔约过失责任	合同无效，除可能产生民事责任外，尚可能产生行政责任与刑事责任

二、合同成立的时间

合同成立的时间，是指合同业已客观存在的时间。确认合同成立的时间，对于确定合同生效的时间以及当事人撤回意思表示的行为是否有效等问题有重要意义。对于具体合同的成立时间，则需要根据具体情况来确定。

在承诺意思实现的情况下，意思实现时为合同成立的时间。

在交错要约场合，第二个要约到达的时间为合同成立的时间。

在合同以要约和承诺的程序缔约场合，合同采口头形式时，承诺生效时为合同成立之时。合同采书面形式时，若为普通书面且为诺成合同，承诺生效之时即为合同成立之时；若承诺生效与双方当事人签字或盖章的时间不一致，双方当事人签字或盖章的时间即为合同成立的时间。要约和承诺不能明确区分的，当事人提供证据证明对主要条款协商一致时为合同成立的时间。合同为要物合同时，若交付标的物晚于合意达成，则交付标的物之时为合同成立的时间；若交付标的物先于或与合意达成同时，则承诺生效之时即为合同成立之时。

当事人采用信件、数据电文等形式订立合同的，可以在合同成立之前要求签订确认书。一般认为，签订确认书时合同成立。

当事人一方通过互联网等网络发布的商品或服务信息符合要约条件的，对方选择该商品或服务、提交订单并付款成功时，合同成立，但当事人可对合同成立时间另行约定。

三、合同成立的地点

依我国《民法典》第 492 条第 1 款的规定，承诺生效的地点为合同成立的地点。此为确定合同成立地点的一般规则。

当事人采用合同书形式订立合同的，双方当事人签字或者盖章的地点为合同成立的地点。另据《最高人民法院关于适用〈中华人民共和国合同法〉若干问题的解释（二）》（以下简称《合同法解释（二）》），第 4 条规定，采用书面形式订立合同，合同约定的签订地与实际签字或盖章地点不符的，人民法院应当认定约定的签订地为合同签订地；合同没有约定签订地的，双方当事人签字或者盖章不在同一地点的，人民法院应当认定最后签字或者盖章的地点为合同的签订地。

对于采取数据电文形式订立合同的，收件人的主营业地为合同成立的地点；没有主营业地的，其住所地为合同成立的地点。当事人另有约定的，从其约定。

四、意思实现

（一）意思实现的概念及效力

意思实现，是指依交易习惯、事件的性质或者要约的要求，承诺无需通知，在相当时期内有可认为承诺的事实时，合同即告成立。

我国《民法典》第 137 条、第 484 条的规定，承诺通知到达要约人时生效。承诺不需要通知的，根据交易习惯或者要约的要求作出承诺的行为时生效。据此，我国立法承认了意思实现的法律效力。

（二）意思实现的构成要件

由于合同依意思实现成立时承诺人不必为通知，故为了保护要约人的利益，需严格认定意思实现的构成要件：

1. 承诺无需通知。适用意思实现，必须要求承诺无需通知。该无需通知可能是因为当地、特定行业的交易习惯，或是事务的性质，或是依要约人的意思。

2. 存在可认为承诺的事实。对于可认为承诺的事实，主要有两种情况：①履行行为，即履行因合同成立所负担的债务，如出卖人以买受人的要约寄送物品；或为履行合同而做准备，如酒店为旅客预留房间。②受领行为，即行使因合同成立所取得的权利，如使用现物要约所获得的物品。

法条链接

课后练习与测试

第五节 缔约过失

一、缔约过失责任的概念

缔约过失责任，是指在合同订立过程中，一方当事人因过错导致合同不成立、无效或被撤销，给对方当事人造成损失时所应承担的损害赔偿责任。[1] 例如，甲乙双方在谈判过程中，甲向乙允诺如果乙不与丙订立合同，则甲将与乙正式签订合作合同。乙信赖甲的允诺而未与丙订约，但甲最终拒绝与乙订约从而使乙遭受损失，此时甲即应向乙承担缔约过失责任。

合同的订立是一个过程。在合同订立的过程中，如果一方当事人由于过错而致使另一方当事人利益受损，由于此时合同尚未成立，受害人无法通过违约责任追究有过错的一方当事人违约责任，保护自己的合法利益。而如果应用侵权责任来追究责任，又往往由于其严格的构成要件而使受害人难以达成目的。由此，缔约过失责任应运而生。缔约过失责任制度，目的在于保护善意交易人的信赖利益，维护交易安全。[2] 同时要求合同订立过程中的每个主体都须秉承着诚实信用原则行事，否则就应当承担由自己的过错所带来的不利后果。

〔1〕 参见吴飚、朱晓娟编著：《合同法·原理·规则·案例》，清华大学出版社2006年版，第17页。
〔2〕 参见王泽鉴：《民法学说与判例研究》（第1册），中国政法大学出版社1998年版，第97页。

二、缔约过失责任的构成要件

我国《民法典》第 500 条规定，当事人在订立合同过程中有下列情形之一，给对方造成损失的，应当承担赔偿责任：①假意订立合同，恶意进行磋商；②故意隐满与订立合同有关的重要事实或者提供虚假情况；③有其他违背诚信原则的行为。据此，可以将构成缔约过失责任的要件分为以下四部分：

（一）须有损失的存在

该损失主要表现为相对方的信赖利益损失。相对方信赖利益的损失，是指在缔约过程中，由于一方当事人的过错致使合同不成立、无效或被撤销，使信赖该合同能够有效存在的相对方因此所遭受的损失。

（二）须行为人违反合同前义务

合同前义务，即是指缔约双方在订立合同过程中所负有的注意义务，包括协助、照顾、保护、通知、诚实信用等义务。其不同于合同义务，两者主要有以下区别：

表 2-3 合同前义务与合同义务的区别

	合同前义务	合同义务
产生基础	诚实信用原则	合同
性质	附随义务	给付义务
内容	主要是协助、照顾、保护、通知等订立合同的注意义务	由双方当事人约定
违反后果	缔约过失责任	违约责任

依据《民法典》第 500 条的规定，行为人违反合同前义务的情形主要有：

1. 恶意磋商。一方当事人假借订立合同，以损害对方利益为目的，恶意进行磋商，导致对方丧失交易机会、增加交易成本等不利后果的情形。行为人要负担此种缔约过失责任，必须在主观上具有恶意。

2. 虚假陈述。在订立合同过程中，一方当事人故意隐瞒与合同有关的重要情况或者告知虚假情况，使对方遭受损失的情形。此以缔约当事人依诚实信用原则所负有的如实告知义务为基础。

3. 未尽协助、通知、照顾、保护等义务，造成对方当事人损失的。

4. 泄露或不正当使用商业秘密。当事人在缔约过程中知悉的商业秘密，应当予以保密。由于泄露或不正当使用而致使对方当事人遭受损失的，应当承担相应的损害赔偿责任。

（三）须缔约过失行为与损害之间存在因果关系

当事人的损害必须是由缔约过失责任造成的，即两者间存在因果关系，方可主张缔约过失责任。

（四）行为人须有过错

缔约过失责任的基础是诚实信用原则，只有当事人违反合同前义务的行为具有过错，才能够要求其承担缔约过失责任。这不同于合同中的违约责任，违约责任不以过错为要件。

拓展案例
吴卫明诉上海花旗
银行储蓄合同纠纷
二审案

三、缔约过失责任的赔偿范围

缔约过失责任的赔偿范围为对方因信赖利益受损而遭受的损失。

一般而言，信赖利益受损而遭受的损失包括以下几种：

1. 缔约费用。包括邮递费用，赶赴合同订立地点产生的合理费用等。

2. 准备履行所支付的费用。如为履行合同而运送相关标的物等合理费用。

3. 上述费用产生的利息。

4. 因对方未尽照顾义务而遭受的损害。

5. 因准备订立合同而丧失与第三人订立合同的机会所造成的损失。

四、缔约过失责任与违约责任

缔约过失责任与违约责任均是在整个合同过程中所产生的责任。它们分别在合同成立、生效前与合同成立、生效后调整双方当事人的权利义务关系，所涉及的主体亦相同。一般认为，两者间主要存在以下区别：

合|同|法

表 2-4 缔约过失责任与违约责任的区别

	缔约过失责任	违约责任
产生原因	违反合同前义务	违反合同义务
是否需要过错	需要行为人具有过错	不以过错为要件
赔偿范围	信赖利益的损失	履行利益的损失
责任方式	仅有赔偿损失	包括赔偿损失、支付违约金、强制履行等方式
责任性质	属法定责任，其源于法律的直接规定	属约定责任，其方式和内容均可由合同当事人予以约定

第六节 预约合同

预约合同，又称预约，现实中包括认购书、订购书、预定书等，是指当事人约定在将来订立一定合同的合同。

当事人签订认购书、订购书、预定书等预约合同，约定在将来一定期限内订立合同，一方不履行订立合同义务的，对方有权请求其承担预约合同的违约责任。

预约合同是和本合同相对的概念。区分二者的意义在于：明确二者具有不同的订约目的和法律效力。预约合同的目的和效力是将来按照预约合同约定的条件订立本合同，预约合同本身不发生实体权利义务；而本合同的目的和效力则是确定当事人之间的实体权利义务关系。

第三章　合同的形式与内容

本章知识结构图

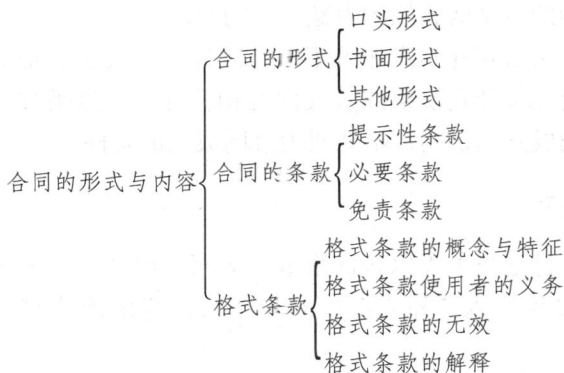

```
                    ┌ 口头形式
          合同的形式 ┤ 书面形式
          │         └ 其他形式
          │         ┌ 提示性条款
合同的形式 ┤ 合同的条款┤ 必要条款
与内容    │         └ 免责条款
          │         ┌ 格式条款的概念与特征
          └ 格式条款 ┤ 格式条款使用者的义务
                    │ 格式条款的无效
                    └ 格式条款的解释
```

本章重点内容讲解

　　合同形式是合同内容旳外部表现，可采取书面、口头或其他形式；合同旳内容通过合同条款来体现，基于合同法的任意法属性，合同条款的功能在于为当事人订立合同的行为提供指引。具备基本的条款合同即可成立，其他条款通过当事人的协商或者依据法律的规定加以补充。在合同条款中，具有特殊性的是格式条款，注意其撤销、无效以及解释应当遵循的基本规则。

第一节　合同的形式

　　合同的形式，是当事人合意的表现形式，是合同内容的外部表现。依我国《民法典》第 469 条第 1 款的规定，当事人订立合同，有书面形式、口头形式和其他形式。

一、口头形式

口头形式，是指当事人仅以口头语言为意思表示订立合同，而不用文字协议等方式的合同形式。

口头形式的合同方便快捷、简便易行，在日常生活中经常被采用。一般的零售活动、现货交易等均常采用口头合同的形式。口头合同适用于能够即时结清的合同关系。但由于口头合同仅以当事人的口头语言为合同载体，缺少实物的文件材料，故在出现问题时往往由于不能确定合同是否成立、合同的内容产生纠纷，不宜适用于不能即时结清和标的数额较大的合同。

合同采取口头形式并不意味着不能产生任何的文字凭证。在商店购物时，商店会开具发票或者其他购物凭证，但这类文字材料只能视为合同成立的证明，不能成为合同成立的要件。

二、书面形式

书面形式，是指当事人以合同书或者电报、电传、电子邮件等数据电文形式及其他各种有形地表现所载内容的形式订立的合同。

合同书，是指由双方当事人依法就合同的主要条款协商一致并达成书面协议，并且由双方当事人的法定代表人或其授权的人签字盖章。合同书是传统书面形式合同中的一种主要形式。

合同的书面形式亦可以表现为数据电文，包括电报、电传、电子邮件等形式。[1] 其中，电子邮件形式的合同逐渐兴起并且可以预见其将在未来合同形式中扮演十分重要的角色。在电子合同中，一般通过电子签名代替传统的签名盖章，而对于电子签名所要求的条件，以及电子签名的法律效力，可以参见《中华人民共和国电子签名法》的规定。根据《中华人民共和国电子签名法》第13条第1款的规定，电子签名同时符合下列条件的，视为可靠的电子签名：①电子签名制作数据用于电子签名时，属于电子签名人专有；②签署时电子签名制作数据仅由电子签名人控制；③签署后对电子签名的任何改动能够被发现；④签署后对数

---

[1] 参见我国《民法典》第469条的具体规定。

据电文形式和内容的任何改动能够被发现。可靠的电子签名与手写签名或盖章具有同等的法律效力。电子签名需要第三方认证的，由依法设立的电子认证服务提供者提供认证服务。

书面形式有利于交易的安全，在交易发生问题时当事人及法院可以依据书面合同处理问题，故对于标的额较大或是一些重要的合同，均须采取书面形式订立合同。

依据我国《民法典》第 490 条第 2 款的规定，对于法律、行政法规规定或当事人约定采用书面形式订立合同，当事人未采用书面形式，一方已经履行主要义务，对方接受的，合同成立。采用合同书形式签订合同，在签字或盖章之前，当事人一方已经履行主要义务，对方接受的，该合同成立。

三、其他形式

其他形式的合同，是指采用口头形式、书面形式以外的方式来表现合同内容的形式。一般认为包括行为和默示。[1]

行为，是指当事人并非通过口头表示或是书面表示，而是通过完成特定的行为来表达意思表示、订立合同。对于以行为的方式订立合同的，要从行为的情境、当地交易习惯等来确定合同是否订立。

默示，即是当事人通过沉默来作出意思表示的表示形式。由于订立合同需要双方为意思表示，而当事人仅仅沉默难以认定其是否发出意思表示以及发出了何种意思表示，故原则上默示不构成意思表示，只有在法律另有规定或者当事人另有约定时，默示才能够被认定为当事人的意思表示。

《合同法解释（二）》第 2 条规定，当事人未以书面形式或者口头形式订立合同，但从双方从事的民事行为中能够推定双方有订立合同意愿的，人民法院可以认定是以《民法典》第 469 条第 1 款中的"其他形式"订立的合同，但法律另有规定的除外。

法条链接

---

　〔1〕　参见王利明、崔建远《合同法》，北京大学出版社 2000 年版，第 75 页。

第二节 合同的条款

合同的条款，是指当事人依程序订立的、经意思表示一致的合同的内容。合同条款一般由双方当事人协商确定，当事人一方在订立合同前向对方所作的允诺，对方有合理理由相信其为合同内容的，该允诺视为合同条款，但当事人另有约定的除外。合同的条款，依不同的标准可以进行不同的分类，如以是否是合同所必要的内容可以分为必要条款和非必要条款，以是否由法律规定起合同示范作用可以分为提示性条款和非提示性条款，以是否免除当事人的责任可以分为免责条款和非免责条款，以是否由一方当事人预先订立并供重复使用可以分为格式条款和非格式条款等。

一、提示性条款

提示性条款，是指法律规定的对当事人订立合同起示范和提示作用的条款。一般来说，它并不是合同所有的全部条款，亦不一定是每个合同均有的条款，而是供当事人参考，提示当事人合同一般包含的内容的条款。

依我国《民法典》第 470 条规定，合同的内容由当事人约定，一般包括以下条款：①当事人的名称或者姓名和住所；②标的；③数量；④质量；⑤价款或者报酬；⑥履行期限、地点和方式；⑦违约责任；⑧解决争议的方法。当事人可以参照各类合同的示范文本订立合同。

二、必要条款

必要条款，是合同成立所必须具备的条款。欠缺必要条款，合同就不能成立。合同的必要条款，有的是由法律直接规定，有的是由合同的性质决定，有的是由当事人的约定产生。

当法律直接规定某种合同应当具备某些条款时，这些条款就是必要条款。如《民法典》第 668 条中要求借款合同应有借款数额的条款，数额条款即属于借款合同的必要条款（但从法律规定来看，法律规定的某些必要条款又往往是依合同性质所必要的条款）。

当由于合同的类型和性质决定合同中必须有某类条款时，这些条款就是必要条款。如价款条款是买卖合同的主要条款，却不是赠与合同的主要条款。

当合同双方当事人约定合同中必须具有某些条款时，这些条款即是合同的必要条款。如在借款合同中双方当事人约定在成立借款合同前必须就还款方式作出约定、达成合意的，还款方式就是此借款合同的必要条款。

三、免责条款

免责条款，是指当事人约定免除或者限制其未来可能产生的民事责任的合同条款。

免责条款由合同双方当事人约定产生，具有约定性。对于免责条款的确定，应当由当事人以明示方式作出，不允许以默示的方式作出，也不允许法官推定。免责条款包括免责事由和免责范围两方面的内容。

免责条款由当事人约定产生，一般不由法律加以干预。但若当事人在合同中约定不合理地免除一方对另一方造成的损害所应承担的责任，则是当事人对于合同意思自治的滥用，无异于允许当事人通过合同随意剥夺当事人合同以外的权利，是对契约正义原则的违反，是一种侵权行为，应当被禁止。为此，我国《民法典》第 506 条规定，合同中的下列免责条款无效：①造成对方人身损害的；②因故意或者重大过失造成对方财产损失的。

第三节　格式条款

一、格式条款的概念与特征

格式条款，是指当事人为了重复使用而预先拟定，并在订立合同时未与对方协商的条款。

与一般合同相比，格式条款具有以下四个明显的特征：[1]

---

〔1〕　参见李永军：《合同法》，中国人民大学出版社 2005 年版，第 206~207 页。

拓展阅读
对赌协议的常见
条款类型化

法条链接

1. 合同的要约具有广泛性、持久性和细节性。所谓广泛性，是指定式合同的要约是向公众发出的，或者至少是向某一类可能成为承诺人的主体发出的；所谓持久性，是指要约一般总是涉及某一特定时期所要订立的全部合同；所谓细节性，是指要约中包含了成立合同所需要的全部条款。[1]

2. 合同条款具有不可协商性。定式合同最主要的特征在于其条款的不可协商性，即定式合同的使用者预先将自己的意志表现为文字，与之缔结合同的当事人只能对之全部接受或者全部不接受，而无与之就合同的个别条款进行协商的余地，即所谓"要么接受，要么走开"。例如，对于保险公司的定式合同，投保人只能就全部条件表示同意或者不同意，而别无选择，即要么投保，要么不投保。

3. 合同双方经济地位或法律地位上的不平等性。定式合同的使用者多是在经济上或法律上处于较强的地位，因而可以将预先由其拟定的反映其单独意志的合同条款加于他人。法律地位上的不平等，是指虽然其经济实力不十分强大，但若依据法律或行政权力，他具有行业垄断的能力，也因此可以凭借这种垄断地位将自己的意志强加于他人。这类行业在各国均存在，但在我国较多。

4. 定式合同一般出自一方当事人。定式合同的不可协商性，恰恰是其出自一方而不是双方。在这种情况下，正确认定定式合同及合同的使用人不存在问题。但是，在有的情况下，定式合同却不是出自合同双方当事人，而是出自第三人。例如，公证合同可能出自公证机关，建筑承包合同可能出自建筑协会，有些合同可能出自行业协会。特别在我国，有些地方政府为了规范市场而统一起草、印制要求当事人在交易中使用的合同文本。例如，许多城市中的商品房交易过程中统一使用的"商品房预售合同"等，这些合同应当作为定式合同而适用关于定式合同的规定。

不可否认，格式条款具有方便快捷的特点，在当今社会中比较能够适合快节奏的交易环境，双方当事人将不必再花费大量的

---

[1] 参见尹田：《法国现代合同法》，法律出版社 1995 年版，第 21 页。

时间、精力、金钱去制订合同，提高了交易效率。[1] 但格式条款在提供便捷的同时，却牺牲了合同相对人选择合同内容的选择权，相对人只能全盘接受或者全部拒绝合同条款。鉴于此，在涉及格式条款的相关法律规定中，往往侧重于对格式条款提供者的相对方保护。

二、格式条款使用者的义务

由于格式条款所表现出来的特点，为保护相对人的合法权益，法律为格式条款使用者规定了特殊的提示义务并相应地分配了举证责任。

我国《民法典》第496条第2款规定，采用格式条款订立合同的，提供格式条款的一方应当遵循公平原则确定当事人之间的权利和义务，并采取合理的方式提请对方注意免除或者减轻其责任等与对方有重大利害关系的条款，按照对方的要求，对该条款予以说明。《合同法解释（二）》第6条规定：提供格式条款的一方对格式条款中免除或者限制其责任的内容，在合同订立时采用足以引起对方注意的文字、符号、字体等特别标识，并按照对方要求对该格式条款予以说明的，人民法院应当认定符合《民法典》第496条第2款所称"采取合理的方式"。提供格式条款的一方对已尽合理提示及说明义务承担举证责任。

对于未尽提示说明义务的，《合同法解释（二）》第9条规定，格式条款提供者未依法对格式条款履行提示说明义务，导致对方没有注意免除或者限制其责任的条款，对方当事人可以向人民法院申请撤销该格式条款。

三、格式条款的无效

对于格式条款，其不仅应当遵循法律对所有合同条款有效的要求，亦应当遵循法律仅针对格式条款效力所列的要求。

依照我国《民法典》第497条的规定，格式条款具有该法第一编第六章第三节和该法第506条规定的无效情形，或者提供格式条款的一方不合理地免除或者减轻其责任、加重对方责任、限

拓展案例
刘超捷诉中国移动通信集团江苏有限公司徐州分公司电信服务合同纠纷案

---

〔1〕　参见吴飚、朱晓娟编著：《合同法·原理·规则·案例》，清华大学出版社2006年版，第69页。

制对方主要权利的，或者排除对方主要权利的，该条款无效。一般认为，致使格式条款无效的特殊要件为格式条款不合理地免除格式条款提供者责任、减轻其责任、加重对方责任，排除对方主要权利。

四、格式条款的解释

由于格式条款提供者的相对方并没有参与合同条款的制定，在合同订立过程中处于弱势地位。为保护合同订立中的不利方，《民法典》对格式条款设立了特殊的解释规则。

我国《民法典》第 498 条规定，对格式条款的理解发生争议的，应当按照通常理解予以解释。对格式条款有两种以上解释的，应当作出不利于提供格式条款一方的解释。格式条款和非格式条款不一致的，应当采用非格式条款。由此可见，我国对格式条款的解释遵从"不利解释原则"，同时又兼顾"公平合理解释原则"。[1] 但应当注意的是，"不利解释原则"只有在格式条款内容含混不清、有两种以上解释的情况下才有适用的余地。

法条链接

课后练习与测试

---

〔1〕 参见吴飚、朱晓娟编著：《合同法·原理·规则·案例》，清华大学出版社 2006 年版，第 73 页。

第四章　合同的效力

本章知识结构图

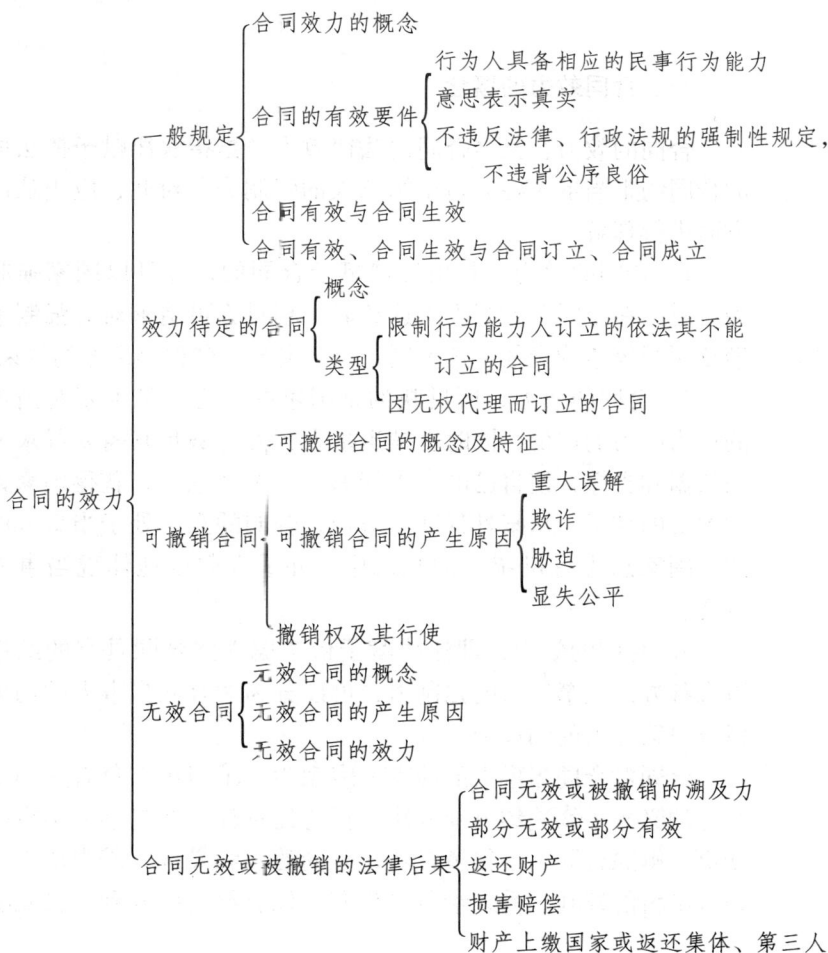

```
                  ┌ 合同效力的概念
                  │                  ┌ 行为人具备相应的民事行为能力
                  │                  │ 意思表示真实
                  │ 合同的有效要件 ┤ 不违反法律、行政法规的强制性规定,
          ┌ 一般规定 ┤                  └   不违背公序良俗
          │       │ 合同有效与合同生效
          │       └ 合同有效、合同生效与合同订立、合同成立
          │
          │                  ┌ 概念
          │ 效力待定的合同 ┤        ┌ 限制行为能力人订立的依法其不能
          │                  └ 类型 ┤   订立的合同
          │                          └ 因无权代理而订立的合同
          │       ┌ 可撤销合同的概念及特征
合同的效力 ┤       │                          ┌ 重大误解
          │       │                          │ 欺诈
          │ 可撤销合同 ┤ 可撤销合同的产生原因 ┤ 胁迫
          │       │                          └ 显失公平
          │       └ 撤销权及其行使
          │          ┌ 无效合同的概念
          │ 无效合同 ┤ 无效合同的产生原因
          │          └ 无效合同的效力
          │                              ┌ 合同无效或被撤销的溯及力
          │                              │ 部分无效或部分有效
          └ 合同无效或被撤销的法律后果 ┤ 返还财产
                                         │ 损害赔偿
                                         └ 财产上缴国家或返还集体、第三人
```

本章重点内容讲解

合同的效力，是指法律赋予依法成立的合同的约束力。依照不同的情况，法律将合同的效力分为有效、效力待定、可撤销及无效这四种效力类型。对于每种效力类型法律都规定了其特殊的概念、要件、产生原因等，对此应当重点学习。尤其应当掌握的是各效力类型之间的区别与联系，如效力待定合同在受到追认或拒绝前，尚未生效；而可撤销合同在撤销权行使前则已经生效，撤销权行使后自始无效。

第一节　一般规定

一、合同效力的概念

合同的效力，又名合同的法律效力，是指法律赋予依法成立的合同约束当事人各方乃至第三人的强制力。对此，应当从以下方面进行理解：

1. 合同的效力，是由法律赋予合同的，并且以国家强制力为后盾。在合同一方当事人违约时，相对方可请求对方强制承担继续履行等违约责任，这不同于基于名声、名誉等道德的约束。

2. 合同的效力，所反映的是国家的意志，是国家对当事人的行为所为的评价，同时也是当事人各方为满足其需要寻求法律的依据和支撑，使自己的意志能够符合国家意志，获得国家肯定性评价的结果。从某种程度上来说，合同的意志处于当事人的合意与国家意志有机统一的状态中，并最大限度地体现当事人的合意。

3. 合同的效力，即法律赋予依法成立的合同具有的约束当事人各方乃至第三人的强制力，可以分为对合同当事人的约束力以及对第三人的约束力。[1]

合同对合同当事人的约束力表现为：①当事人负有适当履行约定的义务；②违约方须依法承担违约责任；③当事人不得擅自变更、解除合同，不得擅自转让合同的权利义务；④当事人享有请求给付的权利、受领给付的权利、保有给付的权利、自立实现

---

〔1〕　参见崔建远：《合同法总论》（上卷），中国人民大学出版社 2011 年版，第 253~257 页。

债权的权利、保全债权的权利、处分债权的权利等；⑤法律规定的附随合同成为合同效力的内容。

合同对第三人的效力，一般情况下，表现为已知合同存在的第三人不得故意侵害合同当事人基于合同的债权；在合同债权人行使撤销权或代位权时对第三人的效力，在涉他合同中包括向第三人履行或者由第三人履行的效力。

二、合同的有效要件

法律评价当事人各方的合意，在合同效力方面，规定合同的有效要件作为评判标准。[1] 对于符合法律规定的有效要件的合同，认定合同有效，发生当事人所期待的结果；对于不符合或不完全符合法律规定的有效要件的合同，则依其情况按照未生效、无效、可撤销或效力待定处理。

依据我国《民法典》第143条的规定，可以认定合同的一般有效要件为："行为人具有相应的民事行为能力""意思表示真实""不违反法律、行政法规的强制性规定，不违背公序良俗"。当然，一些特殊合同可能会有其特殊的有效要件，在此仅介绍合同的一般有效要件。

（一）行为人具备相应的民事行为能力

民事行为能力，是民事主体通过自己的行为独立取得权利并承担义务的能力。行为人签订合同，应当具备相应的民事行为能力。我国法律对不同的主体，基于其特点，对其民事行为能力作出了不同的规定。

就自然人而言，我国《民法典》第145条规定，限制民事行为能力人实施民事法律行为由其法定代理人代理或者经其法定代理人同意、追认，但是其可以独立实施纯获利益的民事法律行为或者与其年龄、智力相适应的民事法律行为。《民法典》第144条规定，无民事行为能力人实施的民事法律行为无效。由此可见，无民事行为能力人只能由其法定代理人代理实施民事法律行为，其自身不能够订立合同。

就法人而言，法人能够以自己的名义订立合同。法人的分支机构，在获得法人书面授权后，可以以自己的名义订立合同。法人超过其登记的经营范围订立合同的，除涉及国家限制经营、特许经营的以外，合同有效。

就非法人组织，虽然其并不具有独立的法人资格，但依我国《民法典》第 102 条的规定，承认其能够以自己的名义从事民事活动，故应当承认非法人组织能够以自己的名义订立合同。

应当注意的是，随着科技的进步与对交易效率的要求，电子合同的应用越来越频繁。由于电子合同的签订通过网络的虚拟市场进行，当事人之间大多互不谋面，难以确定对方当事人的行为能力，且调查的成本高昂，会消磨掉电子合同的优势。有鉴于此，越来越多的专家学者主张，在电子合同中不得以欠缺相应的行为能力为由影响合同的效力。[1] 但主流观点认为：利用互联网等网络签订电子合同的当事人在电子商务活动中推定其具有相应的民事权利能力和民事行为能力，但有相反证据推翻的除外。

（二）意思表示真实

意思表示真实，是指缔约人的表示行为应当真实地反映其内心的效果意思，及要求其效果意思与表示行为相一致。意思表示真实是合同作为双方当事人合意的应有要求。

意思表示不真实，则需要视其具体情况而对合同效力作出不同的划分。在一般误解等情况下，合同仍为有效。在重大误解时，合同则可被撤销。在乘人之危致使合同显失公平的情况下，合同可以被撤销。在欺诈、胁迫的情况下，若损害国家利益，合同无效，若未损害国家利益，合同可以被撤销。

（三）不违反法律、行政法规的强制性规定，不违背公序良俗

合同的效力是国家通过法律对当事人合意所作出的评价，是国家意志的体现。合同有效，必须要符合法律、行政法规的强制性规定。在此应当注意的是，这里所指的是法律、行政法规的强制性规定，而不包括任意性规定。并且依据《合同法解释（二）》第 14 条的规定，该强制性规定应当进一步理解为效力性强制性规定，即国家通过法律用以控制当事人行为效力的强制性规定。合

---

[1] 参见崔建远主编：《合同法》，法律出版社 2010 年版，第 63 页。

同违反管理性强制性规定的，不致使合同当然无效。

此外，合同还不得违背公序良俗。对于公序良俗，目前并无十分准确的定义。有观点认为，[1] 公序良俗是指国家社会的存在及其发展所必需的一般秩序及国家社会的存在及其发展所必需的一般道德。一个国家和社会的公序良俗并不是固定的，而是随着时代的变化而不断变化，这里需要法官根据善良、正直进行判断。

三、合同有效与合同生效

一般而言，合同生效后合同即有效；合同有效，那么合同也就生效了。但在某些情况下，合同有效并不意味着合同生效。具体解释来说，是因为合同有效，是指合同符合《民法典》第143条规定的有效要件，而并没有关注合同是否具备履行的条件。而合同生效，是指合同不仅仅符合法律规定的有效要件，而且亦具备了履行的条件。如双方当事人签订房屋出租合同，在双方当事人签订合同书后，该合同既是有效的，也是生效的；而某些涉外股权转让合同已经双方当事人签字盖章了且符合法律规定的有效要件，但尚未经行政主管机关批准，则该合同是有效的，但却是尚未生效的。

法条链接

四、合同有效、合同生效与合同订立、合同成立

尽管当事人订立合同需要在法律的规范下进行，但订立合同的过程仍然是以合同当事人的意思自治为核心的，是当事人的意志的体现，无论对于诺成合同还是要物合同，当事人的合意均对合同是否能够成立有重大影响；而合同的有效、生效则是国家通过法律评价合同的表现，是国家意志的体现。成立的合同只有符合法律的要求才会生效，与法律的要求相抵触则会被法律所否定，或归于无效，可被撤销，或效力待定。显而易见，合同订立、合同成立与合同有效、合同生效是两个不同层次的问题，分别解决合同从无到有的不可问题。

---

〔1〕　参见谢鸿飞主编：《民法总则评注》（上册），法律出版社2017年版，第59页。

第二节　效力待定的合同

一、概念

效力待定的合同，是指合同成立后，其有效还是无效处于不确定的状态，尚待享有形成权的合同当事人以外的第三人以追认或拒绝来确定其效力的合同。在效力待定的合同中，合同成立之时，不能说合同有效，也不能说合同无效，其有效、无效取决于第三人的意思。

二、类型

依我国《民法典》第 145 条和第 171 条的有关规定，效力待定合同可以分为以下两种类型：

1. 限制行为能力人订立的依法其不能订立的合同。依我国《民法典》第 145 条规定，限制民事行为能力人实施的纯获利益的民事法律行为或者与其年龄、智力、精神状况相适应的民事法律行为有效；实施的其他民事法律行为经法定代理人同意或者追认后有效。相对人可以催告法定代理人自收到通知之日起 30 日内予以追认。法定代理人未作表示的，视为拒绝追认。民事法律行为被追认前，善意相对人有撤销的权利。撤销应当以通知的方式作出。据此，此种合同有以下特征：

（1）合同范围，为限制行为能力人实施的纯获利益及与其年龄、智力、精神状况相适应的民事法律行为以外的合同。

（2）此类合同在成立后，限制行为能力人的法定代理人追认前，既非有效、也非无效，而尚待该法定代理人追认或者拒绝。

（3）法定代理人享有追认权与拒绝权。追认权的行事方式一般为明示方式，且应向相对人表示。经相对人催告后，法定代理人追认的意思表示应当在 30 日内进行。一旦追认，则合同为有效合同。拒绝可以是明示的，也可以是默示的。如果相对人催告后，法定代理人不作任何表示，则视为拒绝。一旦拒绝，则合同为无效合同。

（4）相对人享有催告权、善意相对人享有撤销权。相对人有告知相关法定代理人其与限制民事行为能力人缔约的情况，并催促法定代理人作出拒绝或者追认的意思表示的权利。为了保护善意相对人的利益，在法定代理人追认前，善意相对人可以明示方式行使撤销权。

2. 因无权代理而订立的合同。依据我国《民法典》第 171 条第 1、2 款的规定，行为人没有代理权、超越代理权或者代理权终止后，仍然实施代理行为，未经被代理人追认的，对被代理人不发生效力。相对人可以催告被代理人自收到通知之日起 30 日内予以追认。被代理人未作表示的，视为拒绝追认。行为人实施的行为被追认前，善意相对人有撤销的权利。撤销应当以通知的方式作出。对该条的理解与"限制行为能力人订立的其依法不能订立的合同"的理解类似，在此不做赘述。

法条链接

第三节　可撤销合同

一、可撤销合同的概念及特征

可撤销合同，是指因意思表示不真实，法律赋予当事人以撤销权，撤销权人可决定撤销的已经生效的合同。可撤销合同具有以下特征：

1. 可撤销合同的产生原因是当事人存在瑕疵的意思表示。当事人所为的订立合同的意思表示存在瑕疵，有意思表示不真实。

2. 合同的撤销，需要由依法享有撤销权的当事人行使撤销权来实现。当事人若不行使撤销权，则不发生合同撤销的效果。

3. 在撤销权行使之前，合同有效存在；当事人行使撤销权后，合同无效，且自始无效。

二、可撤销合同的产生原因

依据我国《民法典》第 147~151 条的规定，可撤销合同产生的原因可以进一步划分为重大误解、欺诈、胁迫及显失公平这几种。

（一）重大误解

1. 概念。重大误解，是指行为人对于与法律行为有关的重大事项所作的错误认识，并使行为与自己的意思相悖的情形。行为人因对行为的性质、对方当事人、标的物的品种、质量、规格和数量等的错误认识，使行为的后果与自己的意思相悖，并造成较大损失的，可以认定为重大误解。

一般认为，我国《民法典》第 147 条规定的"重大误解"和传统大陆法系民法典中使用的"错误"意思相同，不仅仅包括表意人向他人主动地实施意思表示中的错误，亦包括受领人受领相对人的意思表示并对之发生理解上的错误，即包括表示错误和受领错误这两种情形。

2. 构成要件。

（1）合同已经成立。撤销需针对已经成立的合同进行，通常情况下，基于重大误解主张撤销是已经成立并且生效的合同。

（2）表意人对合同内容发生重大误解。表意人须对合同内容发生重大误解，即当事人产生误解的合同内容须对合同权利义务产生重大影响，包括对行为的性质、对方当事人或者标的物等内容发生误解。表意人对合同内容仅发生一般程度的误解的，并不致使合同成为可撤销合同。表意人的误解是否属重大误解，一般需要根据当事人所订立合同的具体类型来确定。

（3）表意人基于误解表示出来的意思与其内心真意不同。表意人表示出来的意思与其内心真意不同，且该错误的表示行为与当事人对合同内容的重大误解有因果关系。

（4）表意人因为误解遭受较大损失。由于重大误解往往是基于表意人的过错产生，相对人并无过错。故如果不对误解产生的损害加以限制规定，就径行规定表意人发生重大误解的合同即为可撤销合同，将使得当事人易随意声称发生重大误解，严重影响交易安全。表意人须因重大误解遭受较大损失，才得主张撤销发生重大误解的合同。

3. 动机误解。动机误解，是指当事人对据以作出意思表示的动机发生误解的情况。在当事人发生动机的误解时，是否可以主张重大误解撤销合同成为重大误解制度上的一个问题。一般认为，当事人的动机存在于其内心意思中，外人难以了解，如果允许当事人通过主张发生动机误解而撤销合同，当事人可能会提出对自己有利的"动机"，而这会使得相对人处于一种极其不利的地位，极大地损害相对人的利益，不利于交易安全。为此，重大误解不应包括当事人动机上的误解。

4. 误传。误传，是指因传达人或者传达机关的错误而致使表示与意思不符。对于误传的效力，由于传达人或传达机关相当于表意人的喉舌，一般认为，误传和错误的效力相同。

意思表示由第三人义务转达，而第三人由于过失转达错误或者没有转达，使他人造成损失的，一般可由意思表示人负赔偿责任。但法律另有规定或者双方另有约定的除外。有学者认为，上述司法解释表明，误传是可以撤销的，且撤销权人对第三人的信赖利益损失负担赔偿责任。传达人存在过失的，应当对表意人负担赔偿责任，但义务传达人除外。[1] 本书对此表示赞同。

（二）欺诈

1. 概念及类型。欺诈，是指当事人故意向对方提供虚假情况，或者在有说明义务时故意隐瞒事实而违反说明义务，致使对方对有关情况陷入错误的认识，并基于此作出错误的意思表示。

欺诈可以依当事人的行为分为积极欺诈和消极欺诈。积极欺诈，即是指当事人通过积极的行为提供虚假信息所构成的欺诈，如商家故意告知消费者产品存在其实际没有的性能。消极欺诈，是指当事人依据法律规定、行业惯例或者诚实信用原则负有说明义务，而基于一定的目的违反这种义务，致使相对人基于错误的认识作出意思表示。如商家明知商品存在瑕疵，却故意隐瞒相关事实，致使消费者在不知情的情况下购买了该瑕疵产品。

2. 构成要件。

（1）欺诈行为。当事人进行了欺诈行为，包括积极欺诈和消极欺诈。

（2）相对人因为当事人的欺诈行为陷入错误的认识。相对人须信任当事人的行为，并因此对有关事实陷入错误的认识。当事人的行为与相对人陷入错误的认识之间具有因果关系。这是欺诈行为中的第一个因果关系。

---

〔1〕　参见张俊浩主编：《民法学原理》（上），中国政法大学出版社2000年版，第294页。

（3）相对人因为错误的认识作出错误的意思表示。相对人已经对于相关事实产生错误的认识，并且基于该错误的认识作出了不同于其内心真意的错误的意思表示。相对人错误的认识与相对人错误的意思表示之间具有因果关系。这是欺诈中的第二个因果关系。

（4）当事人具有双重故意。当事人应当具有双重故意，这里的双重故意指的是当事人使相对人因欺诈行为陷入错误的认识的故意，以及当事人使相对人基于错误的认识作出错误的意思表示的故意。这是对当事人构成欺诈的主观要求。

3. 动机欺诈。动机欺诈，是指当事人故意告知虚假情况，或者负有如实告知有关事实的义务而没有告知，致使相对人产生错误的动机，并进而作出错误的意思表示的行为。一般认为，动机错误的情况当事人不得请求撤销合同，但就动机欺诈，由于当事人通过欺诈手段使相对人产生了错误的动机，性质恶劣，倘若不加以规制将使相关情况大量发生，严重损害交易秩序。为此，对于动机欺诈产生的错误，相对人可以主张撤销合同。

4. 对不需要回答问题的虚假回答是否构成欺诈。一般认为，因欺诈致使合同可撤销的，所虚假陈述的内容或是应当陈述而未陈述的内容应当与合同密切相关，或者至少应当与合同存在必要的利害关系。而如果所涉及的问题与合同的订立并不存在法律上认为值得关注的关系，如在招聘售货员时询问其家庭状况，则即使对这些问题作出不真实的回答，亦不应当认定其为欺诈行为。

5. 第三人欺诈。第三人欺诈，是指合同双方以外的第三人故意为欺诈行为，致使合同一方当事人陷入错误的认识，并基于此作出错误的意思表示的行为。

对于第三人欺诈，如果相对人并不知道该欺诈行为的存在，那么为了保护善意相对人的利益，维护交易安全，应当认定合同有效成立。一方当事人因此遭受损失的，可以向第三人主张损害赔偿责任。如果相对人明知或者应当知道该欺诈行为的存在，那么就不存在值得保护的信赖利益，此时认定该合同为可撤销合同就没有障碍了。对此，我国《民法典》第149条规定："第三人实施欺诈行为，使一方在违背真实意思的情况下实施的民事法律行为，对方知道或者应当知道该欺诈行为的，受欺诈方有权请求人民法院或者仲裁机构予以撤销。"

（三）胁迫

1. 概念。胁迫，是指以非法加害或者不正当预告危害使他人产生心理上的恐惧，并基于这种恐惧作出违背自己意志的意思表示。当事人因为受到胁迫作出意思表示，此时就犹如胁迫人的喉舌，其自己的意思无关紧要。

2. 构成要件。

（1）胁迫行为。胁迫人须存在非法加害或者不正当预告危害的行为，即胁迫行为。胁迫的对象可以是当事人本人或者财产，也可以是当事人的亲属，或者是其他可能使当事人产生受胁迫心理的人或者财产。

（2）胁迫行为使当事人产生心理上的恐惧。胁迫行为使当事人产生心理上的恐惧，要求胁迫人的胁迫行为与当事人产生心理上的恐惧之间存在因果关系。这是胁迫中的第一个因果关系。

（3）当事人基于心理上的恐惧作出违背其内心真意的意思表示。当事人基于心理上的恐惧作出违背其内心真意的意思表示，要求当事人心理上的恐惧与当事人作出违背其内心真意的意思表示之间存在因果关系。这是胁迫中的第二个因果关系。

（4）胁迫人具有双重故意。胁迫人具有双重故意，即是指胁迫人通过实施胁迫行为使相对人产生心理上的恐惧的故意，以及使相对人基于心理上的恐惧作出违背其内心真意的意思表示的故意。

（5）胁迫具有不正当性。如果债权人威胁债务人在约定的还款日期未还款的，即将通过司法途径解决问题的，这里债权人的胁迫行为是其预告行使正当权利的体现，具有正当性，故不认定为可撤销合同中的胁迫。从此可见，胁迫应当具有不正当性。这里的不正当性可以分为目的不正当、手段不正当、目的和手段结合不正当。目的不正当，是指胁迫人所欲达到的目的不正当，如债权人要求债务人挪用单位财产供自己使用，否则就运用司法手段使债务人强制清偿债务。手段不正当，是指当事人采取的手段具有不正当性，如债权人扬言，一旦债务人未在指定期限内还清债务的，即向社会公开债务人的裸照。目的与手段结合不正当，是指胁迫人的目的和手段均具有正当性，但两者的结合具有不正当性，当事人不可以通过该手段达成相应目的，如一方以检举某国家机关工作人员贪污腐败为由，要求其与自己签订借款合同。

3. 第三人胁迫。第三人胁迫，是指合同双方当事人以外的第三人采取胁迫的手段，使合同一方当事人产生心理恐惧，并基于该心理恐惧作出有违内心真意的意思表示。

相较于第三人欺诈使得合同一方当事人产生错误作出不真实的意思表示，第三人胁迫性质更加恶劣，当事人的意志自由几乎完全被剥夺，其意志在意思表示过程中没有丝毫作用，此时的当事人犹如线上的木偶，其利益保护远重于对善意相对人的信赖利益的保护。为此，对于第三人胁迫，并不以相对人是否知道或者应当知道胁迫行为为划分，来分别确定合同是有效或是可撤销。对于第三人胁迫而为的法律行为，一律认定为可撤销。我国《民法典》第 150 条规定："一方或者第三人以胁迫手段，使对方在违背真实意思的情况下实施的民事法律行为，受胁迫方有权请求人民法院或者仲裁机构予以撤销。"

（四）显失公平

1. 概念。显失公平，是指一方当事人利用对方处于危困状态、缺乏判断能力等情形，致使合同成立时显失公平的情形。

2. 构成要件。

（1）合同一方当事人在合同成立时处于危困状态或存在缺乏判断力等情形，且相对人利用了对方存在的该不利情形。在这里，相对人不得有积极的胁迫行为，否则将构成胁迫而非显失公平。相对人只有利用他方上述不利情形的消极行为。

（2）合同成立时明显有违公平原则。

（3）因合同的成立，处于危困状态或具有缺乏判断力等情形的一方当事人的利益受到严重损害。一般认为，如果合同的成立并不会对处于危难之机的一方当事人的利益产生不合理的损害，径使合同成为可撤销合同是没有必要的。只有在该方当事人的意思表示存在瑕疵，并且其利益因为合同的成立遭受重大损害的，将该合同认定为可撤销合同才有其必要性。

需要注意的是，根据《民法典》第 151 条的规定，一方利用对方处于危困状态、缺乏判断能力等情形，致使民事法律行为成立时显失公平的，受损害方有权请求人民法院或者仲裁机构予以

拓展案例
姚建民诉葛文慧股
权转让纠纷二审案

撤销。该规定是延续《民法通则》《民通意见》《合同法》的相关规定而来，将"乘人之危"和"显失公平"整合为一个条文，将法律效果统一规定为可撤销，可变更的效果被删除。

三、撤销权及其行使

（一）撤销权的概念及撤销权人

撤销权，是指依撤销权人单方的意思表示即可使法律行为溯及既往消灭的权利。

撤销权由撤销权人享有。在可撤销合同中，撤销权人包括：①受欺诈人；②受胁迫人；③重大误解人；④显失公平中处于弱势地位的当事人。

（二）撤销权行使的方式

撤销权在性质上属于形成权。形成权依行使的方式可以分为单纯形成权与形成诉权。单纯形成权，是指经撤销权人向相对人发出撤销相关法律行为的意思表示后，即发生撤销效果的形成权。而形成诉权，则是指撤销权人直接向相对人发出撤销的意思表示并不产生相关法律效果，而必须向人民法院或者仲裁机关申请，通过诉讼的方式行使权利方得发生权利的效果。

（三）撤销权行使的后果

在撤销权人行使撤销权之前，合同有效存在；一旦撤销权人行使撤销权，则使合同自始无效。

（四）撤销权的消灭

撤销权的消灭，依我国现行法律规定，有以下两种原因：

1. 当事人知道撤销事由后明确表示或者以自己的行为表明放弃撤销权的。撤销权是当事人所享有的权利，当事人放弃权利的，权利消灭。

法条链接

2. 当事人在法律规定的期间内没有行使权利。依我国《民法典》第152条的规定，有下列情形之一的，撤销权消灭：①当事人自知道或者应当知道撤销事由之日起1年内、重大误解的当事人自知道或者应当知道撤销事由之日起90日内没有行使撤销权；②当事人受胁迫，自胁迫行为终止之日起1年内没有行使撤销权；③当事人知道撤销事由后明确表示或者以自己的行为表明放弃撤销权。当事人自民事法律行为发生之日起5年内没有行使

课后练习与测试

撤销权的，撤销权消灭。

当可撤销合同中当事人的撤销权消灭后，相关法律行为的瑕疵自愈。

第四节　无效合同

一、无效合同的概念

知识拓展
合同绝对无效与相
对无效事由的区别

无效合同，是指业已成立的合同，由于欠缺合同的生效要件，在法律上不发生当事人预期的法律效果的合同。应当注意的是，无效合同并不是不发生任何法律效果，只是法律效果的发生基于法律的规定，而非当事人的约定。

合同不成立与合同无效不同。前者是欠缺合同的成立要件；后者是合同已经成立，但是欠缺合同的有效要件。

二、无效合同的产生原因

依据我国《民法典》的有关规定，可以将无效合同的产生原因分为以下几种：

（一）一方以欺诈、胁迫手段订立的损害国家利益的合同

如果一方仅以欺诈、胁迫手段与相对人订立合同，损害对方当事人利益，此时合同为可撤销合同。只有在以欺诈、胁迫手段订立，且损害国家利益的情况下，合同才是无效合同。

（二）恶意串通，损害国家、集体或者第三人利益的合同

当事人恶意串通，损害国家、集体、第三人利益的合同当然无效。但目前我国相关法律均将恶意串通作为合同无效的条件。恶意串通，不仅要求双方当事人存在恶意，并且要求双方存在意思联络。对于非以恶意串通，损害国家、集体、第三人利益的合同应当如何界定成为一个问题，如双方当事人签订的合同中存有出卖国家秘密的条款，而一方当事人出于疏忽没有看到并订立合同。于此，本书认为，只要合同不正当地损害国家、集体或者第三人利益的，该合同就应当被认定为无效合同。

（三）虚假表示

虚假表示，是指行为人进行意思表示时，根本就没有受约束

的意图，行为人故意使意思表示与其内心意志不符。一般来说，行为人往往通过虚假表示来实现某个潜在的目的。依据我国《民法典》第 146 条的规定，行为人与相对人以虚假的意思表示实施的民事法律行为无效。以虚假的意思表示隐藏的民事法律行为的效力，依照有关法律规定处理。据此，当事人所为的虚假的意思表示无效；而被隐藏的民事法律行为（潜在目的），则需要依有关法律规定单独评判其效力。

（四）损害社会公共利益的合同

理论上，对于社会公共利益一直没有一个十分明晰的界定。一般认为，损害社会公共利益主要表现为对社会公序良俗的违反，即社会公共秩序和善良风俗。我国《民法典》第 153 条第 2 款规定："违背公序良俗的民事法律行为无效。"

（五）违反法律、行政法规的强制性规定

依照《民法典》第 153 条第 1 款的规定，违反法律、行政法规的强制性规定的民事法律行为无效，但是，该强制性规定不导致该民事法律行为无效的除外。也就是说，并不是违反了法律、行政法规的强制性规定，当事人间的合同就当然无效。该强制性规定必须是效力性强制规定，即对违反强制性规定的私法上的行为，在效力后果上以私法上的方式予以一定制裁的强制性规定。

拓展阅读
效力性强制规范与
管理性强制规范的
区分标准

（六）格式条款及免责条款的无效

依据我国《民法典》第 497 条的规定，提供格式条款的一方当事人未尽到主动提示与按对方要求进行说明的义务，同时条款中存在不合理地免除或者减轻其责任、加重对方责任、限制对方主要权利或者排除对方主要权利的情形，则该条款无效。

根据《民法典》第 506 条的规定，免除造成对方人身伤害的责任的条款无效，免除因故意或者重大过失造成对方财产损失的条款无效。

三、无效合同的效力

拓展案例
瑞士嘉吉国际公司
诉福建金石制油有
限公司等确认合同
无效纠纷案

无效合同的效力，可以归纳为自始无效、确定无效以及当然无效。

自始无效，是指合同从成立之日起即不发生当事人所意欲发生的效力。对于买卖、借用等一时性合同而言，合同自始无效当

无歧义；但对租赁、合伙等持续性合同，有观点认为对于这些合同，主张无效只得向将来发生效力。[1] 本书认为，依照无效合同的本质，其往往涉及对较大利益的侵犯而不具备有效要件，对于这些合同，如果主张无效只得向将来发生效力，则相当于是承认其侵犯行为的效力，是对当事人的违法行为变相的保护。故应当一同待之，认定该类合同同样自合同成立之日起即不发生当事人所期望的效力。对此，我国《民法典》第155条规定："无效的或者被撤销的民事法律行为自始没有法律约束力。"即为我国现行立法对自始无效含义的认定。

确定无效，是指合同从成立之时起即确定的无效，无论出现何种事实都不能使得合同变为有效。其是对合同效力的一种确定。但应当注意的是，依据无效合同转化理论，一个完全无效的合同如果具备另一合同的要件，而且可以知道，当事人知道此合同无效即愿意该另一合同有效的，可以作为另一合同生效。

当然无效，是指合同无效不以任何人的主张或者法院、仲裁机构的确认为要件，该合同都是无效的。

无效合同以无效的范围划分，可以分为全部无效和部分无效。无效的内容存在于整个合同内容的全部时，合同全部无效；如果无效的内容只存在于合同中的部分内容，且该部分内容可以和合同的其他内容分开时，该部分内容的无效并不影响其他部分的效力，其他部分仍然有效，合同部分无效。

法条链接

课后练习与测试

第五节　合同无效或被撤销的法律后果

合同无效，即是自始无效、确定无效、当然无效。合同一旦被撤销，即发生与合同被确认无效相同的法律后果。依据我国《民法典》的相关规定，合同无效或被撤销的法律后果，主要表现在以下几个方面：

一、合同无效或被撤销的溯及力

合同一旦被确认无效或被撤销，均溯及到合同成立之时，自

---

〔1〕　参见王泽鉴：《民法总则》，三民书局2000年版，第514、518页。

始不发生效力。此即为自始无效的内容。合同被确认无效发生如此效果自不待言。对于可撤销合同，一旦被撤销，已经发生的法律后果也应回溯至成立之时，亦视为从合同成立之时起即不发生当事人所意欲发生的法律效果。

二、部分无效或部分有效

如前文所言，如果无效的内容只存在于合同的部分内容中，且该部分内容可以与其他内容分开时，认定存在无效内容的部分无效，而承认其他部分有效是符合基本法理的。其一，其他部分本身即不存在无效事由，将其归为无效是没有依据的。其二，在私法上，法律一直秉承着"宁可使其有效而不使其无效"的精神，尊重当事人的意思自治。对于符合有效要件的，法律即认定其有效。其三，法律在认定其有效，尊重当事人意思自治的情况下，亦是稳定了交易秩序，提高了交易效率。我国现行立法对上述观点持赞同态度。《民法典》第156条规定，民事法律行为部分无效，不影响其他部分效力的，其他部分仍然有效。

三、返还财产

因合同取得的财产应当返还，且应当坚持全部返还的原则。合同无效、被撤销的，自始不发生效力，当事人一方或者双方基于合同所为的行为也就没有了依据。当该行为为财产给付时，由于我国法律不承认物权变动的无因性，在合同无效或被撤销时，相对人对标的物的占有即失去了合法的根据，而给付人享有该标的物的物权，为使其物权恢复到圆满的状态，对应的后果即是发生财产返还的后果。我国《民法典》第157条规定，民事法律行为无效、被撤销或者确定不发生效力后，行为人因该行为取得的财产，应当予以返还；不能返还或者没有必要返还的，应当折价补偿。有过错的一方应当赔偿对方由此所受到的损失；各方都有过错的，应当各自承担相应的责任。法律另有规定的，依照其规定。

在该给付物为动产的情况下，给付人有权请求相对人转移对该物的占有，使物权恢复圆满状态。在该给付物为不动产，且尚未办理产权过户登记的情况下，该不动产物权由给付人享有，且由于合同的无效、被撤销，使得其不再负有办理过户登记的义务，故给付人有权请求相对人转移对不动产的占有。在该给付物为不动产，且已经办理产权过户登记的情况下，合同无效、被撤销，该不动产的所有权复归给付人，给付人有权请求相对人转移对不动产的占有，并且要求其办理不动产所有权登记，使得不动产登记恢复到自己的名下。

返还财产具有物权效力，即优先于普通债权的效力。当相对人的财产不足以清偿数个并存的债权时，给付人能够优先于其他人获得财产的返还。当原物不存在时，即无此优先效力。

返还财产时，返还范围应当为相对人受领给付时的原物及其有关收益，坚持全部返还原则。包括孳息及相对人利用该财产所获得的其他财产性利益，相对人为此支出了一定费用的，可以适用无因管理的有关规定。

当原物在事实上或者法律上不复存在时，如原物毁损或者被善意第三人取得等情况，给付人可以要求相对人折价赔偿，不过此时的权利属于债权而非物权。

四、损害赔偿

对于合同被确认无效或者被撤销存在过错的一方当事人，应当承担损害赔偿责任；双方均有过错的，承担各自的责任。此即为缔约过失责任，合同被确认无效或者被撤销，对此存在过错的一方当事人须赔偿对方因此遭受的损失。赔偿范围为对方因合同无效或被撤销而遭受的信赖利益的损失。

缔约过失责任是过错责任，赔偿人须对合同被确认无效或者被撤销具有过错，才应当承担责任。因此，在双方对该事由均有过错的情况下，按照"谁过错谁负责"的法律原则，应当按照各自的过错情况，承担各自的责任。对此，依据我国《民法典》第157条的规定，对于合同被确认无效、撤销或确认不发生效力的，有过错的一方应当赔偿对方因此所受到的损失；各方都有过错的，应当各自承担相应的责任。法律另有规定的，依照其规定。

对于缔约过失责任的构成要件、类型等具体内容，可以参阅本书第二章第五节"缔约过失"的内容，在此不再赘述。

五、财产上缴国家或返还集体、第三人

　　在因恶意串通，损害国家、集体或第三人利益而导致合同无效的情况下，因合司所取得的财产应上缴国家或返还集体、第三人。双方故意的，应当追缴双方已经取得或者约定取得的财产；单方故意的，故意的一方从对方处取得的财产应返还给非故意的一方，非故意的一方从故意的一方处已经取得或者约定取得的财产，应当予以追缴，追缴排斥返还财产。

法条链接

第五章 合同的履行

本章知识结构图

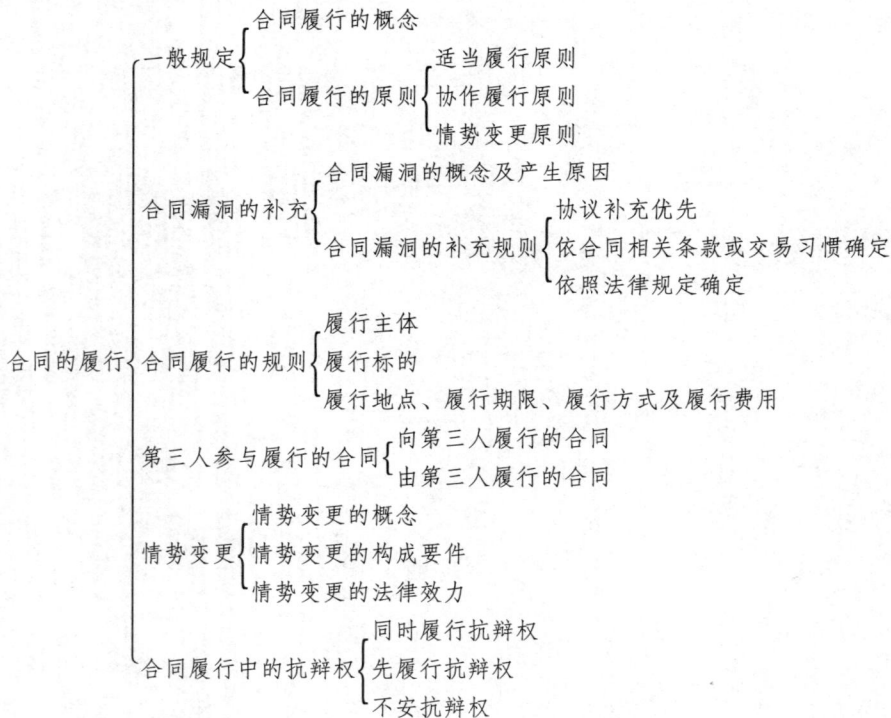

合同的履行
{
- 一般规定
  {
  - 合同履行的概念
  - 合同履行的原则
    {
    - 适当履行原则
    - 协作履行原则
    - 情势变更原则
    }
  }
- 合同漏洞的补充
  {
  - 合同漏洞的概念及产生原因
  - 合同漏洞的补充规则
    {
    - 协议补充优先
    - 依合同相关条款或交易习惯确定
    - 依照法律规定确定
    }
  }
- 合同履行的规则
  {
  - 履行主体
  - 履行标的
  - 履行地点、履行期限、履行方式及履行费用
  }
- 第三人参与履行的合同
  {
  - 向第三人履行的合同
  - 由第三人履行的合同
  }
- 情势变更
  {
  - 情势变更的概念
  - 情势变更的构成要件
  - 情势变更的法律效力
  }
- 合同履行中的抗辩权
  {
  - 同时履行抗辩权
  - 先履行抗辩权
  - 不安抗辩权
  }
}

本章重点内容讲解

合同的履行是合同过程中的核心行为，当事人通过合同的履行实现自己的权利、履行自己的义务。当事人在履行过程中应当遵循合同履行的基本原则和具体履行规则。在合同出现漏洞时，通过协商、交易习惯或者法律的规定等进行漏洞填补。需要注意的是，在合同的漏洞填补中应当充分尊重当事人的意思自治，法律的填补规则作为最后手段适用。

第一节　一般规定

一、合同履行的概念

合同履行，是指当事人在实施合同的过程中，全面、适当地完成合同义务的行为，是当事人实施给付义务的过程。

合同的履行是整个合同关系的核心所在，[1] 当事人订立合同的目的即是按照合同的约定履行合同；合同的效力是当事人依法依约履行合同的保障；违约责任是当事人不依法依约履行合同的后果；合同的依法依约履行将带来合同终止的结果。

二、合同履行的原则

合同履行的原则，是当事人在履行合同时所应当遵循的基本准则。通常认为，合同履行应遵循下列原则：

（一）适当履行原则

适当履行原则，又名正确履行原则、全面履行原则，是指当事人应当按照合同的约定、合同的性质及交易习惯等，由适当的主体在适当的履行期限、履行地点，以适当的履行方式，全面完成合同义务的原则。对此，我国《民法典》第 509 条第 1 款规定："当事人应当按照约定全面履行自己的义务。"

需要注意的是，适当履行与实际履行不完全相同。[2] 实际履行，强调当事人完全按照合同的约定履行义务，至于履行合同的方式等是否适当，则在所不问。而适当履行原则，不仅仅要求当事人须按照合同的约定履行义务，同时要求当事人的履行应该符合合同的性质、交易习惯等。可见，适当履行是对实际履行更高的要求。

对于适当履行原则中关于履行期限、履行地点等内容，本书将在本章第三节"合同履行的规则"中予以阐释。

---

〔1〕　参见崔建远主编：《合同法》，法律出版社 2010 年版，第 126 页。

〔2〕　参见王利明、崔建远《合同法》，北京大学出版社 2000 年版，第 123 页。

（二）协作履行原则

协作履行原则，是指当事人在合同履行过程中，应当依据诚实信用原则，相互协作、共同完成合同约定的义务。对此，我国《民法典》第509条第2款规定，当事人应当遵循诚实信用原则，根据合同的性质、目的和交易习惯履行通知、协助、保密等义务。

合同的履行是当事人的互助行为。在大多数合同的履行过程中，如果仅有债务人的给付行为，而没有债权人的协助行为，那么合同的履行将十分困难。协作履行原则是诚实信用原则在合同履行上的重要体现，一般认为协作履行原则具有以下内容：①债务人履行合同时，债权人应当为债务的履行创造必要的条件，提供可能的方便；②合同履行发生变化，或者确实不能履行时应当及时通知对方；③债务人履行合同造成债权人损失时，债权人应当采取合理的方式避免损失扩大。

协作履行原则基于诚实信用原则产生，[1] 鼓励合同双方当事人为了合同的适当履行相互协助、相互体谅，但该原则同时尊重当事人各自独立的利益，其并不是要求当事人无限度的协助，协助存在适当的限度。

（三）情势变更原则

情势变更原则，是指合同依法成立后，因不可归责于双方当事人的原因发生了不可预见的客观情况，致使合同的基础丧失或动摇，若继续维持合同原有效力将显失公平，故允许变更或解除合同的原则。

法条链接

对于情势变更原则的相关内容，本书将于本章第五节"情势变更"中进行阐释，在此不做赘述。

第二节　合同漏洞的补充

一、合同漏洞的概念及产生原因

合同漏洞，是指合同关于某事项应当约定而未约定的情形。

---

[1]　参见苏万觉主编：《合同法原理与实务》，人民法院出版社1999年版，第133页。

在现实生活中，由于当事人的文化水平、角度考量方面的局限，订立的合同易存在漏洞，合司漏洞实属常见。

一般认为，合同漏洞发生的原因主要有以下两种情况：[1]①当事人对于某一事项未考虑到；②当事人在订立合同时考虑到某一事项，不过因为种种原因并没有及时达成合意，而同意留到日后再行协商。

二、合同漏洞的补充规则

合同漏洞的存在将影响合同的履行，为当事人依法依约履行合同义务带来困难。为此，应当对合同中的漏洞予以填补。依照我国《民法典》第 510 条和第 511 条的规定，目前我国法律体系对合同漏洞的补充确定了以下规则：

（一）协议补充优先

合同是双方当事人合意的体现，合同漏洞是合同中关于某事项应当约定而未约定的情形，故合同漏洞的补充应当首先考虑当事人的意思。在合同双方当事人能够对合同漏洞协议补充的情况下，应当以当事人协议补充的内容为准。这不仅仅是对当事人意思自治的尊重，也是对合同本意的践行。

（二）依合同相关条款或交易习惯确定

不能达成补充协议的，按照合同有关条款或者交易习惯确定。由于合同双方当事人左合同关系中往往存在利益冲突，故在合同履行过程中达成补充办议的可能性受到一定限制。对于不能达成补充协议的，可以依照合同有关条款或者交易习惯确定合同漏洞的内容。

对于通过交易习惯补充合同漏洞的，我国《合同法解释（二）》第 7 条明确了交易习惯的认定标准："下列情形，不违反法律、行政法规强制性规定的，人民法院可以认定为合同法所称'交易习惯'：①在交易行为当地或者某一领域、某一行业通常采用并为交易对方订立合同时所知道或者应当知道的做法；②当事人双方经常使用的习惯做法。对于交易习惯，由提出主张的一方当事人承担举证责任。"

---

[1]　参见隋彭生：《合同法要义》，中国政法大学出版社 2003 年版，第 191 页。

（三）依照法律规定确定

依照上述方法仍不能补充合同漏洞的，适用法律的规定。对于可以由当事人意思自治确定的合同内容，法律一般不直接加以干预。但如果通过协议补充、合同有关条款及交易习惯仍不能确定合同漏洞内容的，法律将作为兜底措施介入合同漏洞的补充。根据《民法典》第511条的规定，具体规则如下：

1. 质量要求不明确的，按照强制性国家标准履行；没有强制性国家标准的，按照推荐性国家标准履行；没有推荐性国家标准的，按照行业标准履行；没有国家标准、行业标准的，按照通常标准或者符合合同目的的特定标准履行。

2. 价款或者报酬不明确的，按照订立合同时履行地的市场价格履行；依法应当执行政府定价或者政府指导价的，按照规定履行。

3. 履行地点不明确，给付货币的，在接受货币一方所在地履行；交付不动产的，在不动产所在地履行；其他标的，在履行义务一方所在地履行。

4. 履行期限不明确的，债务人可以随时履行，债权人也可以随时请求履行，但应当给对方必要的准备时间。

5. 履行方式不明确的，按照有利于实现合同目的的方式履行。

6. 履行费用的负担不明确的，由履行义务的一方负担；因债权人原因增加的履行费用，由债权人负担。

法条链接

第三节 合同履行的规则

一、履行主体

合同履行的主体，包括债务人、债务人的代理人。在某些情况下，第三人亦可成为履行主体。从广义上讲，债务人履行是常态，包括债务人自己亲自履行，也包括委托履行辅助人或者委托代理人以债务人的名义履行。

（一）债务人

一般情况下，合同的履行主体为其债务人。债务人履行债务时是否需要具有相应的行为能力，则是债务人作为履行主体的一个问题。一般认为，此问题需要由履行行为的性质决定。比如在不承认物权行为的立法例下，当事人已经事先签订了电脑买卖合同，其后在债务人交付电脑时并不要求其需要具有行为能力，因为此时交付电脑的行为被认定为是一个事实行为；而如果债务人为接受委托的受托人，为履行委托合同约定的义务代委托人签订合同，此时则要求债务人应当具有相应的行为能力，因为此时其履行债务的行为被认定为法律行为。

债务的履行需要债务人涉及财产权利转移的，债务人应当具有相应的处分权。

（二）代理人

债务的履行是法律行为的，债务人可以委托代理人为其履行债务。但债务的履行对履行主体的经验、知识等有特殊要求的，债务人委托代理人履行义务应当事先征得债权人的同意，否则可能不产生适当履行的效果。

（三）第三人

此处的第三人履行非指第三人担任履行辅助人的角色，[1]是指第三人以自己的名义履行债务人的债务，第三人履行后，则债权人对债务人的债权消灭；第三人与债务人构成履行代位，其有权向债务人行使追偿权，除非以赠与的意思实施履行。

二、履行标的

履行标的，是指债务人应为履行的内容，即债务人所应为的给付。履行标的因合同类型的不同而不同，需要在具体的合同中加以确定。如在劳务合同中，履行标的为提供劳务；在房屋买卖合同中，履行标的为房屋所有权的转让。

履行标的由当事人在合同中予以约定。一般而言，当事人应当按照合同中的约定全面、适当的履行合同，实际的履行标的应当与合同中的约定相同，不得任意变更。但有时因法律上或者事实的情况，债务人不能完全按照合同约定为给付，此时当事人往往会通过达成代物清偿协议变更履行标的。代物清偿的详细介绍

---

〔1〕　参见杨立新：《合同法总则》，法律出版社 1999 年版，第 209 页。

参见第八章权利义务的终止"清偿"一节。

三、履行地点、履行期限、履行方式及履行费用

（一）概念

履行地点，是指债务人应当履行债务的地点。只有在当事人约定或者法律规定的履行地点履行，才发生适当履行的效果；在其他地点履行，则不会使合同关系消灭。

履行期限，又称清偿期，是指债务人依约或依法应当履行债务的时间。就履行期限而言，其可以表现为某一时间点，亦可以表现为某一时间段。

履行方式，是指债务人履行合同义务的方式。依据诚实信用原则，债务人应当以适当有利于合同目的实现的方式为债务履行。

履行费用，是指履行所要支出的必要费用。应当注意的是，履行费用仅指因履行而产生的必要费用，而非必要费用不应当算在履行费用中，当事人另有约定除外。

（二）相关内容的确定

当事人在合同中明确约定履行地点、履行期限、履行方式及履行费用的，依其规定；当事人没有约定上述内容的，依据法律的规定适用合同漏洞的补充规则确定。

第四节　第三人参与履行的合同

合同是双方当事人之间的关系。一般而言，在合同的履行中应当由债务人亲自向债权人履行，这样符合合同的本质，亦是合同相对性的要求。但随着交易节奏的加快，严格的恪守上述原则既不实际，亦无必要。基于以上考量，同时为了体现私法自治原则，我国《民法典》第523条规定，当事人约定由第三人向债权人履行债务，第三人不履行债务或履行债务不符合约定的，债务人应当向债权人承担违约责任。但应注意的是，其并未突破合同的相对性。根据第三人在合同中所处的地位不同，第三人参与履行的合同可以分为向第三人履行的合同和由第三人履行的合同。

一、向第三人履行的合同

（一）概念

向第三人履行的合同，是指当事人约定由债务人向第三人履行合同债务的合同。我国《民法典》第522条第1款规定，当事人约定由债务人向第三人履行债务的，债务人未向第三人履行债务或者履行债务不符合约定的，应当向债权人承担违约责任。即是我国法律对向第三人履行的合同的规定。

（二）条件

债务人向第三人履行应当符合下列条件：①债务人向第三人履行必须由当事人在合同中予以约定；②向第三人履行不得违反法律、行政法规的强制性规定。

（三）效力

债务人向第三人履行债务后，将产生以下后果：①适当履行的，债权人与债务人之间的合同关系消灭；②由于第三人并不是合同的当事人，故在债务人未向第三人履行或者履行不符合约定的，应当向债权人承担违约责任；③债务人享有的对债权人的一切抗辩权，均可以向第三人行使；④因为向第三人履行债务而增加支出的费用，由债权人承担，但当事人另有约定的除外。

二、由第三人履行的合同

（一）概念

由第三人履行的合同，是指当事人约定，由第三人代替合同债务人向债权人履行合同债务。我国《民法典》第523条规定，当事人约定由第三人履行债务，第三人不履行债务或者履行债务不符合约定的，债务人应当向债权人承担违约责任。即是我国法律对由第三人履行的合同的规定。

（二）条件

由第三人向债权人履行的合同应当符合以下条件：①合同当事人须就由第三人向债权人履行合同作出约定；②由第三人履行合同不得违反法律、行政法规的强制性规定。

（三）效力

由第三人向债权人履行债务后，将产生以下后果：①适当履

行的，债权人与债务人之间的合同关系消灭；②由于第三人不是合同当事人，故在第三人不履行或者履行不符合约定时，应当由债务人向债权人承担违约责任；③债务人对债权人享有的一切抗辩权，第三人均可向债权人行使；④因为由第三人履行债务而增加支出的费用，由债务人承担，但当事人另有约定的除外。

第五节　情势变更

一、情势变更的概念

　　情势变更，是指合同成立之后、终止之前发生的不可归责于当事人的，使订立合同的基础改变或者丧失，维持合同原有的效力就会显失公平或者不能实现合同目的的客观情况。

　　当事人订立合同时处于一定的社会环境之中，其合同的订立往往夹杂着对社会环境中诸多因素的考量，包括政治、经济等，如果在合同订立后、终止之前出现了不可归责于双方当事人且不属于商业风险的事由，使得当事人据以订立合同的客观社会情况发生改变，当事人订立合同的基础改变或者丧失，原来约定的权利义务与新形成的客观环境不相适应，继续维持合同原有的效力将会显失公平或者不能实现合同目的的，[1] 此时再一味坚持原合同的履行将没有意义。为此，此时应当对原有的合同加以改变或者解除，依照当前的社会现实情况重新确定当事人间的权利义务，如此才符合适应性原理，符合诚实信用原则的要求并有助于实现实质公平。

　　我国《民法典》第 533 条规定，合同成立后，订立合同的基础条件发生了当事人在订立合同时无法预见的、不属于商业风险的重大变化，继续履行合同对于当事人一方明显不公平的，受不利影响的当事人一方可以与对方重新协商；在合理期限内协商不成的，当事人可以请求人民法院或者仲裁机构变更或者解除合同。人民法院或者仲裁机构应当结合案件的实际情况，根据公平原则变更或者解除合同。即是我国法律对情势变更制度的规定。

法条链接

知识拓展
情势变更与不可抗力、商业风险的区分

---

〔1〕　参见吴飚、朱晓娟编著：《合同法·原理·规则·案例》，清华大学出版社 2006 年版，第 11 页。

二、情势变更的构成要件

（一）客观情况发生了使合同基础改变或者丧失的重大变化

合同基础是双方当事人订立合同的立足点，也是双方当事人订立合同的根本原因。一旦合同的基础改变或者丧失，将使得合同失去意义。如甲公司与境外的乙公司签订关于出口某稀有金属的买卖合同，现甲国政府颁布禁令严禁该稀有金属的出口，此时再维持原合同的效力将不能实现合同目的，应予以变更或者解除。应当注意的是，为保证合同及交易的稳定性，只有在订立合同的基础发生重大变化时方得主张情势变更。[1] 至于何为重大变化，则需要法院根据案件具体情况结合标的额、案件影响等因素判断。

（二）该客观情况的重大变化是当事人在订立合同时无法预见的、非不可抗力造成的且不属于商业风险

该客观情况的重大变化应当是当事人在订立合同时无法预见并且不属于商业风险的情况。一旦当事人对该重大变化的发生存在预见可能性，则表明他已经预见并且应该承担相应的风险。商业风险亦是当事人在订立合同时应当预见的，且其属于当事人从事商业活动时的固有风险，商业风险的发生不适用情势变更原则。[2]

同时要求该客观情况的重大变化不属于不可抗力。当出现不可抗力使得合同订立的基础改变或者丧失时，当事人可径直行使合同的法定解除权解除合同，而无需运用情势变更制度。

（三）该客观情况发生的重大变化致使合同履行显失公平或者不能实现合同目的

这是情势变更制度的一大考量，如果在出现了上述的情形使得合同履行显失公平或者不能实现合同目的时，再坚持合同原有的效力将仅仅满足形式公平而完全背离实质公平，同时也使得合同的履行没有意义。

---

〔1〕　参见王家福主编：《中国民法学·民法债权》，法律出版社 1991 年版，第 393 页。

〔2〕　参见崔建远主编：《合同法》，法律出版社 2010 年版，第 131 页。

（四）该客观情况的重大变化应当发生在合同成立之后、终止之前

合同成立之前，尚不发生合同的权利义务，当事人无履行的必要，自然也就不存在显失公平、不能实现合同目的的问题，当事人放弃订立合同即可。而在合同终止之后，双方当事人依据合同所有的权利义务已然消灭，此时发生客观情况的重大变化与合同无关，也自然不会再涉及情势变更的问题。只有在合同成立之后、终止之前发生了该客观情况的重大变化，方得主张情势变更。

三、情势变更的法律效力

依据我国《民法典》第 533 条的规定，情势变更具有以下效力：

（一）当事人可以向人民法院或者仲裁机构请求变更或者解除合同

发生情势变更的，当事人首先可以通过协商的方式变更或者解除合同，这是当事人意思自治的体现。在不能协商或者经协商不能达成合意的情况下，任意一方可以向人民法院或者仲裁机构主张情势变更，请求变更或者解除合同。

当事人向人民法院或者仲裁机构主张情势变更、请求变更或者解除合同，应当提供相应的证据证明发生了使得合同基础出现变更或丧失的客观情况的重大变化，并且维持原有的合同效力将显失公平或者不能实现合同的目的。

（二）变更或者解除合同，由人民法院或仲裁机构裁判

在当事人向人民法院或仲裁机构主张情势变更、请求变更或者解除合同后，人民法院或仲裁机构应当结合案件的实际情况，根据公平原则变更或者解除合同。为了避免当事人滥用情势变更原则，扰乱交易秩序，人民法院或仲裁机构应当审慎裁判。

（三）因情势变更而变更或者解除合同，受有不利的一方当事人就此得到救济而对方受到损失的，应当给予适当补偿

我国《民法典》及相关法律并无如此规定，但本书认为，情势变更不可归责于双方当事人，在一方当事人主张情势变更获得救济时，另一方可能因此遭受损失。对于该损失，可以由获得救

济、避免损失的一方给付适当的补偿，方得公平。

第六节　合同履行中的抗辩权

合同依当事人之间权利义务的状态，可以分为单务合同与双务合同。单务合同由于一方只享有权利、另一方只负担义务的特殊性，使得对抗请求权人请求的抗辩权没有发挥作用的空间，履行中的抗辩权只可能发生在双务合同中，故又称双务合同履行中的抗辩权。

双务合同履行中的抗辩权，是指双务合同的当事人一方依照法律享有的对抗对方当事人的履行请求权、暂时拒绝履行其债务的权利。其效力在于抗辩双人得依据权利一时不履行自己的义务，但不能消灭对方的债权，抗辩事由消失后，抗辩权人仍得履行义务。据此，双务合同履行中的抗辩权仅为一时的、延缓的抗辩权。[1]

依照抗辩权产生的不同原因及特征，可以将双务合同履行中的抗辩权分为同时履行抗辩权、先履行抗辩权及不安抗辩权。

一、同时履行抗辩权

（一）概念

同时履行抗辩权，又名合同不履行抗辩权，是指双务合同当事人的一方由于他方当事人未为对待给付时，可拒绝自己给付的权利。我国《民法典》第 525 条规定，当事人互负债务，没有先后履行顺序的，应当同时履行。一方在对方履行之前有权拒绝其履行要求；一方在对方履行债务不符合约定时，有权拒绝其相应的履行请求。

同时履行抗辩权承认双务合同上两相对立的债务在履行上具有牵连关系，是基于维持双方当事人之间的公平关系所设的制度。申言之，是依公平之理念，认为不应有求他人履行义务而不履行自己的义务而设。[2]

---

〔1〕　参见王利明、崔建远：《合同法新论·总则》，中国政法大学出版社 1996 年版，第 335 页。

〔2〕　参见江平主编：《民法学》，中国政法大学出版社 2000 年版，第 651 页。

同时履行抗辩权制度主要适用于双务合同，如买卖、互易、租赁、承揽、保险等合同。单务合同（如赠与合同）不适用同时履行抗辩权。对同时履行抗辩权，合同当事人双方都有行使的权利。

（二）成立要件

同时履行抗辩权的成立，须具备以下要件：

1. 须在同一双务合同中互负对待给付义务。双务合同在履行上的牵连性是同时履行抗辩权发生的依据，[1] 并且双方的债务必须依据同一双务合同而发生，否则，不适用同时履行抗辩权。

2. 须双方互负的债务已届清偿期或者当事人一方无先为给付的义务。同时履行抗辩权的适用，是给付与对待给付的同时交换，是对价的同时实现。因此，双方的债务必须均处于可请求履行的状态。当然，若根据法律规定或者当事人的约定，一方若有先为履行的义务，则同时履行抗辩权不能适用。

3. 须履行期届至而对方未履行或履行不符合约定。已届履行期，而债务没有履行或者履行不符合约定是行使抗辩权的前提，否则不能适用同时履行抗辩权。

4. 须对方的债务是可履行的。若对方的债务履行已然不可能，无论是由于可归责还是不可归责于对方的原因，同时履行的目的均不能实现，应当适用其他的救济手段。

（三）法律效力

同时履行抗辩权的行使，无论在实体法上，还是在程序法上，都会发生一定的法律效力。

1. 同时履行抗辩权只有延期抗辩的性质，[2] 只是在一定期限内中止履行合同，即他方未履行前可拒绝自己给付，但无消灭他方请求权的效力。

2. 在行使同时履行抗辩权时，权利行使方无须证明对方未履行，仅需要表示出行使抗辩权的意思即可。

拓展案例
周宏与云南云龙制药股份有限公司委托创作合同纠纷二审案

---

〔1〕 这种牵连性表现为三个方面：一是发生上的牵连性；二是履行上的牵连性；三是存续上的牵连性。（参见王利明、崔建远：《合同法新论·总则》，中国政法大学出版社1996年版，第335~336页。）

〔2〕 参见杨立新：《合同法总则》，法律出版社1999年版，第220页。

3. 同时履行抗辩权的功能之一就是合理合法地对抗请求权人的请求而不需为此负担责任，即债务人不因行使同时履行抗辩权而负担迟延履行的责任。

二、先履行抗辩权

（一）概念

根据我国《民法典》第 526 条的规定，先履行抗辩权是指当事人互负债务，有先后履行顺序的，应当先履行债务一方未履行的，后履行的一方有权拒绝其履行请求。先履行的一方履行债务不符合约定的，后履行一方有权拒绝其相应的履行请求。

先履行抗辩权不是传统民法上的概念，在我国原《合同法》中首次明确规定了这一抗辩权类型，[1] 其发生于有先后履行顺序的双务合同中，由后履行一方行使。

（二）成立条件

先履行抗辩权的成立，应当具备以下要件：

1. 须双方当事人互负债务。即要求合同的双务性。

2. 当事人彼此的两个债务有先后履行顺序，至于该顺序是当事人约定的还是法律规定的，在所不问。

3. 先履行的一方未履行债务或者其履行不符合约定。

（三）行使方式

先履行抗辩权的行使是否需要明示，应当分情况而定：

1. 在未履行的一方未构成违约时，先履行抗辩权的行使不需要明示。在先履行的一方已经构成违约并且请求后履行的一方履行时，先履行抗辩权的行使需要明示。

2. 在先履行的一方不能履行、拒绝履行、迟延履行、不完全履行但未请求后履行的一方履行时，先履行抗辩权的行使不需要明示。

（四）法律效力

1. 先履行抗辩权的成立并行使产生后履行的一方可中止履行自己债务的效力，对抗先履行一方的履行请求，以保护自己的期限利益、顺序利益，但不能消灭对方的债权。

---

〔1〕　参见崔建远主编：《合同法》，法律出版社 2016 年版，第 106 页。

2. 在先履行的一方采取了补救措施、变违约为适当履行的情况下，先履行抗辩权消失，后履行的一方必须履行义务。

3. 先履行抗辩权的行使不影响后履行的一方主张违约责任，即抗辩权的行使和违约责任的追究可以同时进行。

三、不安抗辩权

（一）概念

不安抗辩权，是指按照合同约定，当事人一方应当向另一方为给付时，如他方的财产或资力于合同成立后明显减少或减弱，有难为给付之虞时，在他方未为对待给付或者提供相应的担保前，得拒绝自己的给付的权利。有先为给付义务的当事人原则上无同时履行抗辩权。[1] 但是，如果对方当事人的财产状况恶化，危及其对价支付时，若仍强行其先为给付，对其显失公平。故各国法律基于公平及情势变更原则的考虑，准许负有先给付义务的一方得拒绝给付。[2]

不安抗辩权不同于先履行抗辩权：①前者产生于后履行的一方的经营状况严重恶化，或者转移财产、抽逃资金以逃避债务，严重丧失商业信誉及其他丧失或者可能丧失履行能力的场合；而后者产生于先履行的一方不履行或者其履行不符合债的本旨的场合，并不要求他有难为对待给付之虞。②前者由先履行的一方享有，后者归后履行的一方享有。

不安抗辩权发生在有先后履行顺序的双务合同中，由先履行的一方行使。

（二）成立条件

不安抗辩权的成立，须具备以下要件：

1. 双方当事人因同一双务合同互负债务。强调合同的双务性及同一性。

2. 后给付义务人的履行能力明显降低，有不能为对待给付的现实危险。依据我国《民法典》第527条的规定，主要包括：①经营状况严重恶化；②转移财产、抽逃资金，以逃避债务；

拓展案例
俞财新与福建华辰房地产有限公司、魏传瑞商品房买卖（预约）合同纠纷二审案

〔1〕 参见谢怀栻等：《合同法原理》，法律出版社2000年版，第163页。

〔2〕 参见江平主编：《民法学》，中国政法大学出版社2000年版，第652页。

③丧失商业信誉；④其他丧失或者可能丧失履行能力的情形。并且上述情况应当有确切证据证明，否则不能行使抗辩权，而且要对后履行一方承担违约责任。

3. 后给付义务人没有提供适当的担保。依据我国《民法典》第 528 条的规定，后给付义务人接到中止履行通知后在合理的期限内提供了适当的担保的，先给付义务人应当履行债务，即不得再行使不安抗辩权。

（三）行使方式

为了兼顾后给付义务人的利益，也便于他能够及时提供适当的担保，先给付义务人行使不安抗辩权，应当及时通知后给付义务人，该通知的内容包括中止履行的意思表示和指出后给付义务人提供适当担保的合理期限。行使不安抗辩权的先给付义务人负有证明后给付义务人的履行能力明显降低、有不能为对待给付的现实危险的义务。在行使不安抗辩权时，由不安抗辩权的行使人承担举证责任。

拓展阅读
预期违约与不安抗辩权的比较

（四）法律效力

1. 不安抗辩权具备其成立要件时，先给付义务人在后给付义务人未为对待给付或者提供适当的担保前，有权拒绝履行自己的义务，且不需为此承担迟延履行的责任。

法条链接

2. 后给付义务人恢复履行能力或者提供了适当的担保，先给付义务人应当履行合同。后给付义务人在约定的或者合理的期限内未恢复履行能力并且不提供适当的担保的，先给付义务人有权解除合同。

课后练习与测试

第六章　合同的保全

本章知识结构图

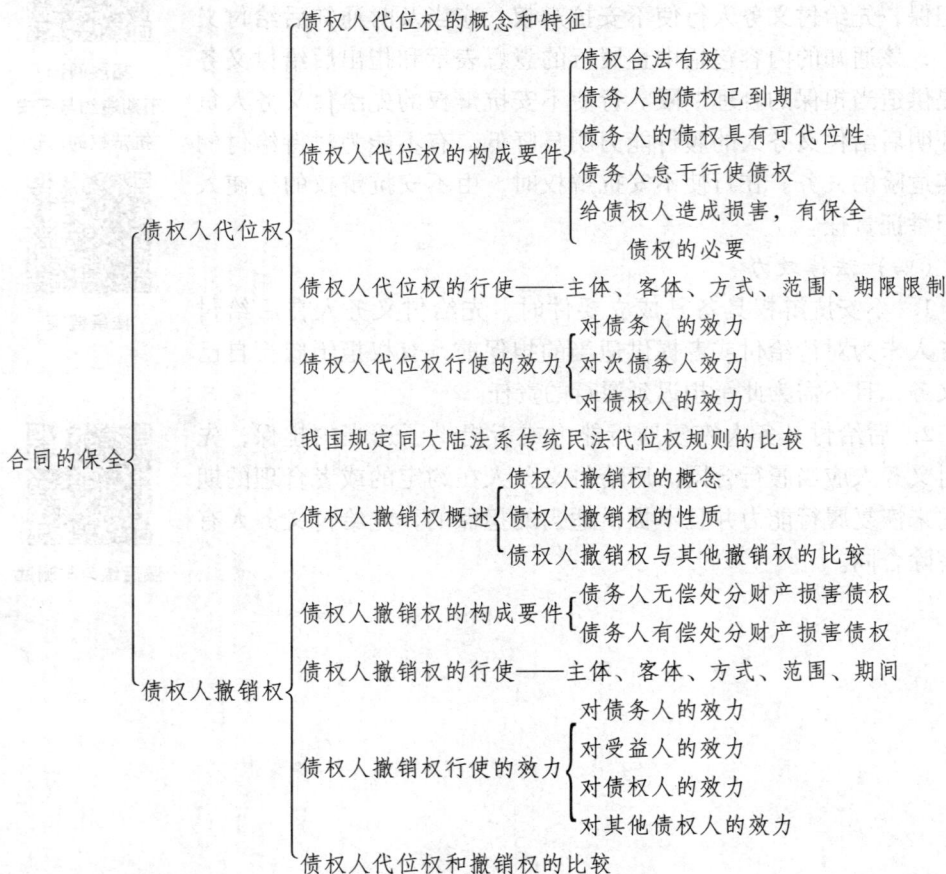

合同的保全
├─ 债权人代位权
│　├─ 债权人代位权的概念和特征
│　├─ 债权人代位权的构成要件
│　│　├─ 债权合法有效
│　│　├─ 债务人的债权已到期
│　│　├─ 债务人的债权具有可代位性
│　│　├─ 债务人怠于行使债权
│　│　└─ 给债权人造成损害，有保全债权的必要
│　├─ 债权人代位权的行使——主体、客体、方式、范围、期限限制
│　├─ 债权人代位权行使的效力
│　│　├─ 对债务人的效力
│　│　├─ 对次债务人效力
│　│　└─ 对债权人的效力
│　└─ 我国规定同大陆法系传统民法代位权规则的比较
└─ 债权人撤销权
　　├─ 债权人撤销权概述
　　│　├─ 债权人撤销权的概念
　　│　├─ 债权人撤销权的性质
　　│　└─ 债权人撤销权与其他撤销权的比较
　　├─ 债权人撤销权的构成要件
　　│　├─ 债务人无偿处分财产损害债权
　　│　└─ 债务人有偿处分财产损害债权
　　├─ 债权人撤销权的行使——主体、客体、方式、范围、期间
　　├─ 债权人撤销权行使的效力
　　│　├─ 对债务人的效力
　　│　├─ 对受益人的效力
　　│　├─ 对债权人的效力
　　│　└─ 对其他债权人的效力
　　└─ 债权人代位权和撤销权的比较

本章重点内容讲解

　　合同的保全，准确地说是合同之债的保全，是指法律为了防止在债务人的财

产不当减少或者难以现实地支配而给债权人的债权及其实现带来危害，允许债权人代债务人之位向第三人行使债务人的权利或请求法院撤销债务人与第三人之间的法律行为的法律制度。保全方式有两种：债权人代位权和债权人撤销权，两大制度的确立是为了保护债权人的利益即其合法债权的实现。

根据合同的相对性原理，债权人原则上只能向债务人请求履行，债的效力原则上不涉及第三人。但当债务人不能给付或者与第三人共同实施足以危及债权人利益的行为时，为了保护债权的实现，法律允许债权人针对债务人与第三人的行为作出一定的干预。其功能是填补债权效力顾及不到的空间。因此通说认为合同的保全是债权的对外效力，属于债权相对性的例外。

本章的重点内容在于代位权和撤销权的构成要件，权利行使的主体、客体、方式、行使范围，以及代位权行使后对债权人，债务人和次债务人三方当事人的效力，撤销权行使后对于债务人、受益人、债权人和其他债权人的效力。

第一节　债权人代位权

一、债权人代位权的概念和特征

（一）债权人代位权的概念

债权人的代位权是指债务人怠于行使其到期债权，债权人为了保全其债权不受损害，而以自己的名义向人民法院请求代位行使债务人怠于行使权利的权利。

我国《民法典》第535条第1款规定，因债务人怠于行使其债权或者与该债权有关的从权利，影响债权人的到期债权实现的，债权人可以向人民法院请求以自己的名义代位行使债务人对相对人的权利，但该权利专属于债务人自身的除外。

一般认为，代位权起源于法国习惯法，[1]《法国民法典》规定了债权人代位权，称为"间接诉权"或"代位诉权"。德国、瑞士均未规定债权人代位权，而是通过强制执行法实现代位权的

---

〔1〕　关于代位权的起源问题，有的学者认为起源于罗马法，也有学者认为起源于日耳曼法，但大多数学者基本认同代位权起源于法国习惯法。（参见韩世远：《合同法总论》，法律出版社2004年版，第368页。）

功能。[1] 日本和我国台湾地区在民事程序相关法律上都有相应的对债权的执行规定，同时"民法"也规定了代位权制度。[2]

理解代位权，首先要弄明白代位权中存在的法律关系。比如说甲对债务人乙有 5 万元的债权，乙对丙有 10 万元的债权，却怠于行使。当甲要求乙偿还债务而乙不能履行时，甲可以向法院起诉要求代为行使乙对丙的债权。甲是乙的债权人，乙是债务人，而第三人丙又是乙的债务人，也称"次债务人"。如图 6-1 所示：

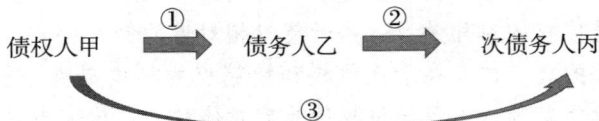

债权人甲 ① ➡ 债务人乙 ② ➡ 次债务人丙
③

①债权人甲对债务人乙享有债权　②债务人乙对次债务人丙享有债权
③当满足代位权行使条件时，债权人甲可向法院请求次债务人丙直接向自己履行债务

图 6-1　债权人代位权的行使

在上述代位权关系中，债权人甲突破与债务人乙之间合同相对性，在乙怠于行使债权的情况下，可通过法院直接请求次债务人丙在甲债权的范围内主张权利。

（二）债权人代位权的特征

1. 债权人代位权属于债权的对外效力。债权人代位权使得债权人可以基于保全自己债权的需要，以自己的名义向债务人之外的第三人行使请求权。债权效力"穿透"相对关系而及于第三人，属于债权的对外效力。

2. 代位权是法律赋予债权的固有权。有观点认为债权人代位权，是债权人对其债务人的代理权，权利是由债务人赋予的，替债务人为相关法律行为。但现在的多数意见采固有权利说。[3]以下是代理权和代位权的比较：

---

〔1〕　在《德国民法典》和《瑞士民法典》中没有规定债权人代位权，其原因在于这两个国家的法律关于强制执行方法的规定颇为完备，没有特别承认债权人代位权的必要。而我国《民事诉讼法》关于强制执行的措施也是比较完备的，我国原来的《合同法》第 73 条（现为《民法典》第 535 条）之所以还规定债权人代位权，其目的是解决困扰我国企业或者自然人多年的"三角债"问题提供一个可供当事人选择的机会和手段。

〔2〕　参见李永军主编：《债权法》，北京大学出版社 2016 年版，第 58 页。

〔3〕　参见韩世远：《合同法学》，高等教育出版社 2010 年版，第 162 页。

表 6-1 代理权与代位权的区别

	代理权	代位权
产生不同	可以基于当事人委托授权	法定固有权
名义不同	以被代理人的名义	债权人以自己的名义
权限不同	委托授权或法定范围	在债权人的权限范围内
后果不同	效果归于被代理人	债权人债权的实现

3. 代位权属于实体法上的权利。法国、日本和我国台湾地区以及我国大陆都将代位权作为实体法的权利予以规定,[1] 债权人不仅可以依法行使代位权还可直接受领行使代位权后取得的财产。

二、债权人代位权的构成要件

根据我国《民法典》第 535~537 条并结合《最高人民法院关于适用〈中华人民共和国合同法〉若干问题的解释（一）》（以下简称《合同法解释（一）》）第 11 条的相关规定，债权人行使代位权，需要具备下列条件：

（一）债权合法有效

首先，债权人对债务人的债权须合法有效，或者不属于自然债权，这是行使代位权的前提。赌债、买卖婚姻之债等非法债务均不能行使债权人代位权。其次，债务人对次债务人的债务同样也须合法有效或不属于自然债权。代位权关系中的两个债权任一因违法被认定无效、被撤销或已过诉讼时效，均不能行使代位权。如果债权的无效、被撤销是因为次债务人的过错引起的，当债务人对次债务人享有返还请求权时、赔偿请求权时，应认定债权人仍能行使代位权。

（二）债务人的债权已到期

债务人对次债务人的债权已到期是行使代位权的时间界限。如果债务人的债权未到期，则第三人可以以此为由拒绝提前履行，债权人当然无法履行。在第三人破产的情况下，由于破产宣

---

〔1〕 参见李永军：《合同法》，中国人民大学出版社 2016 年版，第 132 页。

告时未到期的债权，均视为已到期债权，在债务人怠于进行破产申报时，债权人当然可以代位申报加入破产债权。

另外，根据我国《民法典》第536条的规定，债权人的债权到期前，债务人的债权或者与该债权有关的从权利存在诉讼时效期间即将届满或者未及时申报破产债权等情形，影响债权人的债权实现的，债权人可以代位向债务人的相对人请求其向债务人履行、向破产管理人申报或者作出其他必要的行为。通常认为债权人行使代位权是指两个债权均到期，但《民法典》并未将债权人的债权已到期作为行使代位权的必要条件，基于对债权人预期损害的救济的立法考虑，如债权人的债权到期之时债务人债权的诉讼时效已过，成为自然债权，不满足上述第一个条件，代位权的行使已没有意义。

（三）债务人的债权具有可代位性

债务人的债权应当具有可代位性，我国《民法典》第535条"但书"规定，代位权的客体须不是专属于债务人自身的债权。[1] 其一，与债务人人格与身份相关的债权不得代位；其二，专属于债务人的财产权不得代位：①基于亲属关系而发生的财产权不得代位，如基于抚养、赡养、扶养、继承关系产生的给付请求权和劳动报酬请求权；②专属于自然人的债权不得代位，如退休金、养老金、抚恤金、安置费、人寿保险、人身伤害赔偿请求权等权利，这些权利不是代位权的标的，不能成为强制执行的标的。

（四）债务人怠于行使债权

怠于行使债权，是指债务人应行使并且能行使而不行使其权利的事实状态。应行使是指若不及时行使，则权利有消灭或者丧失的可能，如请求权时效经过，受偿权因不申报破产债权而丧失。能行使是指不存在行使权利的任何障碍，债务人客观上有能力行使权利。但是消极的不行使，至于债务人不行使的原因，主观上有无故意过失，在所不问。[2]

我国《合同法解释（一）》第13条第1款规定："合同法第

---

〔1〕 参见王家福主编：《中国民法学·民法债权》，法律出版社1991年版，第178页。

〔2〕 参见欧阳经宇：《民法债编通则适用》，汉林出版社1977年版，第244页。

73 条规定[1]的 '债务人怠于行使其到期债权，对债权人造成损害的'，是指债务人不履行其对债权人的到期债务，又不以诉讼方式或仲裁方式向其债务人主张其享有的具有金钱给付内容的到期债权，致使债权人的到期债权未能实现。" 该到期债权应当是其享有的具有金钱给付内容的到期债权，怠于行使导致债权人的到期债权未能实现。因此只要债权到期债务人没有通过诉讼或仲裁方式行使债权，就属于"怠于行使"，无时间要求，而且以私力救济的方式主张权利仍构成怠于行使，只有以诉讼或仲裁的方式才不构成"怠于行使"。比如只向次债务人发出催款通知而无实际的诉讼或仲裁，仍然属于怠于行使权利。《合同法解释（一）》第 13 条第 2 款规定："次债务人（即债务人的债务人）不认为债务人有怠于行使其到期债权情况的，应当承担举证责任。"举证成功的，就可以对抗债权人代位权。

（五）给债权人造成损害，有保全债权的必要

代位权的目的是保全债权，[2] 因此代位权行使的必要性应理解为债务人不行使其对次债务人的到期债权，对债权已造成损害，或存在债权人的债权有不能被清偿的可能性。如果债务人怠于行使其权利对债权人的债权并无影响的，法律就没有必要突破合同相对性原则、以干预债务人自由的重大代价来赋予债权人代位权。[3]

一般认为债务人已陷入无资力的状态就会对债权人的受偿造成损害，债务人对次债务人享有的债权不认为其有资力。债权人即使对其债权设立了担保也不妨碍成立代位权。判例及学说认为：[4] 对不特定及金钱债权应以债务人是否限于无资力的状态为判断标准；而在特定债权及其他与债务人资力无关的债务中，这以有必要保全债权为全部条件。

拓展案例
长兴县人民医院与姚立早债权人代位权纠纷一案二审民事案

---

〔1〕　现为我国《民法典》第 535 条的规定。

〔2〕　参见杨立新：《合同法总则》，法律出版社 1999 年版，第 251 页。

〔3〕　参见邱聪智：《新订民法债编通则（下）》，中国人民大学出版社 2004 年版，第 306 页。

〔4〕　在法国民法上，以债务人陷于无资力为标准，而在日本民法上，则不以债务人陷于无资力为必要。（参见王家福主编：《中国民法学·民法债权》，法律出版社 1991 年版，第 180 页。）

三、债权人代位权的行使

（一）代位权行使的主体

一切债权，无论其债权成立先后，除依债权性质不能保全的除外，其他所有权的债权人均有权行使代位权。各债权人可以独立代位行使债务人的权利，也可以共同代位行使，成为代位权诉讼的共同原告。但是债务人的同一债权，一个债权人代位行使后，他人不得再次就同一债权代位行使。

（二）代位权行使的客体

代位权的客体为债务人现有的财产权，我国《民法典》仅规定了到期债权，《合同法解释（一）》第13条作了缩小解释：具有金钱给付内容的到期债权。但是代位权客体范围过于狭窄不利于保护债权，有违代位权制度设立的目的。应采取目的性扩张的方式，包括以下几种权利：①纯粹的财产权利，包括合同上的债权，不当得利或无因管理之债产生的请求权，物权及物上请求权，以财产利益为目的的形成权（如合同解除权等）；②主要为财产上所有的权利，如因重大误解、显失公平产生的撤销权等；③诉讼上的权利，如代位提起诉讼、申请强制执行等。

（三）代位权行使的方式

行使代位权，债权人应以自己的名义通过诉讼的方式行使，具体来说就是：①不能以债务人的名义行使，要以自己的名义行使；②只能通过向法院起诉的方式行使，以裁判方式为之。这与大陆法系民法规定代位权制度有所不同，[1]后者可以通过诉讼外的方式行使，我国不允许私力救济，只能依照民事诉讼程序公力救济的方式行使。债权行使代位权时，应负有善良管理人之注意义务，不得在诉讼中随意处分债务人的权利，如权利的抛弃、债务的免除等，如果违反注意义务对债务人造成损害的，债务人可以向债权人主张损害赔偿。

（四）代位权行使的范围

代位权行使范围应以保全债权人债权的必要范围为限，即代位权行使所得的价值应当与所需保全的价值相当。我国《合同法

---

〔1〕 参见李永军：《合同法》，中国人民大学出版社2005年版，第197页。

解释（一）》第 21 条规定："在代位权诉讼中，债权人行使代位权的请求数额超过债务人所负债务额或者超过次债务人对债务人所负债务额的，对超出部分人民法院不予支持。"如果代位行使的结果已经足以保全其债权时，即不得再代位行使债务人的其他权利。

（五）代位权行使的期限限制

由于债权人的代位权不是固有意义上的形成权，债权人行使它的期间不适用除斥期间的规定。但是，代位权涉及债权人对债务人的债权和债务人对第三人的债权，因此债权人行使该权利的期间上需要受到双重限制，包括：①债权人对于债务人的债权的履行期限的限制、诉讼时效的限制；②受到债务人对第三人的权利所要求的期间的限制。[1] 第三人以此期间限制主张对债权人的抗辩。

四、债权人代位权行使的效力

按照大陆法系民法的立法例，通过代位权诉讼要回的财产，债权人不能直接受领，要交付给债务人，这一般称为"入库原则"，[2] 这样规定符合债法的基本理论，因为债权具有相对性，不具有优先受偿的效力。但是我国原《合同法》最终取消了"入库原则"，《合同法解释（一）》第 20 条具体规定了债权人有权直接受领通过代位权取得的财产。有反对观点认为此举将侵害其他债权人的利益，违反债权的平等性。

具体而言，代位权行使后对各方当事人效力如下：

（一）对债务人的效力

根据我国《合同法解释（一）》规定，债权人向债务人的相对人提起的代位权诉讼经人民法院审理后认定代位权成立的，由次债务人向债权人履行清偿义务，债权人与债务人、债务人与次债务人之间相应的债权债务关系即予消灭。因此代位权行使对债务人的效力体现在几个方面：其一，当法院认定代位权成立，无论债务人是否参加诉讼，债务人的相对人向债权人清偿后，债务

---

〔1〕 参见崔建远：《合同法》，北京大学出版社 2016 年版，第 174~175 页。
〔2〕 参见崔建远：《合同法总论》（中卷），中国人民大学出版社 2016 年版，第 288 页。

人与次债务人、债务人与债权人的债权债务关系消灭，债务人要承担在代位行使的部分的债权债务消灭的法律后果。其二，诉讼时效中断。债权人提起代位权诉讼的，应当认定对债权人的债权和债务人的债权均发生诉讼时效中断的效力。其三，费用的负担。我国《民法典》第535条第2款规定，代位权的行使范围以债权人的到期债权为限。债权人行使代位权的必要费用，由债务人负担。

（二）对次债务人的效力

对次债务人而言，无论权利是由债务人自行行使，还是由债权人代位行使，对次债务人的法律地位及其利益均无影响，如果代位权成立，则次债务人清偿债务后与债务人之间的债权债务关系消灭。但是，凡是该次债务人得以对抗债务人的一切抗辩，例如同时履行抗辩、不安抗辩、时效抗辩等，均可对抗行使代位权的债权人。另外，次债务人可以主张债务人对债权人的抗辩，但专属于债务人自身的抗辩权除外。

（三）对债权人的效力

对债权人而言，代位权的行使首先导致诉讼时效的中断；其次，行使代位权的债权人具有优先受偿的权利。代位权成立后，次债务人向债权人清偿后，在不超出债务人权利的必要范围内可以直接受领。行使代位权的必要费用由债务人承担，可以从实现的债权中优先支付。

代位权行使的效力总结如下：

表6-2　代位权行使效力

对债务人的效力	（1）诉讼效果承受：无论债务人是否参加诉讼，债务人与次债务人、债务人与债权人的债权债务关系消灭。 （2）诉讼时效中断：债权人的债权和债务人的债权均发生诉讼时效中断。
对次债务人的效力	（1）与债务人之间的债权债务关系消灭。 （2）抗辩权延续：凡次债务人得以对抗债务人的一切抗辩均可对抗行使代位权的债权人，可以主张债务人对债权人的抗辩，但专属于债务人自身的抗辩权除外。

续表

对债权人的效力	（1）优先受偿：债权人行使的权利不得超出债务人权利的范围，在必要范围内可以直接受领。 （2）行使代位权的必要费用由债务人承担，可从实现的债权中优先支付。

五、我国规定同大陆法系传统民法代位权规则的比较

表6-3　我国合同法同大陆法系传统民法代位权规则的比较

	我国合同法	大陆法系传统民法
权利客体不同	限于到期的金钱债权	除债权之外还有其他财产权利、诉讼公权利。
行使方法不同	仅诉讼的方式行使	可私力救济，不必通过法院以诉讼方式行使。
名义上不同	以债权人自己的名义	以债务人的名义。
效力上不同	债权人直接受领	"入库原则"代位权行使的效果是直接归于债务人，使债务人财产增加。

法条链接

课后练习与测试

第二节　债权人撤销权

一、债权人撤销权概述

（一）债权人撤销权的概念

债权人的撤销权，又称"废罢诉权"，是指债权人对于债务人损害债权的行为，有权请求法院撤销该行为的权利。撤销权源自于罗马法，它是由罗马法裁判官保罗所创设的诉权，故也称"保罗诉权"。[1]

我国《民法典》第538条和第539条规定，债务人以放弃其债权、放弃债权担保、无偿转让财产等方式无偿处分财产权益，或者恶意延长其到期债权的履行期限，影响债权人的债权实现

---

〔1〕　参见陈朝璧：《罗马法原理》（上册），商务印书馆1936年版，第188页。

的，债权人可以请求人民法院撤销债务人的行为。债务人以明显不合理的低价转让财产、以明显不合理的高价受让他人财产或者为他人的债务提供担保，影响债权人的债权实现，债务人的相对人知道或者应当知道该情形的，债权人可以请求人民法院撤销债务人的行为。这是我国债权人撤销权的规范基础。

要想了解债权人撤销权，必须弄清楚债权人撤销权各方当事人之间的关系。例如，甲对乙享有 10 万元债权，当甲要求乙偿还而乙不能履行时，债权人甲可以请求执行债务人乙的财产来清偿债务。而债务人乙此时将其财产无偿转让或者低价出售给第三人丙，或者免除第三人丙的债务，使其责任财产减少，损害债权的实现。在这种情况下，债权人甲可以行使撤销权，请求法院撤销债务人乙与第三人丙之间的行为，经撤销后的行为自始无效。如图 6-2 所示：

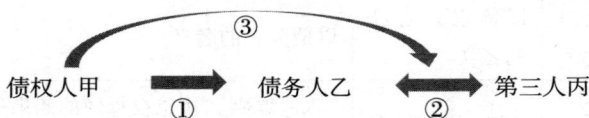

①债权甲对债务人乙享有债权　②债务人乙与第三人丙之间损害债权的行为　③债权人甲可申请法院撤销②的行为

图 6-2　债权人撤销权的行使

债权人甲可以基于对债务人乙的债权可能受到损害为由，撤销债务人损害债权的行为，当债务人的行为有相对人，可以撤销债务人与第三人之间损害债权的行为。

（二）债权人撤销权的性质

有关撤销权的性质，争议颇多，归纳起来主要有三种观点：[1]

1. 形成权说。该说认为，债权人撤销权是债权人单方面的意思表示直接使债务人实施的法律行为归于无效的形成权，因此撤销之诉形式上属于形成之诉。而且认为这样撤销权同可撤销法律行为中的行使不应有不同的解释，所以认为撤销权应当是形成权。

---

〔1〕　参见吴飚、朱晓娟编著：《合同法·原理·规则·案例》，清华大学出版社 2006 年版，第 56 页。

2. 请求权说。该说认为债权人撤销权是对因债务人行为而受利益的第三人直接主张利益返还的请求权，是恢复原状的请求权，请求获得利益的人返还该利益，以恢复债务人财产的原来状态。因此撤销之诉在性质属于给付之诉。

3. 折中说。折中说即将以上两个观点折中，该说认为，债权人撤销权兼具形成权与请求权性质，它一方面使债务人实施的法律行为归于无效，另一方面又能产生利益恢复原状的效力，撤销之诉在性质上属于形成之诉与给付之诉的结合，即债权人撤销权的判决是撤销与财产的返还。采取折中说的比较普遍。[1]

（三）债权人撤销权与其他撤销权的比较

1. 民法上的可撤销民事行为、可撤销合同的撤销权与债权人撤销权有以下几点区别：

表6-4　可撤销合同的撤销权与合同保全中债权人撤销权的区别

	可撤销合同撤销权	债权人撤销权
性质上	形成权	有一定的争议
发生事由	欺诈、胁迫、重大误解、显失公平等意思表示不真实的情形	债务人减少责任财产而危害债权的行为
制度功能	意思自治之保障	合同的保全
行使方式	须向法院或仲裁机构行使	只能诉讼
除斥期间	明确的1年的除斥期间	自知道或应当知道之日起1年或自行为发生之日起5年

2. 债权人撤销权与破产撤销权的比较。大多数国家的法律通常将撤销权分为两部分：一是破产法上的撤销权，单独规定在商法或单独破产法中；二是破产法外的撤销权，这种撤销权经常规定在民法或债法中。两个撤销权针对的行为都是针对放弃到期债权、无偿转让财产、以明显不合理的价格进行交易等行为，债权人撤销权和破产撤销权的区别是：

---

〔1〕　参见江平主编：《民法学》，中国政法大学出版社2016年版，第431页。

表 6-5　债权人撤销权和破产撤销权的区别

	债权人撤销权	破产撤销权
制度目的不同	为了实现自己的债权	保障破产企业全体债权人的债权
适用程序不同	民法中撤销权诉讼	企业进入破产程序后
行使主体不同	债权人行使	破产管理人
期间限制不同	自知道或应当知道之日起 1 年或自行为发生之日起 5 年	可撤销的欺诈破产行为发生在破产申请受理前 1 年内，个别清偿行为发生在破产申请受理前 6 个月内

二、债权人撤销权的构成要件

我国《民法典》关于撤销权的规定分了两种情况，即债务人无偿行为损害债权和有偿行为损害债权的行为，无论有偿还是无偿，若行为损害债权，债权人都可以请求人民法院予以撤销。在无偿行为场合，仅有客观要件即可行使撤销权；而在有偿行为场合，还应具备主观要件，以受让人知情为必要。

（一）债务人无偿处分财产损害债权

我国《民法典》第 538 条规定，债务人以放弃其债权、放弃债权担保、无偿转让财产等方式无偿处分财产权益，或者恶意延长其到期债权的履行期限，影响债权人的债权实现的，债权人可以请求人民法院撤销债务人的行为。因此无偿处分行为的客观要件是：

1. 债务人有无偿处分财产的行为。这种行为表现在：其一，债务人放弃到期债权、免除债务人债务、对利息的豁免等；其二，债务人无偿转让财产，例如赠与、遗赠等减少自己财产的行为；其三，放弃债权担保。放弃债权的担保降低了债权可以圆满受偿的可能性。本来无偿转让财产是单方行为，但是债务人在负担债务的情况下放弃应有的财产，会使自己的清偿能力减弱，损害债权人的债权。

2. 债务人的行为对债权造成损害。损害债权，是指因为债

务人的上述积极减少财产的行为使自己陷于无资力状态，不能清
偿债权，至债权人撤销权行使时该状态仍然存在即可以视为损害
债权。并且必须是因为债务人的行为使自己陷入无资力状态，即
无资力状态与债务人的行为有因果关系，如果债务人的无资力状
态是其他原因引起的则不发生撤销权。

3．债务人损害债权的无偿行为须在债权发生后有效成立且
继续存在。①债务人这种无偿的行为已经成立，因为撤销权是针
对已经成立并且生效的行为的撤销；无效行为不能成为撤销的标
的。②债务人行为是在债务人与债权之间的债权成立后所发生
的，并且一直存在。无偿行为不以受益人主观有无恶意为要件，
因为无偿行为的撤销仅使受益人失去本来无偿所得的利益，并未
损害其他利益，因而法律应首先保护受到危害的债权的利益。

总结如下：

表6-6　债务人无偿处分财产时债权人撤销权的成立要件

债务人无偿处分财产	客观要件	1. 债务人有无偿处分的行为： （1）放弃到期债权。如免除债务，无偿债权让与。 （2）无偿转让财产。如赠与、遗赠。 （3）放弃债权担保。
		2. 债务人的行为对债权造成损害。 债务人积极减少财产的行为使自己陷于无资力状态，不能清偿债权，至债权人撤销权行使时该状态仍然存在。
		3. 债务人损害债权的无偿行为须在债权发生后有效成立且继续存在。 （1）债权发生后。 （2）无偿转让行为已有效成立。 （3）一直存在。
	主观要件	不以债务人或受让人有无恶意为要件。

（二）债务人有偿处分财产损害债权

我国《民法典》第539条规定，债务人以明显不合理的低价
转让财产、以明显不合理的高价受让他人财产或者为他人的债务
提供担保，影响债权人的债权实现，债务人的相对人知道或者应

当知道该情形的，债权人可以请求人民法院撤销债务人的行为。因此债权行使撤销权应同时具备客观要件和主观要件。

1. 客观要件。其一，债务人有有偿的行为。包括明显不合理的低价转让财产、以明显不合理的高价收购财产或者为他人的债务提供担保，会使债务人的责任财产减少。其二，该行为损害了债权。债务人积极减少财产的行为使自己陷于无资力状态，不能清偿债权，至债权人撤销权行使时该状态仍然存在。其三，债务人损害债权的无偿行为须在债权发生后有效成立且继续存在。

2. 主观要件。对于债务人而言"以明显不合理的低价转让财产、以明显不合理的高价收购财产或者为他人的债务提供担保"中的明显不合理的价格进行交易或者为他人债务提供担保，体现了债务人的非善意的成分。另外，对于受益人或受让人而言，在受让时知道或者应当知道债务人的行为有害于债权人的利益的，受让人受让时的知情，即体现了受让人的恶意。如果仅有债务人的恶意而受让人是善意的，则不得撤销，以保护善意第三人。

总结如下：

表 6-7　债务人有偿处分财产时债权人撤销权的成立要件

债务人有偿处分财产	客观要件	1. 债务人有偿处分的行为： （1）明显不合理低价转让财产； （2）明显不合理高价购买财产； （3）为他人的债务提供担保。
		2. 债务人的行为对债权造成损害。 债务人积极减少财产的行为使自己陷于无资力状态，不能清偿债权，至债权人撤销权行使时该状态仍然存在。
		3. 债务人损害债权的无偿行为须在债权发生后有效成立且继续存在： （1）债权发生后； （2）有偿转让行为已有效成立； （3）一直存在。
	主观要件	债务人的恶意："明显"不合理低价。 受让人（第三人）恶意："知道"或"应当知道"会损害债权人债权。

三、债权人撤销权的行使

（一）债权人撤销权行使的主体

债权人撤销权行使的主体是因债务人的行为而使债权受到损害的债权人，该债权在债务人行为之前就已经成立。既可以由全体债权人共同享有并行使债权人撤销权，也可由每个债权人独立行使并享有，债务人破产时，由破产管理人行使。但债权人撤销权行使目的在于保障全体债权人的共同利益，所以每个债权人单独行使撤销权将对全体债权人的利益发生效力。

（二）债权人撤销权行使的客体

债权人撤销权行使的客体是针对债务人有害债权人的行为。撤销只能针对债务人的财产行为，对于债务人的身份行为，不可以行使撤销权，如婚姻、继承等行为即使财产减少，也不能行使撤销权。债务人拒绝接受赠与或遗赠，也不得撤销，这是债务人的自由意志。因为债权人撤销权是防止债务人财产的积极减少，恢复其原有财产的资力，而不是阻止本没有的财产增加。

（三）债权人撤销权行使的方式

债权人以自己的名义在诉讼上行使。要求以诉讼的方式是因为债权人撤销权对第三人的利害关系重大，应由法院审查该撤销权的主体、成立要件，避免撤销权的滥用。通说认为，[1] 当债务人的行为是单方行为时，债权人是原告，债务人是被告；当债务人的行为是双方行为时，应以债务人及其相对人为被告，一般第三人作为无独立请求权的第三人参加诉讼。《合同法解释（一）》第 24 条规定，债权人提起撤销权诉讼时只以债务人为被告，未将受益人或者受让人列为第三人的，人民法院可以追加该受益人或者受让人为第三人。

（四）债权人撤销权行使的范围

我国《民法典》第 540 条规定，债权人撤销权的行使范围以债权人的债权为限。对该范围有两种不同的理解，一种是认为应该以原告对被告的债权总和为限，不得超出自己的债权额；另一种观点认为，撤销权行使的目的是保全所有的一般债权，因此行

---

〔1〕　参见王利明、崔建远：《合同法》，北京大学出版社 2000 年版，第 392 页。

使的范围不应以行使撤销权的债权人享有的债权额为限，而应以保全全体一般债权人的全部债权为限度。

（五）撤销权行使的期间

我国《民法典》第541条规定：撤销权自债权人知道或者应当知道撤销事由之日起1年内行使。自债务人的行为发生之日起5年内没有行使撤销权的，该撤销权消灭。此期间就是撤销权行使的除斥期间，规定的两个除斥期间任何一个届满都能导致撤销权的消灭。

四、债权人撤销权行使的效力

（一）对债务人的效力

根据我国《合同法解释（一）》第25条第1款的规定，债权人请求人民法院撤销债务人损害债权的行为，人民法院依法撤销的，该行为自始无效。被撤销的债务人的行为，包括单方行为和与第三方之间的双方行为均归于消灭，视为自始无效。债务免除的，视为未免除；承担债务的，视为没有承担；转移财产的视为没有转移；恢复债务人财产自始的状态。

（二）对受益人的效力

已经受领了债务人移转的财产的，应撤销权的请求，受益人应向撤销权人给付其获得的财产利益。原物可以返还的返还原物，不能返还的应当折价赔偿。已经向债务人支付了相应的对价的，可以向债务人主张不当得利返还。

（三）对债权人的效力

即行使撤销权人的效力，撤销权人有权请求受益人向自己返还所受利益，并且有义务将收取的利益加入到债务人的一般财产，作为全体的一般债权人的共同担保，而没有优先受偿权。

债权人行使撤销权的必要费用，由债务人负担。

（四）对其他债权人的效力

撤销权行使是为了全体债权人的共同利益，撤销权取回的财产或者代替原来利益的损害赔偿，归属于全体的一般债权人的共同担保，由全体债权人按照债权数额比例分别受偿。

表 6-8 撤销权行使的效力

对债务人的效力	被撤销的债务人的害及债权行为自始无效。
对受益人的效力	（1）因取得财产的法律行为被撤销，第三人应返还财产给债务人，不能返还时应折价赔偿。 （2）对债务人支付了对价，可基于不当得利要求债务人返还。
对债权人的效力	（1）入库原则：有权向受益人主张返还财产，该财产仍然作为债权的一般担保，债权人没有优先受偿权。 （2）债权人行使撤销权的必要费用由债务人承担。
对其他债权人的效力	撤销权行使是为了全体债权人的利益，追回的财产归于全体一般债权人的共同担保，按债权数额比例分别受偿。

五、债权人代位权和撤销权的比较

债权人代位权和撤销权都是合同的保全，对于债务人有害于债权人债权的积极作为和消极不作为进行救济。二者的区别如下表所示：

表 6-9 债权人代位权与撤销权的区别

区别	代位权	撤销权
目的不同	保证债务人正当责任财产的增加。	恢复债务人的财产。
客体不同（构成要件）	针对债务人怠于行使债权的行为。	针对债务人积极减少财产的行为。
主观过错不同	不论债务人主观上是否有过错。	有偿转让要求债务人和受让人恶意。
时间限制不同	诉讼时效。	除斥期间。

法条链接

课后练习与测试

第七章　合同的变更和转让

本章知识结构图

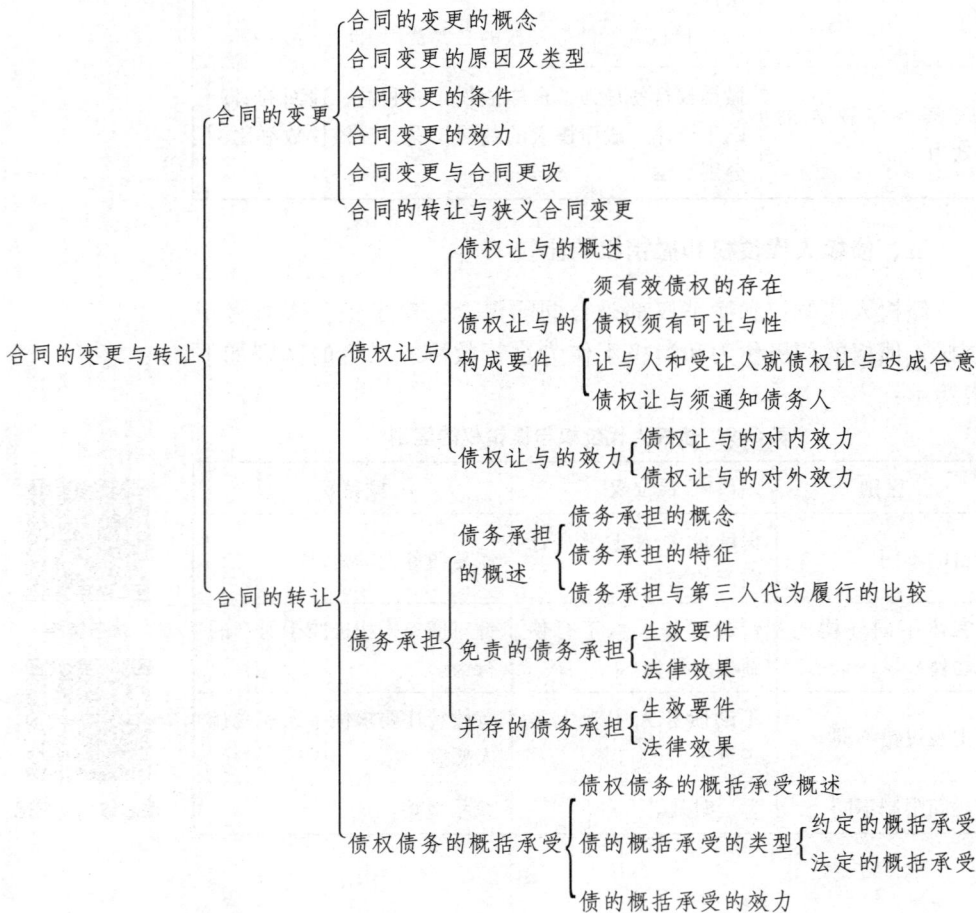

合同的变更与转让
├─ 合同的变更
│   ├─ 合同的变更的概念
│   ├─ 合同变更的原因及类型
│   ├─ 合同变更的条件
│   ├─ 合同变更的效力
│   ├─ 合同变更与合同更改
│   └─ 合同的转让与狭义合同变更
└─ 合同的转让
    ├─ 债权让与
    │   ├─ 债权让与的概述
    │   ├─ 债权让与的构成要件
    │   │   ├─ 须有效债权的存在
    │   │   ├─ 债权须有可让与性
    │   │   ├─ 让与人和受让人就债权让与达成合意
    │   │   └─ 债权让与须通知债务人
    │   └─ 债权让与的效力
    │   ├─ 债权让与的对内效力
    │   └─ 债权让与的对外效力
    ├─ 债务承担
    │   ├─ 债务承担的概述
    │   │   ├─ 债务承担的概念
    │   │   ├─ 债务承担的特征
    │   │   └─ 债务承担与第三人代为履行的比较
    │   ├─ 免责的债务承担
    │   │   ├─ 生效要件
    │   │   └─ 法律效果
    │   └─ 并存的债务承担
    │   ├─ 生效要件
    │   └─ 法律效果
    └─ 债权债务的概括承受
        ├─ 债权债务的概括承受概述
        ├─ 债的概括承受的类型
        │   ├─ 约定的概括承受
        │   └─ 法定的概括承受
        └─ 债的概括承受的效力

📢 **本章重点内容讲解**

合同的变更有广义和狭义的区分。广义的合同变更，包括合同内容的变更与合同主体的变更。合同内容的变更是指合同当事人不变，合同内容发生改变，属于实质的合同变更，它属于狭义的合同变更。合同主体的变更即合同权利义务的转让，是指合同关系保持同一性的前提下，仅仅改变债权人或债务人的现象，而合同本身的内容不发生改变。合同的转让包括合同权利的转让即债权让与、合同义务的转让即债务承担以及债权债务的概括转让。本章的重点内容是掌握债权让与成立的有效条件、债务承担成立的有效条件及以及债权债务的概括转让的类型。本章难点问题在于合同权利义务的移转对合同相对性的影响，合同变更与转让后对涉及的各方当事人的影响和效力。

第一节　合同的变更

一、合同的变更的概念

本节所讲的合同变更是指狭义合同的变更，即在不改变合同主体的情况下仅合同的内容和客体的变更，它是指在合同成立以后，尚未履行或尚未完全履行以前，基于法律规定或法院、仲裁机构的裁判行为或者当事人之间的约定等原因导致的合同内容的变更。

二、合同变更的原因及类型

（一）当事人协商一致同意变更合同

我国《民法典》第543条规定："当事人协商一致，可以变更合同。"《民法典》第544条则规定："当事人对合同变更的内容约定不明确的，推定为未变更。"如果相关法律、法规对于合同变更的形式和手续有规定的，要依照相关规定办理批准、登记手续。另外，还规定了如果合同变更的内容当事人双方约定不明确时的争议处理办法，即推定为合同未变更。

（二）基于法律的直接规定而变更合同

如果合同的变更是基于法律的直接规定，则法律效果可以直接发生，不以法院审理、仲裁机构仲裁或当事人协议为必经程序。例如，债务人违约导致合同不能履行，履行合同的债务当然转化为请求损害赔偿的债务，但可由当事人协商损害赔偿数额，这一原因导致的变更在违约责任中体现得比较明显。

（三）情势变更导致的合同变更

我国《合同法解释（二）》第26条规定："合同成立以后客观情况发生了当事人在订立合同时无法预见的、非不可抗力造成的不属于商业风险的重大变化，继续履行合同对于一方当事人明显不公平或者不能实现合同目的，当事人请求人民法院变更或者解除合同的，人民法院应当根据公平原则，并结合案件的实际情况确定是否变更或者解除。"如果在合同履行过程中重大客观情况发生变化，导致合同继续履行显失公平时，无论是变更还是解除合同都需要法院或仲裁机构的裁判。

（四）其他类型的形成权人行使形成权导致的合同变更

在选择之债中，一方当事人对合同的标的有选择权，选择权是形成权，当选择权人行使选择权，则基于一方当事人的单方意思表示即可导致合同的变更。[1]

三、合同变更的条件

（一）原来存在有效的合同关系

合同的变更是改变原来存在的合同关系，既存的法律关系是合同变更的基础和前提条件。合同无效或被撤销导致合同自始无效，不存在合同关系，在这些情况下没有变更合同的余地。如果没有合同关系的存在，仅是合同关系发生的问题而并非合同变更。

（二）合同的内容发生变化

合同的内容须有变更，应当包括以下类型：①合同标的物在数量、质量上的变更。②合同履行条件的变更。例如履行期限、履行地点或履行方式的变更等。③合同价金的变更。合同价金的增减、改变利息的利率等。④合同担保的变更。⑤从义务、附随义务的变更。⑥违约责任和争议解决办法的变更等。

（三）当事人对合同变更已经协商一致

当事人对合同变更已经协商一致，实际上是要求当事人双方

---

〔1〕 参见崔建远：《合同法》，北京大学出版社2016年版，第235页。

真正的意思表示一致，对合司的内容达成新的合意，并且对合同变更的内容约定要明确。合司变更会改变当事人之间的权利义务关系，要求合同变更本身是明确的，当事人对合同内容约定不明确的，推定为未变更。

（四）变更本身的有效性

如果合同变更是以法定方式或以裁判的方式进行的，这种情况下的变更当然具有法律效力。变更本身的有效性是指协议变更的情形，协议变更本身就是以新的合意来变更原来的合同，是意思自治的体现，应当符合合同成立及生效的规定，否则不能当然发生合同变更生效的效果。

（五）遵守法律规定的形式

法律、行政法规规定变更合同应当办理批准、登记等手续的，依照其规定。当事人对合同变更的形式有特别约定的，应当依照约定。如果法律、行政法规没有规定特定形式，当事人也没有约定特别形式的，合同变更可以采取各种形式。

四、合同变更的效力

合同变更，在变更后的内容不违反法律、行政法规的强制性规定下，不损害社会公共利益，不违反公序良俗的情况下，发生合同变更的法律效果。

1. 合同变更的效力仅向将来发生。合同的变更，原则上只对合同没有履行的部分发生效力，对已经履行部分没有溯及力，但法律另有规定或者当事人另有约定的除外。因此，原则上已经履行的给付不因为合同的变更而失去法律效力，任何一方不能因为合同的变更而要求对方返还已为的给付。

2. 合同变更的效力，在于使合同内容发生改变，成为合同义务履行新的依据，当事人按照变更后的合同履行，合同的变更对双方当事人都有约束力，任何一方违反变更后的合同都构成违约。

3. 合同的变更是以原合同关系的存在为前提的，变更部分不得超出原合同关系，原合司关系有对价的，当事人仍然保有同时履行抗辩权。

五、合同变更与合同更改

合同更改，又称债的更改、债的更新，是指债务人和债权人在成立新债务的同时消灭旧债务的合同。例如，支票债务到期，以新票换取旧票，即属于债的更改。[1]

表 7-1　合同更改与合同变更的区别

合同更改	（1）消灭旧债以成立新债，旧债消灭。 （2）旧债所附着的利益与瑕疵一并消灭。
合同变更	（1）仅指合同内容的变更，合同之债并不消灭。 （2）合同不失去同一性，所附着的利益瑕疵一直存在。

六、合同的转让与狭义合同变更

合同的转让，准确地说是合同权利和义务的转让，是指在不改变合同关系内容的前提下，合同关系的一方当事人依法将合同的权利义务全部或部分转让给第三人，属于广义的合同变更。

表 7-2　合同的转让与狭义的合同变更的区别

广义的合同变更	合同的转让	不改变合同关系的内容，仅合同权利义务移转给第三人，属于合同主体的变更，涉及第三人。
	狭义的合同变更	合同当事人没有发生变化，仅合同的权利义务发生变化。

法条链接

合同的转让，一种是基于法律的直接规定而转让，如继承，继承开始后，包括合同权利、义务在内的遗产移转与继承人；有的基于法院的裁决而发生，此类转让称为裁判上的转让。另一种是基于法律行为而转让。通过转让合同而转让合同权利称为债权让与，通过转让合同而转让合同义务称为债务承担。

在罗马法早期，债是不允许变更和移转的。早期罗马法认为

---

〔1〕　参见林诚二：《民法债编总论·体系化解说》，中国人民大学出版社 2003 年版，第 542 页。

债是特定主体之间的法律关系，即连接债权人和债务人的"法锁"，强调特定当事人之间法律关系的固定性，不允许发生主体变更，变更"法锁"任何一端都会使债的关系丧失原有的同一性。近代法律尊重契约自由，债权债务关系仅主体的变更不认为丧失其同一性。大多数国家民法都承认了债的移转，我国《民法典》以专章规定了合同的变更与转让。

课后练习与测试

第二节　债权让与

一、债权让与的概述

（一）债权让与的概念

债权让与，是指不改变合同的内容，债权人通过订立合同将债权的全部或部分转让给第三人的行为。其中债权人是转让人，第三人是受让人。[1] 我国《民法典》第545条规定："债权人可以将债权的全部或者部分转让给第三人……"

例如，甲对乙享有10万元金钱债权，之后，甲因为资金周转的需要，将自己对乙的债权以8万元的价格通过债权让与合同转让给第三人丙，并就该债权让与行为向乙作出了通知，事后，丙向乙主张该债权。

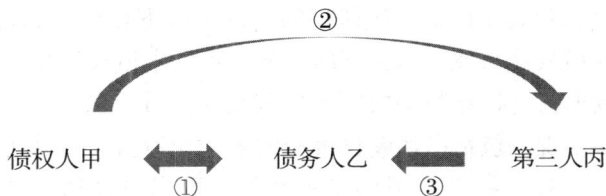

②

债权人甲　←→　债务人乙　←　第三人丙
　　　　　①　　　　　　　③

①债权人甲与债务人乙之间存在债权债务关系　②债权人甲将对债务人乙的债权转让给第三人丙，并通知债务人乙　③第三人丙作为新债权人向债务人乙主张债权

图7-1　债权让与示意图

从债权让与与当事人关系可知，债权人甲将债权转让给第三

---

〔1〕　参见崔建远：《合同法总论》（中卷），中国人民大学出版社2016年版，第429页。

人丙，丙作为新的债权人可以向债务人乙主张权利。债权让与行为是法律行为，相当于将债权作为"有金钱价值的财产"予以处分，具有融通资金的功能，将其作为交易的标的，使债务的实现力、变现力增强。

（二）债权让与的特征

1. 债权让与并不改变合同的内容，只是债权人将其权利全部或部分转让给第三人。债权让与的当事人是债权人和第三人，与债务人无关；虽然债权人转让权利时需要通知债务人，但是债务人并不因此成为债权让与的当事人，因为债权让与是债权人和受让人之间的合同。

2. 债权让与可以是全部转让或部分转让。如果全部转让，第三人完全取代原债权人成为新债权人；在部分转让的情况下，第三人参与到债权人与债务人之间的合同关系中，与原债权人共享债权。

3. 债权让与的标的是债权。债权让与是通过让与合同将债权当作财产处分，因为债权是一种财产权利，所以可以作为转让的标的。因此，债权让与是债权处分行为，让与人须对债权有处分权。

二、债权让与的构成要件

（一）须有效债权的存在

债权的有效存在是转让债权的前提。以不存在、无效或者已经消灭的债权让与他人即为标的不能，不发生债权让与的效果。

有效债权是指让与债权时该债权真实存在，并不意味着将来一定能够实现，包括已经超过诉讼时效但仍存在债务人自愿履行的可能的债权，将来的可确定的债权，可撤销法律行为产生的债权。

（二）债权须有可让与性

债权本身具有独立的意义，可以自由处分。但是实践中的某些债权强调特定人的个人因素或特定人之间的特别信赖关系，所以法律对债权让与应有一定的限制。[1]

---

〔1〕 参见吴飚、朱晓娟编著：《合同法·原理·规则·案例》，清华大学出版社2006年版，第92页。

根据我国《民法典》第 545 条规定，下列债权为不得让与的债权：

1. 依据债权性质不得让与的债权。依据合同不得让与的债权，是指根据合同权利的性质，只能在特定当事人之间发生效力，如果将债权让与给第三人，将会使合同内容发生变更，从而使转让后的合同内容与转让前的合同内容失去联系和同一性，且违反当事人订立合同的目的。这主要是指和债的当事人之间有人身或者类似人身关系的债权不适合让与。[1]

一般来说，包括以下几种情形：①以债权人与债务人之间的特殊信赖关系为基础的债权。如委托人对受托人的债权，这类债权具有强烈的人身信任关系，故不得转让。②以特定的债权人为基础而产生的合同权利。例如，甲享有请求摄影师乙为其照相的权利，若转让则使乙的给付内容发生变更，从而改变了合同内容，影响合同的同一性。③以特定身份为基础的合同权利不得转让他人，如抚养金请求权。④从权利原则上不能脱离主权利而单独转让，如担保债权是为了担保主债权的实现而设立，主债权消灭，担保债权随之消灭。⑤不作为的债权不得让与，比如请求竞业禁止的债权。⑥债权让与将实质性地增加债务人的风险时，该合同权利不得转让。

2. 当事人约定不得让与的债权。根据合同自由原则，[2] 当事人可以约定禁止任何一方转让债权，只要这种约定不违反法律的强行性规定和公序良俗，即认定为有效。但由于合同具有相对性，原则上该约定只约束合同当事人，对第三人没有约束力，但是为了保护交易安全和善意第三人的利益，当事人约定债权不得让与的，其约定不得对抗善意第三人，该善意第三人仍可取得该合同权利。

3. 法律规定不得让与的债权。这里的"法律规定"，不限于民法，也包括其他强行性法律规范。如果债权人让与该权利，则可理解为因违反法律、行政法规的强制性规定而无效。比如我国《民法典》第 791 条第 2 款的规定，承包人不得将承包的全部建

---

〔1〕　参见王家福主编：《中国民法学·民法债权》，法律出版社 1991 年版，第 74 页。

〔2〕　参见王家福主编：《中国民法学·民法债权》，法律出版社 1991 年版，第 269 页。

设工程合同以分包的名义转包给第三人。

（三）让与人和受让人就债权让与达成合意

债权让与是让与人和受让人意思表示一致的结果，是双方法律行为，即双方订立债权移转合同，要满足《民法典》关于合同成立和生效的规定。债权让与合同是不要式合同，法律没有要求采取书面形式，当事人协商一致可以变更。合同对债权让与的约定应当明确，如果约定不明确，推定为没有移转。

（四）债权让与须通知债务人

1. 我国对于债权让与通知的规定。债权让与虽然是让与人和受让人之间的法律关系，但是涉及债务人的利益，因此为了保护债务人，各国立法大多规定债权让与对债务人的生效要件。对债务人的生效要件有三种不同的立法例：①自由主义。[1] 这种观点认为债权让与既不需要征得债务人的同意也不需要通知债务人，只要债权人与受让人达成有效合意即可。②通知主义。[2] 这种观点认为债权人转让合同权利不必取得债务人的同意，但是必须通知债务人才可以对债务人发生效力，否则只约束债权人和让与人。③债务人同意主义。此种观点认为债权让与必须取得债务人同意，才可以发生转让的效力。

我国《民法典》采取通知主义。《民法典》第546条第1款规定："债权人转让债权，未通知债务人的，该转让对债务人不发生效力。"即债权人转让权利时，只需将权利转让的情况通知债务人，不须债务人同意。未经通知，债务人仍可向原债权人履行合同义务。需要注意的是，债权让与无须债务人的同意，只要债权让与合同符合生效要件，债权让与在让与人和受让人之间仍然发生效力，只是没有通知债务人的仅对债务人不发生效力。通知主义一方面尊重债权人转让合同权利的自由，促进经济发展；另一方面也维护了债务人的利益，使债务人充分和及时了解权利转让的事实，避免因不知情而遭受损失。

2. 债权让与的通知主体。关于通知主体，也存在三种立法

---

〔1〕 德国法采纳了自由主义的主张，而美国法也实际上承认合同权利的转让无须经过债务人的同意。（参见沈达明编著：《英美合同法引论》，对外贸易教育出版社1993年版，第196页。）

〔2〕 参见周林彬：《比较合同法》，兰州大学出版社1989年版，第293页。

例。[1] ①由债权人即让与人通知，日本民法采取此种方式；②由受让人进行通知，法国和意大利的民法典采取这种方式；③由让与人或受让人通知，瑞士采取这种做法。

3. 债权让与通知的撤销。为了保护受让人的利益，多数立法例规定，非经受让人的同意，债权让与通知不得撤销。我国《民法典》第 546 条第 2 款也规定，"债权转让的通知不得撤销，但经受让人同意的除外，"防止债权人欺骗或与第三人串通欺骗债务人，使债务人利益受损。

4. 债权的表见让与。当债权人将债权让与给第三人的情况通知债务人后，即使该让与未发生或让与无效，债务人基于对让与通知的信赖而向该第三人为的履行仍然有效，这种情形构成表见让与。

拓展案例
施玉根与中达光电工业（吴江）有限公司债权转让合同纠纷再审案

三、债权让与的效力

（一）债权让与的对内效力

1. 债权的全部或部分转让。如果是全部转让，则受让人完全取代原债权人成为新债权人，债权人发生更替；在部分转让的情况下，则受让人参与到债权人与债务人之间的合同关系中，成为共同债权人。

2. 合同从权利的移转。我国《民法典》第 547 条第 1 款规定，债权人转让债权的，受让人取得与债权有关的从权利，但是该从权利专属于债权人自身的除外。因此被转让债权的从权利，如抵押债权、利息债权随之转让，但是专属于债权人的从权利不随主权利而转让，如撤销权、解除权等形成权。并且规定了受让人取得从权利不因该从权利未履行变更登记手续或者未转移占用受到影响。

3. 转让人的瑕疵担保责任。转让人应当保证其所转让的权利有效存在，且不存在权利瑕疵。如果转让的权利存在瑕疵给受让人造成损害的，转让人应当向受让人承担赔偿责任。但是受让人明知权利瑕疵存在的除外。我国并没有专门规定转让人的瑕疵担保责任，但可以参照我国《民法典》中关于买卖合同和赠与合同

---

〔1〕　参见吴飚、朱晓娟编著：《合同法·原理·规则·案例》，清华大学出版社 2006 年版，第 91 页。

有关瑕疵担保的规定。

4. 转让人的交付和告知义务。转让人负有使受让人能够完全行使债权的义务，因此应当向受让人交付债权的全部证明文件，如债务人的借据或者存单、票据、合同书等，并应当告知受让人与行使债权有关的一切必要情形，如履行期限、履行方式、履行地点等。转让人的此项义务是诚实信用原则的要求以及从权利转移规定的体现。

（二）债权让与的对外效力

1. 债权让与对债务人的效力。根据我国《民法典》第 546 条的规定，债权让与对债务人发生效力以转让通知为前提。因此，在转让通知前，债务人对原债权人的履行行为，或者转让人对债务人为免除或抵销的，均为有效。受让人不能以债权转让为由，要求债务人向其履行债务，只能向转让人要求返还其所受领的给付。在为转让通知后，债权让与对债务人发生效力，其效力体现在以下几个方面：

（1）债务人向受让人履行义务。在债权让与通知到达债务人后，债务人应当向受让人即新债权人履行合同义务。若债务人仍对原债权人履行则不能构成合同的履行，其仍需向受让人履行债务。原债权人接受的履行构成不当得利，受让人或者债务人可要求返还。债权让与通知债务人的，应当认定诉讼时效从债权让与通知到达债务人之日起中断。

（2）债务人对转让人的所有抗辩权均可以向受让人主张。《民法典》第 548 条规定："债务人接到债权转让通知后，债务人对让与人的抗辩，可以向受让人主张。"这一规定保证了债务人的抗辩权不因债权让与受到损害。债务人的抗辩权一般包括诉讼时效经过的抗辩、债权未发生或消灭的抗辩、同时履行抗辩权、不安抗辩权等。

（3）债务人的抵销权。根据我国《民法典》第 549 条的规定，债务人接到债权转让通知时，债务人对让与人享有债权，且债务人的债权先于转让的债权到期或者同时到期的，债务人可以向受让人主张抵销。债务人的抵销权规定的目的在于避免债务人因债权让与而遭受损失，有两个行使要件：其一，债务人接到债权转让通知时，债务人对让与人享有债权；其二，债务人对受让人的债权先于转让的债权到期或者同时到期。

2. 债权让与对第三人约效力。债权让与对于第三人的效力主要体现在债权人重复转让其债权时，哪一个受让人为正当的受让人的问题。[1] 由于债权转让不具有公示性，债权人重复转让其债权时，第三人无法律上的机会可以知晓之前有转让的事实，因而受到损害，这种情形类似"一物二卖"。通常的做法是，以让与通知到达债务人的时间先后为准，即先到达的债权让与通知可以对抗后到达的让与通知。也有不采取通知对抗主义，而是按合同成立先后决定债权让与的顺序。例如，甲和乙之间有债权债务关系，甲是债权人，乙是债务人。甲开始将债权转让给丙，通知了乙，随后又把同一个债权转让给丁，又通知了债务人乙，乙向丁履行了债务，而丙得不到清偿，受到损害，此时丙可要求债权人甲承担违约责任。

法条链接

课后练习与测试

第三节　债务承担

一、债务承担的概述

（一）债务承担的概念

债务承担，是指不改变债的内容，债权人或债务人通过与第三人订立债务承担协议，将债务转移给第三人承担。从广义上讲，债务承担包括两种情形：免责的债务承担和并存的债务承担。免责的债务承担是指债务人将全部债务转移给第三人，退出债权债务关系，使自己免责。并存的债务承担是指债务人将部分债务转移给第三人，从而使自己与第三人成为并存的连带债务人。

根据我国《民法典》第551条的规定，债务人将债务的全部或者部分转移给第三人的，应当经债权人同意。债务人或者第三人可以催告债权人在合理期限内予以同意，债权人未作表示的，视为不同意。由此可见，我国《民法典》关于债务承担的规定是广义的。

例如，债务人乙欠债权人甲10万元金钱债权，第三人丙与

---

〔1〕　参见李永军：《合同法》，中国人民大学出版社2005年版，第271页。

债务人约定替乙还钱，承担这 10 万元的债务，这是免责的债务承担；或者第三人承诺替债务人乙还一半的钱，这是并存的债务承担。

（二）债务承担的特征

1. 债务承担并不改变合同的内容，只是债务人将其义务全部或部分转让给第三人，债务承担涉及三方当事人，一般情况下是债务人和第三人约定，但是涉及债权人是否能够得到受偿的利益，所以需要征得债权人同意。

2. 债务承担可以是全部转让或部分转让。如果全部转让，在免责的债务承担中，第三人完全取代原债务人成为新债务人；在部分转让的情况下，第三人参与到债权人与债务人之间的合同关系中，与原债务人共同承担债务，即并存的债务承担。

3. 债务承担的标的是可转让的债务。债务承担是通过债务承担转让合同将债务转让出去，因此债务承担合同的标的必须是可以转让的债务。

（三）债务承担与第三人代为履行的比较

表 7-3　债务承担与第三人代为履行的区别

	债务承担	第三人代为履行
债务是否转移	（1）债务人或债权人与第三人达成新的转让债务的协议。 （2）债务转移到第三人。	（1）没有债务承担协议，不发生债务的移转。 （2）第三人履行的仍是债务人的债务。
债的关系当事人是否变化	第三人成为新的债务人成为债的关系当事人。	第三人只是履行主体，不能成为债的关系当事人。
第三人违约时债权人的救济	债权人可以直接要求第三人履行。	基于合同相对性，只能请求债务人履行或者承担责任而不能向第三人请求。

二、免责的债务承担

免责的债务承担，是指债务人将合同义务全部移转于第三人，由该第三人取代原债务人的地位，成为新的债务人，原债务人脱离债务关系的债务承担。

（一）生效要件

1. 须存在合法、有效的债务。这是转移合同义务的前提和基础。如果债务本身不存在，违法或者合同订立后被宣告无效或被撤销，当然不能发生义务转移的效果。

2. 须债务具有可转移性。不具有可移转性的债务，不能成为债务承担的标的，主要包括以下几种：①依债务的性质不具有可转移性；②依当事人的约定不得移转的债务；③依法律的强制性规定不得移转的债务；④合同中的不作为义务，原则上只能由特定合同关系的当事人承担，而不能移转给他人。

3. 须当事人就免责的债务承担达成合意。即需要债权人与第三人之间，或债务人与第三人之间就债务承担达成合意。

4. 须经过债权人的同意。债权转让合同由于不损害债务人的利益，仅需通知债务人即可，而对于债务人和第三人直接的债务承担合同，因为第三人的财产状况与债务人的履约能力不同，如果第三人没有履行能力或财产状况不佳，债权人的债权很有可能得不到圆满实现，遭受到本不应有的损害。因此我国《民法典》也将债权人的同意作为债务承担的生效要件。债权人的同意方式原则上应该是明示同意，债务人或第三人可以催告债权人在合理期限内同意，债权人未做表示的，视为拒绝同意，因此也就否定了债权人的默示同意。

5. 须符合法定的形式。法律、行政法规规定债务承担合同应当办理批准、登记等手续的，当事人依照其规定办理相关手续后才产生法律效力。

（二）法律效果

1. 承担人成为合同债务人。原合同债务人退出债务关系，由承担人直接向债权人履行合同义务。如果承担人不履行债务或不按照法律规定或当事人约定履行债务，债权人只能向承担人而不能向原债务人请求履行或要求其承担违约责任，因为这时原债务人已经退出债务关系。

2. 债务承担后，原债务人对债权人的抗辩承担人均可主张。抗辩权的延续同样适用于债务承担，根据我国《民法典》第553

条的规定，债务人转移债务的，新债务人可以主张原债务人对债权人的抗辩。原债务人对债权人享有债权的，新债务人不得向债权人主张抵销。这一抗辩权主要包括合同不存在的抗辩、合同无效和可撤销的抗辩、同时履行抗辩、债务已经经过诉讼时效的抗辩。但是专属于债务人自身的抗辩如合同的解除权、撤销权等形成权非经原合同当事人的同意，不能转移给新的债务人。另外原债务人对债权人享有债权的，是仅属于原债务人的抵销权，新债务人不得基于原债务人对债权人的债权向债权人主张抵销。

3. 从债务的移转。合同义务移转后，新债务人应当承担与主债务有关的从债务。我国《民法典》第554条规定，"债务人转移债务的，新债务人应当承担与主债务有关的从债务，但是该从债务专属于原债务人自身的除外"。如利息或违约金债务，通常要一并移转。

三、并存的债务承担

并存的债务承担，是指债务人将债务部分移转给第三人，由债务人和第三人共同承担债务，原债务人并不脱离合同关系的债务承担。

并存的债务承担以担保原债务人的债务为目的，这点与连带保证存在类似之处。但并存的债务承担中，承担人的债务和原来的债务是并存的义务，不具有附属性。保证是一种从属义务，为担保主债务的履行而设立。

（一）生效要件

并存的债务承担，同免责的债务承担一样，以债务的有效存在和可移转性，以及当事人之间就并存的债务承担达成合意为必要。只是在并存的债务承担中，原债务人并不免责也不退出债权债务关系，仅承担人加入到债权债务关系中成为新的债务人，对债权人并无不利，所以其生效要件比免责的债务承担更为宽松。

（二）法律效果

并存的债务承担合同生效以后，第三人作为债务人参与到债的关系当中，与原债务人共同承担债务。我国学者的通说认

拓展案例
重庆盛源建设（集团）有限公司与重庆市东兆长盛新型建材有限责任公司等买卖合同纠纷二审案

法条链接

课后练习与测试

为,[1] 在并存的债务承担场合,债务人和第三人之间成立连带债务关系,共为连带债务人。第三人向债务人或债权人表示愿意承担债务人的债务,债权人未明确表示拒绝的,第三人在其愿意承担的债务范围内和债务人共同承担清偿责任。

第四节　债权债务的概括承受

一、债权债务的概括承受概述

债权债务的概括承受,简称债的概括承受,是指合同一方当事人将其合同的权利义务一并转让给第三人,由该第三人概括地继受这些债权债务。在债权让与和债务承担中,只是单纯地将债权或债务移转给第三人,从而使第三人成为新的债权人或债务人。

债的概括承受包括将合同全部的权利和义务移转给承受人的全部承受和只将合同权利义务的一部分转让给承受人的部分承受。全部承受中,承受人取代出让人的法律地位,成为债的新的当事人。部分承受时,出让人并未退出债权债务关系,应与承受人确定各自承担债权和债务的份额和性质,在没有约定或约定不明的情况下,则视为连带之债。

二、债的概括承受的类型

(一)约定的概括承受

约定的概括承受是指债的一方当事人与第三人订立合同,并经债的另一方当事人同意后,将其债权债务一并转移给第三人。我国《民法典》第555条规定,"当事人一方经对方同意,可以将自己在合同中的权利和义务一并转让给第三人"。第556条规定:"合同的权利和义务一并转让的,适用债权转让、债务转移的有关规定。"

约定的概括承受包括两个要件:其一,如果一方当事人想将其合同的权利义务一并转移给第三人,必须取得另一方当事人的

---

〔1〕　参见崔建远:《合同法总论》(中卷),中国人民大学出版社2016年版,第542页。

同意。因为概括承受中既包括债权转让又包括债务承担，债务承担须经债权人的同意才能发生效力，法律规定概括承受参照债权转让、债务转移的规定，因此概括承受也必须取得另一方当事人的同意。其二，因为债权债务的概括承受包括权利和义务两个方面的移转，所以被移转的只能是双务合同，单务合同只能发生债务承担或债权转让。

（二）法定的概括承受

法定的概括承受，是指基于法律的规定，由第三人取得债的一方当事人的地位，承受其债权债务。法定的概括承受包括以下几种情形：

1. 企业的合并与分立。企业合并是指两个或两个以上的企业合并成一个企业，包括两种方式：吸收合并，即一个企业吸收其他企业成为自己的一部分，被吸收企业解散；新设合并，是指进行合并的两个企业都消灭而成立一个新的企业。企业分立是指原存在的一个企业分立成两个或两个以上的企业。企业的合并与分立会发生债权债务的概括承受。

我国《民法典》第67条规定："法人合并的，其权利和义务由合并后的法人享有和承担。法人分立的，其权利和义务由分立后的法人享有连带债权，承担连带债务，但是债权人和债务人另有约定的除外。"

基于企业的合并与分立而发生的债的概括承受，是根据法律的直接规定而产生的，所以不需要相对人的同意，而是依据企业合并与分立后的企业的通知或者公告发生效力。

2. 继承。如被继承人订立合同后死亡的，继承人可依据《民法典》第六编关于"继承"部分的规定承受被继承人在合同里的权利和义务。

3. 合同承受。合同承受指将合同当事人的一切权利义务移转于承担人。比如，房东甲先和乙签订了一个为期1年的房屋租赁合同，3个月后房东甲将房子卖给了丙，此前乙放弃了优先购买权，丙成为新的房东之后根据"买卖不破租赁"原则概括继承了租赁合同中的权利和义务，成为合同新的当事人。

法条链接

三、债的概括承受的效力

债的概括承受是债权债务的一并转让，所以根据《民法典》第 556 条的规定，其效力涉及债权转让的适用有关债权让与的规定，涉及有关债务承担的适用有关债务承担的规定。如从义务以及抗辩权的一并移转。但是债权债务的概括承受中第三人完全取代了原合同当事人的法律地位，所以其法律效果并非是债权让与和债务承担的简单相加，还包括依附于原当事人的一切权利和义务，如追认权、解除权、撤销权等，都一并移转给新的承受人。

课后练习与测试

第八章　合同权利义务的终止

🔖 本章知识结构图

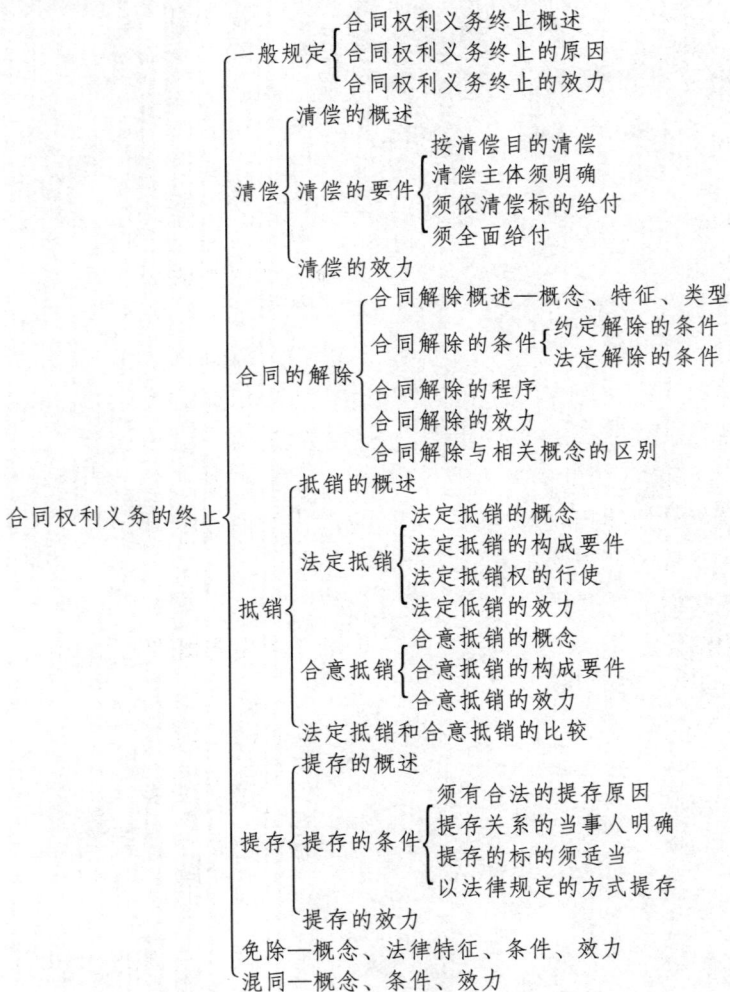

合同权利义务的终止
- 一般规定
  - 合同权利义务终止概述
  - 合同权利义务终止的原因
  - 合同权利义务终止的效力
- 清偿
  - 清偿的概述
  - 清偿的要件
    - 按清偿目的清偿
    - 清偿主体须明确
    - 须依清偿标的给付
    - 须全面给付
  - 清偿的效力
- 合同的解除
  - 合同解除概述——概念、特征、类型
  - 合同解除的条件
    - 约定解除的条件
    - 法定解除的条件
  - 合同解除的程序
  - 合同解除的效力
  - 合同解除与相关概念的区别
- 抵销
  - 抵销的概述
  - 法定抵销
    - 法定抵销的概念
    - 法定抵销的构成要件
    - 法定抵销权的行使
    - 法定低销的效力
  - 合意抵销
    - 合意抵销的概念
    - 合意抵销的构成要件
    - 合意抵销的效力
  - 法定抵销和合意抵销的比较
- 提存
  - 提存的概述
  - 提存的条件
    - 须有合法的提存原因
    - 提存关系的当事人明确
    - 提存的标的须适当
    - 以法律规定的方式提存
  - 提存的效力
- 免除——概念、法律特征、条件、效力
- 混同——概念、条件、效力

本章重点内容讲解

合同的订立是为了利益实现后的债的终止，债的设立并非当事人的目的，相反，债的存在意味着债权人的利益尚未实现，因此债必然走向消灭以解脱债务人的负担，也就是说合同权利义务的终止是必然的。合同权利义务终止的原因众多，包括清偿、解除、提存、抵销、免除和混同。其中要重点注意第三人代为履行的条件，合同的法定解除和约定解除，法定抵销和约定抵销，提存的法律条件和法律后果。

第一节 一般规定

一、合同权利义务终止概述

合同之债权利义务的终止，也是债的消灭。债的关系是动态关系，[1] 有一个从发生到消灭的过程，债的消灭就是债权人和债务人之间的权利义务由于某种原因在客观上不复存在。任何债都不会永久的存在，必然会因为当事人所期待利益实现或不能实现而终结。

债的关系客观上不复存在是相对于债的主观不复存在而言，例如债权让与、债务承担、债权债务的概括承受对于原债权人或债务人而言，已不存在债权债务，但是债的关系仍然存在，债的同一性关系未变，仅仅是债的主体发生了变更，并非客观不存在，所以债的移转仅是债的相对消灭。本章研究的债的消灭是由于某种事实的发生导致的客观的、绝对的消灭。

债的消灭与狭义的债的变更也不同。狭义的债的变更只是债的客体或内容发生变更，债的关系仍然存在，债的消灭是指既存的债的关系在客观上失去存在。

债的消灭与合同的撤销也不同，合同撤销也会使合同之债归于消灭，但合同一经撤销就会产生自始无效的效果；债的消灭是指合同之债是有效的，合同关系向将来消灭，并无溯及力。

另外债的消灭与合同的中止也不相同，合同中止是指合同效力的暂时停止，等待中止的事由消失后合同的权利义务恢复原来

---

〔1〕 参见黄立：《民法债编总论》，中国政法大学出版社 2002 年版，第 16 页。

的效力。比如说债务人依法行使抗辩权拒绝债权人的履行请求，使合同权利义务关系暂时处于停止状态，但是合同权利义务关系在此期间仍然存在。但是债的消灭是指合同权利义务的终止，不是暂时停止而是终局地永久地结束。

表8-1　债的消灭、债的转移、狭义债的变更、合同的撤销、合同中止的辨析

债的消灭	债的关系由于某种原因在客观上不复存在，绝对消灭。
债的移转	仅债的主体发生了变更，债的同一性关系未变，对退出的原债权人或债务人来说是债的相对消灭，债仍然存在。
狭义债的变更	狭义的债的变更只是债的客体或内容发生变更，债的关系仍然存在。
合同的撤销	合同一经撤销即自始无效。
合同中止	合同效力的暂时停止，等待中止的事由消失后合同的权利义务恢复原来的效力，在此期间合同关系依然存在。

二、合同权利义务终止的原因

合同权利义务终止须有法律上的原因，即引起合同之债的关系终止的法律事实。我国《民法典》第557条规定下列原因可导致债权债务终止：①债务已经履行；②债务相互抵销；③债务人依法将标的物提存；④债权人免除债务；⑤债权债务同归于一人；⑥法律规定或者当事人约定终止的其他情形。此处的"其他情形"，包括当事人死亡、破产而债务无人继受，附解除条件或终止期限的合同，因条件成就或期限届满时终止等。合同之债的消灭的原因可以归结为以下几类：

（一）债的目的消灭

债的当事人设立债的目的利益得到满足时，债的目的即为达到，此时债的关系失去了存在的价值。[1] 债的目的达到是债的消灭最常见的原因，例如，清偿、提存、混同都是债的目的达到的方式。

---

〔1〕　参见韩世远：《合同法总论》，法律出版社2018年版，第642页。

（二）因当事人的意思而终止

合同当事人之间的权利义务关系可因为一方或双方的意思表示而终止。在债的免除中，债权人依单方意思表示抛弃债权时，债的关系即为消灭；在约定抵销中由于合同当事人双方达成合意，依据双方的抵销合同消灭了债的关系。

（三）因法律的规定而终止

当法律规定的债的消灭情形出现时，债即归终止。例如当事人死亡、破产而其债务无人继受，此时债务因为法律规定而消灭。

三、合同权利义务终止的效力

合同之债权利义务终止的原因各有不同，但是债的消灭的效力是相同的，主要表现为以下几个方面：

（一）债权债务关系归于消灭

债一旦终止，当事人之间的权利义务关系消灭，除法律另有规定外，债权人不再享有债权，债务人不再承担债务。

（二）从属权利消灭

合同的权利义务终止后，因主合同而生的债权担保及其他从属的权利义务消灭，如担保物权、保证债权、违约金债权、利息债权等和主债权一样也归于消灭，但法律另有规定或者当事人另有约定的除外。

（三）在债的当事人之间发生后契约义务

后契约义务是指依诚实信用原则，在债的关系消灭后，原债的当事人所负担的对他方当事人的照顾义务。例如，租赁合同消灭后，出租人对寄送给原承租人的信件应妥善保管，并设法通知其收取；相关的证明债权债务消灭的证书要返还或涂销等。

法条链接

第二节 清 偿

一、清偿的概述

清偿是依照债的本旨实现债务内容的给付行为。[1] 债的目的因给付行为而消灭，故清偿与履行有类似之处，只是履行从债的效力方面强调义务人应为的义务，而清偿则是从债的消灭角度而言，强调履行效果，如果履行有瑕疵，债并不消灭。履行和清偿还是有所不同的。我国《民法典》没有使用清偿的概念，而是规定为"债务已经履行"。没有履行的，不能导致债的消灭。

清偿是消灭债的最主要的最基本的原因之一。[2] 从债权实现角度，债务人履行和第三人承担履行债务的给付行为都属于债的清偿；债权人通过法院强制执行，债权得到实现也属于债的清偿。债务人的清偿行为，包括通过事实行为与法律行为的给付，因为事实行为不要求行为能力，所以债的清偿不要求行为能力，如未成年人的履行行为为事实行为时，也可成立有效的清偿。

二、清偿的要件

（一）按清偿目的的清偿

清偿应当按照债的目的为相应给付，以诚实信用原则作为指导，以达到清偿与债的消灭的效果。

（二）清偿主体须明确

清偿关系的主体为清偿人和受领清偿人。由清偿人向受领清偿人为给付。清偿一般应当由债务人为之，但不以债务人为限，债务人的代理人、第三人也可以作清偿人。但是当事人另有约定或者依据债的目的只能由债务人亲自清偿的，债务人的代理人或第三人不能作清偿人。

1. 清偿人。

（1）债务人。债务人负有清偿义务，是当然的清偿人，必须

---

〔1〕 参见林诚二：《民法债编总论　体系化解说》，中国人民大学出版社 2003 年版，第 545 页。

〔2〕 参见王家福主编：《中国民法学·民法债权》，法律出版社 1991 年版，第 192 页。

为给付。债务人包括连带债务人、保证债务人、不可分债务人。在实践中，大部分情况下都由债务人本人清偿，其他人作为清偿人是特别情形下的例外适用。

（2）债务人的代理人。除法律规定、当事人约定或性质上必须由债务人本人履行的债务外，债务的清偿可以由债务人的代理人为之。但是只有履行行为是法律行为时才适用代理。债务人的代理人以债务人的名义向债权人所为的给付行为，相当于债务人本人实施给付行为一样，发生债的关系消灭的后果。

（3）第三人。债务人以外的第三人对债务人的债务为自愿清偿，同样发生债的消灭的效果。第三人清偿与债务人的代理人清偿不同的是，债务人的代理人清偿是以债务人的名义清偿，第三人清偿以自己的名义清偿他人债务，需要向债权人说明谁是第三人代为清偿债务的债务人。

第三人清偿分为一般的第三人清偿和与债有利害关系的第三人清偿。对于一般第三人的清偿，债权人有权拒绝受领，且不负受领迟延的责任。

与债有利害关系的第三人，如保证人、连带债务人、物上保证人等。与债有利害关系的第三人清偿称为代位清偿，其清偿债务后，在法律上取得债权人的位置。与债有利害关系的第三人清偿时，如保证人代债务人清偿债务、合伙人清偿合伙的债务等，债务人即使有异议，债权人也不得拒绝其清偿，否则应付受领迟延的责任。

有些债不能由第三人代位清偿，如合同当事人之间特别约定不得由第三人清偿的；依债的性质须由债务人亲自履行，不得由第三人清偿，如以债务人本身的特别技能、技术制造物品为标的的债，即不许由他人代为清尝。另外，建立在债权人与债务人特别信任关系之上的债，如委任、雇佣等，应当由债务人清偿，非经债权人同意，不得由第三人清偿。

代位清偿有效成立对债权人和债务人的效力是在第三人清偿的范围内债权债务关系的消灭。第三人在清偿的范围内对债务人享有求偿权，但第三人以赠与为目的的清偿不在此限。第三人代位清偿后应当及时通知债务人，没有履行通知义务给债务人造成损害的，应当承担损害赔偿责任。与债的清偿有利害关系的第三人代位清偿后，直接取得债权人的位置，如保证人的代位求偿权。

2. 清偿受领人。清偿受领人是指对债务人的给付有受领权的人，即受领清偿利益的人。清偿受领人受领后方发生清偿的后果，使债的关系归于消灭。

（1）债权人。债权人为无行为能力人或限制行为能力人时，是否可以单独受领清偿，依据债的履行性质而定。履行行为是非法律行为或虽为法律行为但无需债权人协助时，债权人不以具备行为能力为必要。履行行为系法律行为且需要债权人协助时，受领人应当具有行为能力。

（2）债权人以外的人为清偿受领人，有以下几种：①债权人代理人。②破产财产管理人。③债据的持有人。债据持有人所持有的债据应为真实，持有原因在所不问，但债务人已知或因过失不知债据持有人无权受领而仍为清偿的，不发生清偿的效果。④行使代位权的债权人。⑤债权人与债务人约定受领清偿的受让人。⑥经债权人认可或受领后取得债权的人。

（三）须依清偿标的给付

1. 依照债的给付内容清偿。债务履行行为须依照债的目的为之才发生清偿的效力。各种合同之债的内容不一样，有应交付财物的、有应移转权利的、有应提供劳务的、有应完成工作任务的、有以不作为为标的的等。因此，如果要发生清偿效果，债务人应按照具体内容，以债的关系确定的标的履行债务。

2. 经债权人同意，可以代物清偿。债务人原则上应依照清偿标的给付，不得以其他标的代替，否则不发生清偿效果。[1] 如果以其他标的物代替原标的物履行，并经过债权人同意，债的关系亦可消灭。这被情形被称作代物清偿，代物清偿是指，债权人受领他种给付以代替原种给付，使债的关系消灭的契约。代物清偿的要件如下：

（1）须有债权债务存在。须有因代物清偿而应消灭的债权，原债的标的给付种类为何在所不问。

（2）须以他种给付代替原定给付。给付的内容，大致为财

---

〔1〕 参见杨立新：《合同法》，北京大学出版社 2013 年版，第 233 页。

产、劳务和权利三种，这三种之间可以相互代替，成立代物清偿。同为财产，但种类不同也可成立代物清偿。例如以平板电脑代替手机，以股票代替金钱等。在代物清偿中，有时原定给付和他种代替给付在价值上并不相同，但只要债权人同意成立代物清偿，债的关系即可消灭。

（3）须有当事人的合意。代物清偿关系因需要以他种给付代替原定给付，不要求清偿人与清偿受领人之间就代物清偿之间达成合意。没有受领人的同意，仅依照清偿人的意思不能成立代物清偿。

代物清偿的效力是：其一，导致相应的债权债务关系消灭，债权的从权利也随之消灭。其二，原债务因有偿合同而发生的，清偿人应保证代替的他种给付不具有权利或物的品质上的瑕疵，否则可能构成瑕疵履行，应承担瑕疵担保责任。

代物清偿不同于债的更改。[1] 债的更改又称债的更替，是指当事人意思表示一致，以新的债务关系代替旧的债务关系，旧的债务关系进而消灭的契约。代物清偿虽是以他种给付代替原定给付，与债的更改类似，但是代物清偿需要客观地提出他种给付，由清偿人现实受领，经常发生在债务人不能按照约定履行的情形下，当事人达成新的代物清偿的合意，该给付可能与原债权的目的并不完全契合，是债权人退而求其次的结果。

（四）须全面给付

全面给付指债务人按照约定履行全部给付义务，包括主给付义务、从给付义务、附随义务等给付义务，在清偿时间、清偿地点和清偿方式上也需要符合债的主旨要求。

1. 在清偿地清尝。清偿地是清偿人清偿债务的场所，又称债务履行地、给付地。债务人必须按照合同约定的清偿地履行债务，债务人在清偿地履行，债权人不得拒绝并发生清偿的后果。债务人于清偿地以外的地点清偿的，债权人可以接受或拒绝，债权人拒绝的，不发生清偿的效果。清偿地按照下列方法确定：

（1）合同中有约定的，从其约定。当事人可以在合同订立时约定，也可在合同订立后，债务履行前确定。

---

〔1〕　参见江平主编：《民法学》，中国政法大学出版社 2000 年版，第 530 页。

合 | 同 | 法

（2）依据债的性质确定。例如，涉及不动产权利移转的，应当在不动产登记机关所在地履行；修缮房屋，应在房屋所在地履行义务等。

（3）有习惯者从习惯。比如车站、码头的物品寄存，应在该寄存场所履行债务。

（4）法律对清偿地有特别规定的，按照特别规定。我国《民法典》第511条第3项规定："履行地点不明确，给付货币的，在接受货币一方所在地履行；交付不动产的，在不动产所在地履行；其他标的，在履行义务一方所在地履行。"

因此，未明确约定履行地的，以习惯或法律填补当事人的意思，并据此确定合同的清偿地。

2. 按照清偿期清偿。清偿期为债务人应为清偿的时期。有确定期限的债务，债务人应当在期限到来时清偿，提前清偿的，债权人有权拒绝受领，不发生清偿效力。但期限利益是为保护债务人利益而设立时，债务人可以抛弃期限利益，提前清偿。对于没有确定期限的债务，我国《民法典》第511条第4项规定："履行期限不明确的，债务人可以随时履行，债权人也可以随时请求履行，但是应当给对方必要的准备时间。"

3. 须给付清偿费用。清偿费用是指清偿所需的必要费用。比如运送物品的费用、清偿所需相应手续办理的费用，但并不包括标的物本身的价值。通常情况下，清偿费用包括包装费、汇费、登记费、通知费用等。法律对清偿费用没有明文规定，当事人对此也没有明确约定的，清偿费用由债务人负担。但因债权人变更住所地或其他行为导致清偿费用增加的，增加的费用由债权人负担。

4. 清偿抵充。清偿抵充是指债务人对债权人负有数宗债务，而债务人的履行不足以清偿全部债务时，确定该履行抵充某宗或某几宗债务的制度。现实中，常存在债务人对同一债权人负有数宗同种类债务，[1] 这些债务中，有已界履行期限的，有未到期的；有设定担保物的，未设定担保物的；有附利息和没有附利息的。当债务人的履行不足以清偿全部债务时该如何清偿的问题，

---

〔1〕 参见王利明、崔建远：《合同法新论·总则》，中国政法大学出版社1996年版，第644页。

不仅涉及债权人债务人的利益，有时还涉及第三人的利益。

清偿抵充的构成要件包括以下三个要件：①债务人对同一债权人负担数宗债务是清偿抵充的前提条件，债务发生的时间，履行期限等在所不问。②数宗债务必须种类相同，即债务人给付的标的种类相同。③债务人的给付不足以清偿所有债务，这是发生清偿抵充的实质条件。

清偿抵充的方法一般有以下三种：

（1）约定抵充。债务人对债权人负有数宗债务，而债务人的履行又不足以清偿全部债务时，当事人之间对债务人的清偿对于抵充何宗债务有约定的，从其约定；可在清偿之前约定，也可在清偿之时约定。

（2）指定抵充。根据我国《民法典》第 560 条第 1 款的规定，债务人对同一债权人负担数个债务，给付的种类相同，债务人的给付不足以清偿全部债务的，如果当事人之间没有约定，则债务人有权单方面指定其履行清偿何宗债务，受清偿人或任何第三人无权指定。该指定清偿由清偿人向清偿受领人作出，即发生清偿抵充的后果。

（3）法定抵充。如果当事人之间没有约定，并且清偿人对清偿抵充的顺序没有指定时，则按照法律规定清偿应当抵充的债务。根据我国《民法典》第 560 条第 2 款的规定，债务人未做指定的，应当优先履行已到期的债务；数项债务均到期的，优先履行对债权人缺乏担保或者担保数额最少的债务；均无担保或担保相等的，优先履行债务负担较重的债务；负担相同的，按照债务到期的先后顺序履行；到期时间相同的，按比例履行。

债务人对债权人负担的债务中除原本债务外，还有费用和利息。债务人的给付又不足以清偿全部债务时，则应以费用、利息、原本债务的顺序进行抵充。根据《民法典》第 561 条的规定，债务人除主债务之外还应当支付利息和费用，当其给付不足以清偿全部债务时，并且当事人没有约定的，人民法院应当按照下列顺序履行：①实现债权的有关费用；②利息；③主债务。

三、清偿的效力

因清偿导致债权债务关系消灭。债权从权利，如担保物权、

法条链接

保证债权及其他权利也随同消灭。债务人按照合同约定履行债务，经债权人或者债权人授权的第三人受领的，合同的权利义务终止。未经债权人授权的第三人，以债权人的名义受领债权，债务人有理由相信其具有受领权并向其作出履行的，合同的权利义务终止。经过债权人授权的第三人受领的，合同的权利义务终止。没有经过授权但构成表见代理的第三人受领清偿的，清偿有效，债权人可向该第三人追究责任。

课后练习与测试

第三节　合同的解除

一、合同解除概述

（一）合同解除的概念

合同解除，是指合同成立之后，当合同解除的条件具备时，因当事人一方或双方的意思表示终止合同效力或者使合同关系自始或向将来消灭的行为，同时也是一种法律制度。[1] 合同解除导致合同的权利义务终止，债的关系消灭。本节讨论的主要是通过当事人的行为解除合同的解除行为。

合同解除是因为在合同有效成立后的履行过程中，由于主客观情况的变化，合同的履行成为不必要或不可能，如果让合同继续发生效力，约束当事人双方，则有可能对当事人一方或双方造成损害，甚至会阻碍市场经济的发展。因此合同解除制度的目的是解决有效合同提前消灭的问题。

（二）合同解除的特征

1. 解除是针对有效成立的合同。合同解除大多以有效成立的合同为标的，已成立未生效的合同也可以解除。这是合同解除和合同无效、可撤销、要约和承诺的撤回等制度相区别的点。合同已经成立但尚未生效，在此期间，一方当事人实施了严重的不法行为，致使对方当事人如果继续遵守该合同，待合同生效后将会遭受重大损失，因此已经成立但尚未生效的合同在符合条件的情况下可以解除。

---

〔1〕　参见崔建远：《合同法总论》（中卷），中国人民大学出版社2016年版，第592页。

2. 必须具有解除理由。合同解除必须具备法定或约定的解除条件，因为合同成立后即对双方当事人具有法律约束力，当事人不得擅自变更或解除。

3. 合同解除原则上必须具有解除行为。满足合同解除的条件是合同解除的前提，合同并不当然解除，一般还需要解除行为，比如享有解除权的一方行使解除权或者双方协商解除。

4. 解除的效果是使合同关系归于消灭，合同权利义务终止。

（三）合同解除的类型

1. 单方解除与协议解除。单方解除是解除权人行使解除权将合同解除的行为，不必经过对方当事人的同意，只要解除权人将解除合同的意思表示直接通知相对人，或者经过法院或仲裁机构向对方主张，即可发生合同解除的效果。

协议解除是指当事人双方通过协商将合同解除的行为，它不以解除权的存在为必要，解除行为也不是解除权的行使。当事人既可以订立合同，使合同关系建立，也可以通过相反的意思解除合同，使合同的权利义务关系终止，要充分尊重当事人的意思自治。

2. 法定解除与约定解除。法定解除是指合同解除的条件直接由法律规定，由享有解除权的一方当事人解除合同。约定解除是当事人通过行使约定的解除权或者双方协商而进行的合同解除。

3. 任意解除与非任意解除。任意解除是指法律基于某种特殊事由赋予特定当事人一方或双方的可以随时解除合同的权利，包括双方任意解除权，比如委托合同的委托人和受托人，不定期租赁合同的出租人和承租人等合同当事人双方都有解除权。单方任意解除权，比如承揽合同中的定作人、保险合同的投保人等一方当事人享有任意解除权。非任意解除是指除了法律规定的任意解除的情况外必须满足合同解除的条件才可以解除合同，双方当事人均不能任意解除合同。

二、合同解除的条件

（一）约定解除的条件

约定解除分为两种情况：①当事人在合同成立后，合同生效前，在合同中约定了解除条件，并约定一方或双方保留解除合同的权利，一旦条件成就，一方或双方即可行使约定的解除权解除合同；②当事人未在合同中约定解除条件，但经双方当事人协商一致而解除合同。因此，约定解除的条件包括：①须享有解除权或经双方当事人协商一致解除；②需具备合同的有效要件，比如当事人意思表示真实；③须不因解除损害国家利益和社会公共利益。

（二）法定解除的条件

我国《民法典》第 563 条规定合同法定解除的条件为："①因不可抗力致使不能实现合同目的；②在履行期限届满前，当事人一方明确表示或者以自己的行为表明不履行主要债务；③当事人一方迟延履行主要债务，经催告后在合理期限内仍未履行；④当事人一方迟延履行债务或者有其他违约行为致使不能实现合同目的；⑤法律规定的其他情形。"因此合同法定解除的类型包括以下几种：

1. 不可抗力致使合同目的不能实现。不可抗力是指合同当事人双方不能预见，不能避免，不能克服的情况。比如地震、台风等原因导致合同目的不能实现，当事人双方均有解除权。

2. 预期违约导致合同解除。预期违约是指在履行期限届满之前，当事人一方明确表示或者以自己的行为表明不履行主要债务。预期违约分为明示的预期违约和默示的预期违约，明示的预期违约是指当事人一方无正当理由向另一方当事人明确表示不履行主要合同的主要义务；默示的预期违约是指在合同期限届满之前，一方当事人以自己的行为表明不履行合同。默示预期违约的构成需要对方当事人证明"对方的行为表明其将不履行合同"且不提供担保。预期违约导致的合同解除，仅守约方拥有解除权。

3. 迟延履行或其他违约行为。迟延履行是指合同当事人不按照合同约定的履行期限履行债务，即该履行时未履行。当事人一方迟延履行主要债务，经催告后在合理期限内仍未履行的，对方当事人获得解除权，但是要先催告并且给予履行的合理期间。但是如果迟延履行或其他导致合同目的不能实现，对方可以不经催告而解除合同。

4. 法律规定的其他情形。法律规定的其他情形，一是指

《民法典》本身规定的除了上述法条规定以外的解除条件，二是指《民法典》以外的其他法律所规定的解除条件。第一种情形，包括标的物质量有瑕疵不符合合同目的，买受人可以拒绝接受并主张解除合同；分期付款的买受人未按照合同约定支付到期价款的 1/5 时，出卖人可以要求买受人支付全部价款或解除合同；等等。第二种情形，比如说在《中华人民共和国保险法》中，因投保人不履行如实告知义务足以影响投保人是否同意承保或提高保险费率的，保险人有权解除合同，法律赋予了保险人法定解除权。[1]

拓展案例
汤长龙诉周士海股
权转让纠纷案

三、合同解除的程序

（一）双方协议解除

双方协议解除就是当事人双方经协商同意将合同解除，而不是基于当事人一方的意思表示，也不需要有解除权，可以说是以一个新的合同解除原合同。采取合同方式要使合同有效成立，必须有要约和承诺，必须符合合同的有效要件。合同解除需要办理批准登记手续的，办理完相应手续之日为合同解除的日期；合同解除不需要办理上述手续的，双方当事人协商一致时就是合同解除生效之日，也可以由双方当事人协商确定解除生效的日期。

（二）解除权的行使

解除权是指合同当事人一方可以将合同解除的权利，是一种形成权，属于有相对人的单方法律行为。解除权行使的期限，适用除斥期间的规定，我国《民法典》第 564 条规定："法律规定或者当事人约定解除权行使期限，期限届满当事人不行使的，该权利消灭。法律没有规定或者当事人没有约定解除权行使期限，自解除权人知道或者应当知道解除事由之日起一年内不行使，或者经对方催告后在合理期限内不行使的，该权利消灭。"

解除权的行使采取向相对方发出解除的意思表示的方式，其行使不需要相对人的同意，当事人一方按照约定解除权或法定解除权解除合同时，应当通知对方，合同自通知到达对方时解除，对方有异议的，可以请求人民法院或者仲裁机构确认解除合同的

---

〔1〕　参见崔建远主编：《合同法》，北京大学出版社 2016 年版，第 288 页。

效力。因此解除权行使可以通过诉讼方式，也可采取诉讼外的方式。

（三）法院或仲裁机构裁决

法院或仲裁机构裁决解除合同，是指当事人诉请法院或仲裁机构解除合同，与上述程序不同，[1] 该程序是指在适用情势变更原则解除合同时，当事人无解除权利，只能由法院或仲裁机构根据案件的具体情况和情势变更原则的法律要件加以裁决。

四、合同解除的效力

拓展阅读
合同解除具有溯及力的情形

1. 合同解除，其效力溯及的消灭，当事人回到未订立合同的状态。我国《民法典》第 566 条第 1 款规定："合同解除后，尚未履行的，终止履行；已经履行的，根据履行情况和合同性质，当事人可以请求恢复原状或者采取其他补救措施，并有权请求赔偿损失。"

2. 对第三人的效力。合同解除后，担保人对债务人仍然承担担保责任，但担保合同另有约定的除外。

3. 合同的权利义务终止，不影响合同中结算和清理条款的效力。

五、合同解除与相关概念的区别

1. 合同解除与合同撤销的区别。

表 8-2　合同解除与合同撤销的区别

	合同撤销	合同解除
适用范围不同	针对欠缺有效要件，意思表示有瑕疵的合同。	适用有效成立但提前消灭的合同。
发生原因不同	法律规定的原因。	法定原因和约定原因。
效力不同	合同撤销后，自始无效。	或仅向将来消灭，或自始消灭。

---

[1]　参见崔建远主编：《合同法》，法律出版社 2016 年版，第 200 页。

2. 因情势变更发生的合同解除和一般合同解除的区别。

表 8-3　情势变更导致合同解除与一般合同解除的区别

	情势变更导致合同解除	一般合同解除
发生原因不同	（1）不可归责于当事人。 （2）发生了当事人在订立合同时无法预见的、不属于商业风险的重大变化。 （3）继续履行合同显失公平。	法定原因或约定原因。 有的可归责于当事人。
解除行为不同	由法院或仲裁机构直接基于情势变更原则适用。	可以通过当事人的行为解除。
合同解除后效力不同	由不可归责于双方当事人的原因引起，不存在赔偿问题，仅发生救济和补偿。	若由当事人的主观过错引起，给他方造成的损失须赔偿。

拓展案例
北京京华伟业针纺织品有限公司与北京洁洁利保洁有限公司房屋租赁合同纠纷案

3. 附解除条件的合同与合同解除的区别。

表 8-4　附解除条件的合同与合同解除的区别

	附解除条件的合同	合同解除
解除条件不同	所附的解除条件为合同的一部分，当事人意思表示确定。	不是合同条款解除条件，多由法律规定。
有无当事人意思表示	解除条件成就，合同效力消灭，无需其他当事人意思表示。	具备解除条件外，仍需当事人意思表示的解除行为。
解除的效力	向将来失去效力。	既可向将来失去效力，也可溯及到合同成立之时。

法条链接

课后练习与测试

第四节　抵　销

一、抵销的概述

抵销是指二人互负债务，且给付种类相同，均已届清偿期，各自使自己的债务与对方债务在对等额内相互消灭的法律制度。抵销作为使合同权利义务终止的原因之一，因其可以导致自己债务的消灭，因而实质上属于债务清偿的一种替代方式，即在双方当事人之间，一方以自己的债权清偿自己所负债务的方法。

在抵销中，主张抵销一方的债务人的债权，称为主动债权、抵销债权；被抵销的债权即对方当事人的债权，称为被动债权、受动债权。抵销依其产生的依据不同，可以分为法定抵销和合意抵销。简单来说，法定抵销是指具备法律规定的构成要件时，依照一方当事人的意思表示而为的抵销。法定抵销在性质上属于形成权，[1] 根据抵销权当事人单方意思表示即可发生效力。而合意抵销不受法律规定的构成要件的限制，根据当事人就抵销达成合意的抵销合同即可发生效力。

法定抵销和合意抵销虽然在成立条件、适用对象等方面均有不同，但是具有相同的法律效力，即在当事人双方债权额价值相等的范围内债权消灭，不相等的部分仍然有效存在，债权人有权要求债务人继续清偿。

作为债的消灭方式之一，抵销的独特价值作用在于：

（一）便利当事人

抵销使双方当事人原本应当履行的债务无须实际履行即无须实际互为给付，只须观念上的给付，就能够产生清偿的效果。抵销既可以简化交易过程，避免双方当事人分别求偿、分别履行带来的麻烦，又可减免履行费用，节约交易成本，[2] 对双方当事人都有利，是一种消灭债的简便、经济方式。

---

〔1〕　参见崔建远主编：《合同法》，法律出版社 2016 年版，第 214 页。
〔2〕　参见黄立：《民法债编各论》，中国政法大学出版社 2002 年版，第 704 页。

（二）保护债权人

任何一个债权都有不能受偿的风险，即便是有担保物权或保证人的债权，也有可能因为担保标的物毁损灭失或保证人破产而最终无法受偿。唯有在双方当事人相互负有债务、相互享有债权的情况下，双方的债务因为抵销而消灭的同时，双方享有的债权必定会因此而实现，在此意义上，可以说抵销具有保护债权人的作用。[1] 抵销保护债权人的作用在债务人破产时体现得尤为明显。

例如，甲乙两家公司有业务往来，互负债务，在乙公司破产的情况下，如果甲公司清偿了自己的债务，则甲公司为清偿而给付的财产，将会被当作破产财产在众多债权人之间按比例分配，这样的结果会造成甲公司的债权难以实现，对甲公司十分不公平。因此在乙公司破产的情况下，甲公司可以向乙公司的破产管理人主张抵销，以避免破产清算的按比例分配给自己的债权带来的风险，从而保护了债权人的利益，但是破产抵销要满足《中华人民共和国企业破产法》（以下简称《破产法》）有关破产抵销权的规定。

二、法定抵销

（一）法定抵销的概念

法定抵销是当事人双方互负给付义务，并具备法律规定的构成要件时，依一方当事人的意思而为的抵销。抵销权为双方当事人平等享有，任何一方均有权行使。抵销的效力并不会自动发生，须当事人一方向对方当事人作出主张抵销的意思表示。法定抵销中，完全具备法律规定的要件时，当事人一方可以主张抵销，不以对方当事人同意为必要。

（二）法定抵销的构成要件

我国《民法典》第568条第1款规定："当事人互负债务，该债务的标的物种类、品质相同的，任何一方可以将自己的债务与对方的到期债务抵销；但是，根据债务性质、按照当事人约定或者依照法律规定不得抵销的除外。"因此法定抵销的构成要

---

[1]　参见黄立：《民法债编各论》，中国政法大学出版社2002年版，第704页。

件为：

1. 双方当事人互负债务、互享债权。抵销发生的基础在于双方当事人互负债务、互享债权。这里互享的债权均须合法有效存在，反之不能主张抵销。

2. 双方互负的债务标的物种类、品质相同。法定抵销的特点在于不需要当事人协商，只要条件具备，经当事人一方主张即可发生效力。如果相互抵销的标的物种类、品质不相同，就可能使当事人双方各自不同的经济目的难以达到，也可能使品质高、种类物好的标的物的债权人遭受损失。因此，为保证债的消灭既经济简便，又不丧失公平，抵销的标的物种类、品质相同就成为法定抵销一个非常重要的构成要件。[1] 法定抵销要求标的物种类、品质相同，故能够进行抵销的只限于种类之债，尤其是金钱之债最为典型。

另外，以特定物为给付物时，即使双方的给付标的物为同一种类，也不允许抵销，即不允许以种类物债权抵销特定物债权。但是，双方当事人均以同一物为给付物时，仍属于同一种类的给付，可以抵销。例如，甲有向乙请求交付某特定物的债权，同时对于丙负有交付该物的债务，嗣后在乙继承丙的遗产的场合，就可以发生这种抵销。[2]

3. 双方的债务均已届清偿期。抵销具有相互清偿的功能，因此只有双方的债务均已届清偿期时，才可以发生抵销。如果债务未届清偿期，债权人不得请求清偿，也就不能主张抵销。如果允许债权人以其未到期的债权与对方的债权进行抵销，无异于要求债务人提前清偿，这样会损害债务人的期限利益，显然不合理。因此，清偿期尚未届满的债权原则上不可主动抵销。但是，如果抵销权人以其已届清偿期的主动债权与被抵销权人的未届清偿期的被动债权相抵销，这实际上等于抵销权人放弃期限利益，可以抵销。

4. 双方的债务均为可以抵销的债务。我国《民法典》没有

---

〔1〕 参见杨立新：《合同法》，北京大学出版社 2013 年版，第 248 页；王利明、崔建远：《合同法新论·总则》，中国政法大学出版社 1996 年版，第 555 页。

〔2〕 参见崔建远主编：《合同法》，北京大学出版社 2016 年版，第 315 页。

具体规定不得抵销的债务，仅原则性的将抵销限制在非当事人约定不得抵销且依照法律规定或按照合同性质允许抵销的范围之内。换言之，当事人约定不得抵销、依照法律规定或合同性质不能抵销的债务不能抵销。一般来说，下列债务均不可抵销：

（1）依债的性质不可抵销。根据劳务的性质，非经清偿不能达到合同目的的，则必须互相清偿，不能予以抵销。例如，提供劳务的债务、不作为的债务等，都不得抵销。如果允许当事人抵销，则会使获得劳务和设定不作为义务的当事人一方的合同目的不能实现。另外，与人身不可分离的债务，如抚恤金、退休金、抚养费债务等，也不得抵销。

（2）法律规定的不得抵销的债务：①禁止强制执行的债务不得抵销。法院决定扣留、提取收入时，应当保留被执行人及其所抚养家属的生活必需费用；查封、扣押、冻结、拍卖、变卖被执行人的财产，应当保留被执行人及其所抚养家属的生活必需品。②因故意侵权所发生的债务。为制裁故意侵权人并防止诱发侵权行为，一般认为，故意实施侵权行为的债务人不能主张抵销。因为如果允许此种债务抵销，意味着侵权人可以任意侵害受害人的人身和财产权利，有违公序良俗。③约定应向第三人为给付的债务。第三人请求债务人时，债务人不得以自己对于他方当事人享有债权而主张抵销；他方当事人请求债务人向第三人履行时，债务人也不得以第三人对自己负有债务而主张抵销。

（3）当事人特别约定不得抵销的债务。即依合同当事人双方实现约定不得抵销的债务。抵销为法律行为，适用民法关于意思表示的规定。[1] 抵销权为形成权，此种意思表示一经抵销权人作出即发生法律效力，无须对方当事人的同意，也不以诉讼作出裁判为必要。

（三）法定抵销权的行使

抵销不能自行进行，须通过一方当事人即主动债权人行使抵销权，才能实现抵销的效果。根据我国《民法典》第568条第2款的规定，当事人主张抵销的，应当通知对方。通知自到达对方时生效。抵销不得附条件或者附期限。因此抵销权的行使应当注

---

〔1〕　参见江平主编：《民法学》，中国政法大学出版社2000年版，第540页。

意以下两点：

1. 抵销的意思表示须通知对方。法定抵销权属于形成权，只需当事人一方将抵销的意思表示通知对方，即可发生效力，而无须对方当事人的同意。抵销的意思表示应当以通知的方式作出，通知可采取书面或口头的形式，但一般来说，必须采取明示的方式，并能够为对方所了解。以口头方式通知时，抵销的意思自对方了解时生效；以书面方式通知时，通知自到达对方时生效。

2. 抵销不得附条件或附期限。抵销在性质上是形成权，而形成权本身由一方当事人决定，于对方当事人而言有很大的不确定性，如果允许附条件或附期限，则会使当事人之间的法律关系变得更加不确定。就抵销而言，如果附条件或附期限，则使抵销的效力处于不确定的状态，有悖于抵销的目的，也难免会损害对方当事人的利益。因此附条件或附期限的抵销当属无效。

（四）法定抵销的效力

法定抵销的效力主要表现在以下几个方面：

1. 双方互负的债务在数额对等的范围内消灭。如果双方债务数额不对等，债务数额较小的一方的债务全部消灭，另一方的债务在于对方债务相等的数额内消灭，债务剩余部分仍然存在，债务人须继续偿还。

2. 抵销的溯及效力。抵销生效时，双方债权的消灭效力溯及抵销权发生之时。双方债务的清偿期有先后的，以在后的清偿期界至时为准。如债务未界清偿期而主张抵销的，应认为其已放弃期限利益。在此情形下，以抛弃期限利益之时为准，债的关系归于消灭。例如，甲乙二人互负债权债务，甲的债权已届清偿期，乙的债权尚未到期，甲主动抵销二人的债权债务，则主动债权和被动债权自抵销权发生之时消灭。

抵销的溯及效力具有以下效果：①自抵销生效之日起，就消灭的债务不再发生支付利息的债务；②自得为抵销之时起，不再发生迟延责任；③抵销权行使后，就一方当事人所发生的损害赔偿以及违约金责任，因抵销的溯及力而归于消灭。

3. 抵销权行使后不得撤回。抵销权行使后，双方对等数额的债权因抵销而消灭，属于债的绝对消灭，故抵销权行使后不得撤回。

三、合意抵销

（一）合意抵销的概念

所谓合意抵销，又称约定抵销、意定抵销，是指双方当事人协商一致而使双方互负的债务发生抵销。我国《民法典》第569条规定："当事人互负债务，标的物种类、品质不相同的，经协商一致，也可以抵销。"可见，我国《民法典》允许当事人在协商一致的基础上，抵销双方的债务。这也体现了对当事人意思自治的尊重。换言之，合意抵销是当事人依据自己的意志所决定的清偿方式，是当事人意思自由的体现，[1] 只要当事人双方的合意不违反法律规定和公序良俗，都应该予以准许。

合意抵销的意义在于：法定抵销的成立条件较为严格，在不具备法定抵销的条件时，当事人可以通过合意抵销的方式来消灭债务，这样可以改变法定抵销的条件进而弥补法定抵销适用的不足。[2]

在司法实践中，由于合意抵销与法定抵销发生原因不同，对当事人意思表示的要求也不同。合意抵销的当事人可以就抵销的要件、抵销的标的物、抵销的范围、抵销效力以及禁止抵销的债务进行协商；而在法定抵销中，当事人之间基本没有自由协商的空间。

（二）合意抵销的构成要件

1. 当事人双方互负债务。只要求当事人双方互负债务，至于双方当事人所负债务是否均已届清偿期、标的物种类、品质是否相同，在所不问。例如，以给付金钱以外的物为标的的债务与以给付金钱为标的的债务，在对物进行价格评定后，可以经双方当事人合意进行抵销。另外，即便是禁止法定抵销的债务，也并非不能进行合意抵销而消灭债务。

2. 当事人意思表示一致。合意抵销须当事人就抵销的内容达成协议，即以清偿为目的订立抵销合同。抵销合同，是双方当

---

〔1〕　参见韩世远：《合同法总论》，法律出版社 2018 年版，第 696 页。

〔2〕　参见王利明：《合同法新问题研究》，中国社会科学出版社 2003 年版，第 606 页。

事人以消灭互负的债务为目的而订立的合同，属于诺成合同及不要式合同；又由于抵销合同是以互相免除对方所负债务为目的而订立，故又属于双务合同及有偿合同。

3. 不得损害第三人的利益。尽管当事人双方意思表示一致，但如果合意抵销使第三人利益遭受损失的，则抵销无效。例如，债权的标的物是第三人质权的标的的，双方当事人不得抵销。[1]

（三）合意抵销的效力

合意抵销的效力与法定抵销的效力基本相同，即消灭当事人之间同等数额的债权债务关系。但因合意抵销贯彻当事人的意思自由，故其具体的效力，可取决于抵销合同的约定。在法律未做禁止性规定的情况下，当事人可以在抵销合同中约定附条件或附期限，待条件成就或期限到来时发生抵销的效力。

四、法定抵销和合意抵销的比较

法条链接

表 8-5　法定抵销与合意抵销的区别

	法定抵销	合意抵销
发生原因不同	法律严格规定	当事人协商一致
构成要件不同	（1）当事人互负债务。 （2）债务标的物种类、品质相同。 （3）债务均已届清偿期。 （4）债务均为可抵销债务。	（1）当事人互负债务，不要求到期。 （2）意思表示一致。 （3）不损害第三人利益。 （4）债的标的物种类、品质无须相同。
制度价值不同	条件严格，保护债权人利益，降低交易成本。	存在自由协商空间，尊重当事人意思自由。

第五节　提　存

一、提存的概述

提存，是指债务人于债务已届履行期限时，由于债权人的原

---

〔1〕　参见韩世远：《合同法总论》，法律出版社 2008 年版，第 557 页。

因无法履行债务或者难以履行的情况下，将交付不能的标的物于提存机构保存，以终止合同权利义务关系的行为。

债务人履行债务往往需要债权人的协助。如果债权人不协助债务人的履行，无正当理由拒绝受领或者不能受领，债权人虽应负受领迟延的责任，但是债务人的债务因未能履行而不能消灭，债务人仍处于债务拘束之下，而且还可能因此承担继续尽注意义务妥善保管标的物、防止标的物意外灭失的风险等负担，这显然对债务人很不公平。在罗马法早期允许债务人在债权人拒绝受领时抛弃标的物，但这种规定不利于经济发展，于是在以后设立了提存制度，[1] 即在债权人无正当理由拒绝受领或不能受领标的物时，债务人可以将标的物交给提存机关，从而消灭债务。现代各国民法都将提存规定为债的一种消灭原因，还有一些国家和地区专门制定了提存法，对提存制度作了详细的规定。[2]

提存，是提存的债务人与提存机关之间的合同。提存合同的性质是"向第三人履行的保管合同"或"为第三人利益的保管合同"。设立提存制度主要是为了保护债务人的利益，同时也兼顾了债权人的利益。[3]

按照我国现行法律的规定，提存制度有以清偿为目的的提存和以担保为目的的提存，简称为清偿提存和担保提存。担保提存规定在担保法律制度中，一般说的《民法典》里所指的提存只是清偿提存。

二、提存的条件

（一）须有合法的提存原因

我国《民法典》第570条第1款规定："有下列情形之一，难以履行债务的，债务人可以将标的物提存：①债权人无正当理由拒绝受领；②债权人下落不明；③债权人死亡未确定继承人、遗产管理人，或者丧失民事行为能力未确定监护人；④法律规定

---

〔1〕　在罗马古代，并没有提存制度，至查士丁尼时，才规定这种提存办法，自提存之日起，即视为已经清偿。如果依给付的性质不宜提存的，如牲禽或易腐烂之物，债务人得为债权人的利益先行变卖，将变卖的价金提存。（参见周枏、吴文翰、谢邦宇编著：《罗马法》，群众出版社1983年版，第269页。）

〔2〕　参见黄立：《民法债编总论》，中国政法大学出版社2002年版，第695页。

〔3〕　参见韩世远：《合同法总论》，法律出版社2018年版，第715页。

的其他情形。"据此，提存的原因有以下几项：

1. 债权人无正当理由拒绝受领。这一原因可以具体拆分成三个要素：其一，债务人已按照合同约定或法律规定提出给付；其二，债权人以言语或行为表示拒绝受领，或虽未拒绝受领，但未在约定时间受领；其三，债权人拒绝或迟延受领无正当理由。在具备以上要素时，构成合法的提存原因，债务人可以提存。但是如果因为债务人的履行不适当，如履行标的、履行时间、履行地点或履行方式等不符合合同约定的，债权人行使抗辩权而拒绝受领的，不发生提存的效力。

2. 债权人下落不明。债权人下落不明会造成债务人的履行对象上的障碍，致使债务人履行不能或难以履行。债权人下落不明包括债权人住所变更但未通知债务人，或地址不清、失踪，债务人无法通过正常途径得知债权人的下落，或者债权人离开最后住所地，债权人音讯不明等。但是债权人下落不明已经被法院宣告失踪或宣告死亡的，债务人应当向其继承人或人民法院指定的财产代管人清偿，而不得提存。

3. 债权人死亡未确定继承人或者丧失民事行为能力未确定监护人。正常情况下，债权人死亡已确定继承人的，债权由继承人继承；丧失民事行为能力的，应当确定监护人，由其监护人代管其财产。但是债权人死亡未确定继承人或者丧失民事行为能力未确定监护人的，就会造成债务人无法履行债务，因此债务人可以将标的物提存，以消灭债的关系。

4. 法律规定的其他情形。例如，法人合并或分立而财产继受关系未清等。

通过以上可知，提存是由于债权人的原因，使债务人交付不能。债务人为了消灭债务，可以将标的物交给提存机关。

（二）提存关系的当事人明确

1. 提存人。提存人需具备提存资格，一般情况下提存人为债务人，但是债务人的代理人和代位清偿的第三人也可以做提存人。提存是一种法律行为，要求提存人具有行为能力。

2. 提存受领人。提存受领人应为债权人或者债权人的继承人、代理人、监护人、破产管理人等。

3. 提存机关。提存机关是国家设立的负责受理提存事务，接收并保管提存物，寻找债权人并通知债权人领取提存物的专门机构。在国外一般都有专门附属于法院的提存所，我国的提存公证由债务履行地的公证处管辖。[1] 提存机关是国家设立的机构，应是中立的，一般的企业、营利性服务机构不适合办理提存业务，法院是审判机构，银行是经营管理货币的机构，都不适合办理提存业务。提存须在清偿所在地的提存机构进行。

（三）提存的标的须适当

提存的标的物是债务人依债务的规定应当交付但是交付不能的标的物，并以物的交付为限。提存应依债的本旨为之，否则不发生债的消灭的效力。[2] 因此债务人提存时，应以与债的内容相符的标的物为限交付提存机关，并且应当是全部的债务，原则上不允许部分提存。

提存的标的物应以适宜提存的标的物为限。作为提存的物，可以是特定物或种类物，但应当限于动产，主要是金钱、物品或有价证券等。不动产不适宜提存。有毁损灭失风险的物品或者提存费用过大的标的物不适于提存，如易燃易爆物品、家具等。需要有人照料的或须有特殊设备的禽类兽类，水果、鱼肉蔬菜等新鲜且易变质的食品等，提存人可以申请法院拍卖、变卖而提存其价金。

（四）以法律规定的方式提存

提存应当符合法律规定的提存程序。提存人在交付提存标的物的同时应当交付提存申请书，申请书应当载明提存人姓名、提存物的种类和数量，债权人的姓名、住址等基本内容。

提存人还应当提交债务证据，以证明自己所提存之物就是债的标的物，还应提交债权人受领迟延或者不能确定以至于自己履行不能的证据等。提存机关对提存人提存请求进行审查，确定符合提存条件的，提存机关应接受提存标的物，登记验收并妥善保管，并出具提存的公证书。

---

〔1〕　参见李永军：《合同法》，中国人民大学出版社 2016 年版，第 248 页。

〔2〕　参见黄立：《民法债编总论》，中国政法大学出版社 2002 年版，第 699 页。

三、提存的效力

债务人将合同标的物或者将标的物依法拍卖、变卖所得款项交付提存部门时，提存成立。提存成立的，视为债务人在其提存范围内已经履行债务。因此，从提存之日起，提存之债即告消灭。提存在提存关系所涉及的三方当事人债务人、债权人、提存机关之间发生不同的法律效力。

（一）债务人与债权人之间的法律效力

1. 债务人或其他代为清偿人将标的物提存后，无论债权人受领与否，均依法发生债务消灭的效力。

2. 提存标的物毁损灭失的风险移转于债权人。

3. 提存物的所有权因提存转移于债权人，因此提存期间，标的物的孳息归债权人所有，提存费用由债权人负担。

4. 标的物提存后，除债权人下落不明外，债务人应当及时通知债权人或者债权人的继承人、监护人。

（二）债务人与提存机关之间的法律效力

1. 债务人与提存机关之间的关系可以适用保管合同的规定。[1] 提存机关依照法律规定，负有保管提存物的义务，提存机关应当采取适当的方式保管提存标的物，以防止毁损、变质或者灭失。债权人不领取或者超过保管期限不领取，提存机关可以拍卖、变卖，保管其价款。

2. 在某些情况下提存人可以取回标的物：①根据我国《民法典》第574条的规定，债权人未履行对债务人的到期债务的，或者债权人书面放弃领取提存物权利的，债务人有权取回提存物，并负担提存费用。②提存人可以凭借人民法院生效判决、裁定或者提存之债已经清偿的公证证明取回提存物。提存人未支付提存费用的，提存机关可以留置价值相当的提存标的物。

（三）提存机关与债权人之间的效力

1. 提存成立后，基于保管合同，债权人可以随时领取提存物，并承担必要的提存机关保管、变卖或出卖提存物的费用。债权人对于提存物所产生的现实利息，有权要求返还。根据我国

---

〔1〕 参见崔建远主编：《合同法》，法律出版社2016年版，第221页。

《民法典》第 574 条的规定，在对待给付中，债权人对债务人负有到期债务的，在债权人未履行债务或者提供担保之前，提存部门根据债务人的要求应当拒绝其领取提存物。可以理解为提存机关行使合同当事人一方双务合同履行抗辩权的结果。

2. 标的物提存后，风险移转给债权人，所以因不可归责于提存机构的事由导致提存标的物毁损灭失的，提存机关不负赔偿责任；但如果是因为提存机关的故意或重大过失所致，债权人有可以请求损害赔偿。

法条链接

3. 债权人请求领取提存物时，应当持提存通知，并应提交债权存在的证明文件。债权人领取提存物的权利，自提存之日起 5 年内不行使而消灭，提存物扣除提存费用后归国家所有。

第六节　免　除

一、免除的概念

免除是债权人以消灭债权为目的而向债务人作出的抛弃债权的意思表示。根据我国《民法典》第 575 条的规定，债权人免除债务人部分或者全部债务的，债权债务部分或者全部终止。免除成立后，债务人不再负担被免除部分的债务，相应的债权人的免除部分的债权也消灭，所以免除是合同权利义务终止的原因的一种。免除是单方法律行为，[1] 原则上只要债权人向债务人为抛弃债权的意思表示，即可生效，但债务人在知道或应当知道债权人免除债务之日起合理期限内拒绝的除外。

二、免除的法律特征

免除是法律行为，有如下法律特征：

1. 免除为无因行为。[2] 免除实际上必有一定原因，或为赠与，或为对待给付，也有为和解而为之。但这些原因并非免除的要件，其免除原因不成立或无效时，不影响免除的效力。

―――――――――

〔1〕 参见王家福主编：《中国民法学·民法债权》，法律出版社 1991 年版，第 215 页。
〔2〕 参见王利明、崔建远：《合同法新论·总则》，中国政法大学出版社 1996 年版，第 661 页。

2. 免除为无偿行为。免除的原因虽然可以有偿或无偿，但与免除的效力无关，免除本身为无偿行为。免除债务人的债务无须债务人为此支付对价，因此限制民事行为能力人即使未得到法定代理人的同意，也可以接受免除。

3. 免除为非要式行为。免除的意思表示不须特定的方式，书面或者口头，明示或者默示，均无不可。

4. 免除为有相对人的行为。因此必须向债务人或债务人的代理人为之。

5. 免除为处分行为。债权人为免除时，应当具有处分该债权的能力，无行为能力人或者限制行为能力人不得为免除行为，应当由其法定代理人代为免除或表示同意。

三、免除的条件

（一）须债权人向债务人免除债务的意思表示

免除的意思表示应由债权人或其代理人向债务人或其代理人为之，该意思表示到达债务人或其代理人时生效。向第三人为免除的意思表示的，不产生免除的效力。

（二）须债权人具有相应的行为能力

免除为处分行为，免除权的行使直接发生财产权得失的效力，将使债权人受损，债务人受益，这就要求债权人必须以真实的意思表示作出，因而必须要求债权人具有相应的行为能力，否则应当由其法定代理人代为免除的意思表示。由于免除不以债务人的协助为必要，债务人纵使为限制行为能力人，亦不产生任何妨碍，所以债务人是否具有相应的行为能力不是免除成立的必要条件。

（三）免除的意思表示不得撤销

免除的意思表示到达债务人后即发生免除债务的法律效果，因而免除不得撤销，否则有违诚实信用原则。但债权人可以撤回免除的意思表示，即撤回的通知与免除的通知同时到达或先于免除的通知到达债务人时，发生撤回的效果。

（四）须不得损害第三人利益

基于债的相对性，债务免除仅在债权人和债务人之间发生效力，但若因债务的免除而损害第三人的利益，则免除不发生效力。因债务人放弃其到期债权，对债权人造成损害，债权人可以请求人民法院撤销其免除债务的行为。

四、免除的效力

免除生效后，即发生债消灭的法律后果。

1. 债的关系绝对消灭。依债权人的意思，债务免除可以分为全部免除和部分免除。债务全部免除的，合同关系全部归于消灭；部分免除的，合同关系仅于免除的范围内部分归于消灭。另外，在债务被全部免除的情况下，有债权证书的，债务人可以请求债权人返还债权之证书。

2. 从债务免除。主债务消灭时，从债务当然也随之消灭，即从属于债务的利息之债、担保之债也随之消灭。但免除人仅免除从债务时，主债务并不消灭。例如，仅免除利息债务的，本金债务仍须履行。

3. 法律禁止抛弃的债权不得免除。例如，受雇人对雇佣人的工伤事故赔偿请求权不得预先抛弃。

法条链接

第七节　混　同

一、混同的概念

混同，是指债权债务归于同一人，债的关系因此归于消灭的事实。我国《民法典》第576条规定："债权和债务同归于一人的，债权债务终止，但是损害第三人利益的除外。"债的关系必须有两个以上的主体，当债权人和债务人为同一个主体的时候，债的关系就当然消灭。所以，混同也是合同权利义务终止的原因之一。

混同，只需债权债务归于同一个人的事实发生，且不违背法律的强制性或禁止性规定，就会发生债消灭的法律后果，而无需当事人的任何意思表示。所以混同在性质上属于法律事实中的事件。[1]

混同的基本原理是：债的关系须有两个主体，任何人不得对

---

〔1〕　参见张广兴：《债法总论》，法律出版社1997年版，第283页。

自己享有债权，债权、债务同归于同一人时，就会导致一个人自己为自己的债权人或自己为自己的债务人，违背债的本旨目的。就实际情况而言，自己向自己请求或履行债务，没有意义。所以债权债务一旦归于同一人，债就会因为混同而消灭。

二、混同的条件

混同即债权债务归于同一人，而债权债务归于同一人是因债权或债务的承受而产生的，由于承受包括概括承受和特定承受，所以发生混同的条件可分为两种：

（一）概括承受

概括承受，这是发生混同的主要原因。例如，两个企业合并，合并前的两个企业之间有债权债务，合并后，分别由两个企业拥有的债权债务转移到合并后的企业，这就使得债权债务归于同一人，因不存在履行的必要和可能，合同权利义务终止。另外，继承也可能导致混同的发生。

（二）特定承受

特定承受，即因债权让与或债务承担而承受的权利义务。例如，债务人受让债权人的债权，或债权人承受债务人的债务，在此情形下，债权债务关系同归于一人，即发生混同，合同的权利义务终止。

三、混同的效力

混同的效力，在于绝对地消灭债的关系。债消灭，导致该关系所生的从权利如利息债权、违约金债权、担保物权也随之消灭，但是债权与保证债务混同的，保证债务归于消灭，主债务仍然存在。

混同虽然产生债的消灭的效力，但是如果债权为他人权利的标的时，纵然发生混同，债的关系也不消灭，根据《民法典》第576条但书部分的规定，在涉及第三人利益时，混同并不导致合同关系的消灭。例如，债权人以其债权为第三人设立了质权，此时债权成为他人权利的标的，为了保护质权人的利益，合同债权不因混同而消灭。

法条链接

第九章　违约责任

本章知识结构图

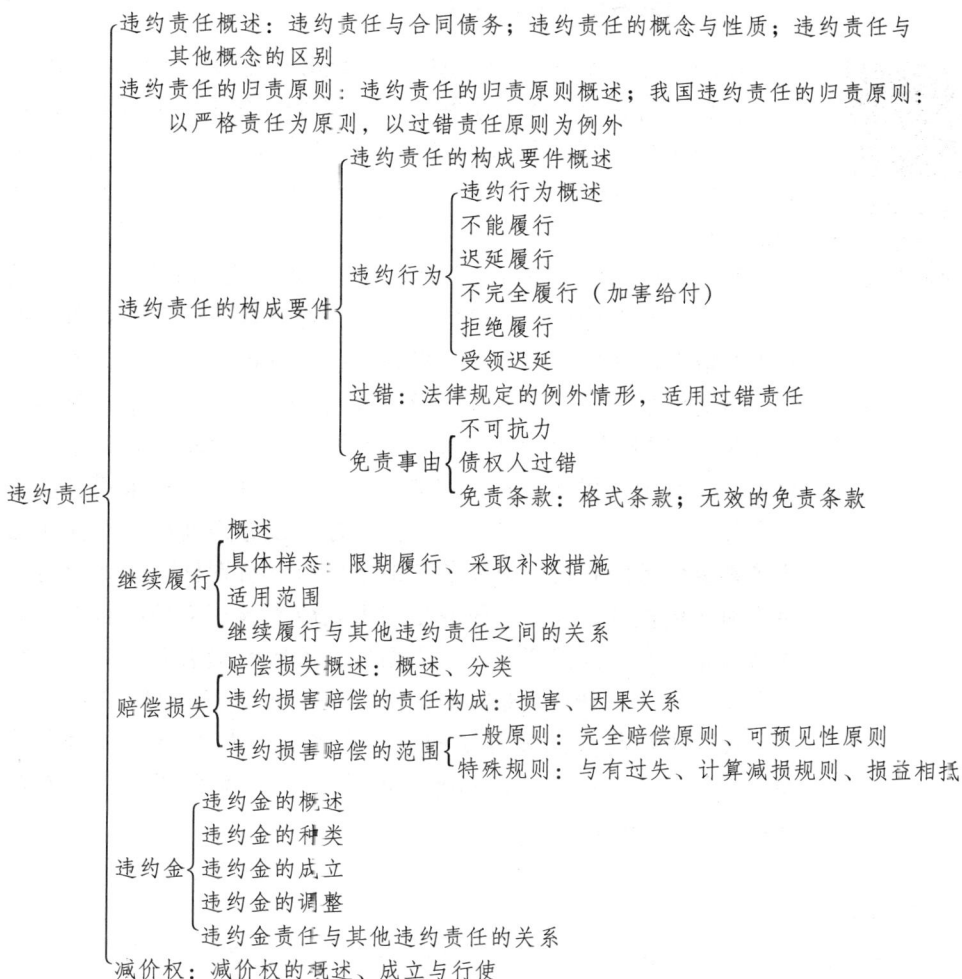

违约责任
{
违约责任概述：违约责任与合同债务；违约责任的概念与性质；违约责任与其他概念的区别

违约责任的归责原则：违约责任的归责原则概述；我国违约责任的归责原则：以严格责任为原则，以过错责任原则为例外

违约责任的构成要件
{
违约责任的构成要件概述

违约行为
{
违约行为概述
不能履行
迟延履行
不完全履行（加害给付）
拒绝履行
受领迟延
}

过错：法律规定的例外情形，适用过错责任

免责事由
{
不可抗力
债权人过错
免责条款：格式条款；无效的免责条款
}
}

继续履行
{
概述
具体样态：限期履行、采取补救措施
适用范围
继续履行与其他违约责任之间的关系
}

赔偿损失
{
赔偿损失概述：概述、分类
违约损害赔偿的责任构成：损害、因果关系
违约损害赔偿的范围
{
一般原则：完全赔偿原则、可预见性原则
特殊规则：与有过失、计算减损规则、损益相抵
}
}

违约金
{
违约金的概述
违约金的种类
违约金的成立
违约金的调整
违约金责任与其他违约责任的关系
}

减价权：减价权的概述、成立与行使
}

本章重点内容讲解

违约行为的构成要件包括违约行为、过错以及无免责事由。违约形态可以被划分为不能履行、迟延履行、不完全履行、拒绝履行和受领人迟延。我国合同法的归责原则是以严格责任为原则，以过错责任原则为例外。违约责任包括继续履行、赔偿损失、支付违约金以及减价等责任承担形式。

第一节　违约责任概述

一、违约责任与合同债务

拓展阅读
**债务与责任相分离
的简要历史**

违约责任是民事责任的范畴而非债务的范畴，因此，在理解违约责任之前必须先认清债务与责任两者的关系。罗马法上，并不区分债务与责任，两者都是拘束双方当事人的状态，即"法锁"，用 obligatio 表示，债务与责任的区分在历史上经历了一个渐变的过程。[1]

我国法严格区分债务与责任。《民法典》第 118 条规定："民事主体依法享有债权。债权是因合同、侵权行为、无因管理、不当得利以及法律的其他规定，权利人请求特定义务人为或者不为一定行为的权利。"《民法典》第 176 条规定："民事主体依照法律规定或者按照当事人约定，履行民事义务，承担民事责任。"可见，在我国《民法典》上二者并非同一内涵。具体来说，债务与责任具有以下区别：其一，责任以存在债务为前提，其存在是为了敦促债务的履行，但并非有债务就必然有责任，例如超过了诉讼时效的债务；其二，债务是当事人应当履行义务的状态，是否履行基于当事人的意愿，但当债务人不履行债务时，其债务在性质上转变为一种强制履行的责任，其体现为国家的强制性。

违约责任与合同债务虽非同一范畴，但两者仍存在紧密关系，违约责任以存在合同债务为前提，[2] 没有合同债务便不存在违约责任的问题。

---

〔1〕　参见王利明：《违约责任论》，中国政法大学出版社 1996 年版，第 12 页。
〔2〕　参见韩世远：《合同法学》，高等教育出版社 2010 年版，第 303 页。

二、违约责任的概念与性质

（一）违约责任的概念

违约责任，又被称为违反合同的民事责任，是指当事人不履行合同或履行不符合当事人的约定时，依照法律规定所产生的民事责任。在英美法系，违约责任被认为是违约补救的具体方式之一；而在大陆法系，违约责任是债务不履行的具体样态之一。[1]"违约"和"债务的不履行"意义相近，总的来说，不过是因不同的用语习惯，不过，"债务的不履行"比"违约"的内涵要大，"违约"以存在有效的合同为前提，是对合同的违反；而"债务的不履行"是以有效的债的关系为前提，其不仅包括对合同之债的违反，还包括对其他债务，例如侵权之债、不当得利之债以及无因管理之债的违反。

（二）违约责任的性质

违约责任是民事责任的一种，同时却又与其他的民事责任相互区别，具有独特的性质，而这些性质影响着责任的功能、责任的承担主体、责任的归责原则以及责任的承担范围等方面。

1. 违约责任是当事人不履行合同债务所产生的民事责任。违约责任是当事人不履行合同债务所产生的民事责任，这包括三层含义：首先，违约责任以存在合法有效的合同为前提，债务是因，责任是果，违约责任是对合同债务违反的法律后果，倘若合同被宣告无效或被撤销，则不存在违约责任的问题；其次，违约责任以违反合同约定为要件，这一特点与侵权责任、缔约过失责任等相区分；最后，合同义务属于第一次给付义务，该义务未获履行才转化为违约责任，因此，违约责任是原合同义务的延伸，是原合同义务的转化形态或者替代品。

2. 违约责任是财产责任。纵观违约责任发展史，违约责任经历了从人身责任向财产责任的发展历程。[2] 所谓人身责任，就是当债务人不履行债务时，债权人可以对债务人使用拘禁、出卖、奴役等措施以实现其偿还的责任。在罗马法上，违约责任就

---

〔1〕　参见郑云瑞：《合同法学》，北京大学出版社 2018 年版，第 267 页。

〔2〕　参见周枏：《罗马法原论》（下册），商务印书馆 1994 年版，第 628 页。

曾经包括了人身责任，例如"债奴制度"。现代民法将违约责任仅局限于财产责任。

违约责任性质上属于财产责任是与合同的基本特性分不开的。[1] 在当代，合同是当事人进行财产流转最主要、最常用的方式，合同关系是一种可用货币衡量的财产关系，那么作为合同义务的转换形态的违约责任也应当是一种财产责任。

值得注意的是，虽然精神损害赔偿责任也是一种财产责任，但并不适用于合同责任。精神损害赔偿是基于对人格权的侵犯而产生的赔偿责任，从比较法上，大多数国家都将精神损害赔偿责任局限于侵权责任，但有些国家，例如，法国法和奥地利法认为，精神损害赔偿责任也可适用于合同损害。[2] 我国《民法典》第1183条第1款规定："侵害自然人人身权益造成严重精神损害的，被侵权人有权请求精神损害赔偿。"

3. 违约责任可由当事人在法定范围内约定。合同最大程度秉持私法自治理念，与侵权责任不同，合同当事人可以事前对违约责任的发生事由、赔偿方式、赔偿范围、免责事由等方面进行事前的约定。这种约定一方面可以降低在发生违约后对违约责任的认定难度，弥补法律的不足，利于纠纷的解决；[3] 另一方面，也可以在一定程度上预防违约的发生。违约责任虽然可由当事人约定，但这种约定仍须在法律允许的框架内进行，倘若该约定不够公平、合理或违反了法律的强制性规定，则该约定可能被撤销或被宣告无效。

4. 违约责任具有相对性。违约责任是合同相对性的必然体现。一方面，违约责任是违约方自己应当承担的责任，而非他人应当承担的责任，是其不履行合同或履行不符合约定所应当承担的法律后果。另一方面，原则上，违约责任是向合同相对方承担民事责任，而不是向国家或第三人承担责任，原因在于违约责任的功能主要在于填补相对方因违约而造成的损失，国家或其他第三人一般并没有损失，即便有损失，也由行政法、刑法等其他法

〔1〕 参见韩世远：《合同法总论》，法律出版社2018年版，第742页。
〔2〕 参见[德]马格努斯主编：《侵权法的统一 损害与损害赔偿》，谢鸿飞译，法律出版社2009年版，第281页。
〔3〕 参见王利明、崔建远：《合同法》，北京大学出版社2000年版，第203页。

律解决。此外，即便是因第三方的原因造成合同不能履行，违约责任仍然由违约方承担。我国《民法典》第 593 条规定，当事人一方因第三人的原因造成违约的，应当依法向对方承担违约责任。当事人一方和第三人之间的纠纷，依照法律规定或按照约定处理。

基于合同的相对性原则，违约责任自然是当事人之间的责任，但若僵化固守该原则，不能切实满足当事人需求，不能完全适应经济发展的需求。于是，近代的合同法的修改对合同相对性原则有所突破，承认了第三人利益合同。[1] 例如当保险合同中投保人和受益人并不一致时，在此情形下，违约责任有时会向合同外的第三人履行。

5. 违约责任具有补偿性。违约责任的补偿性，是指违约责任旨在弥补或补偿因违约行为所造成的损害后果。[2] 违约责任的补偿性是民法公平原则的体现，当守约方因违约方的违约行为而造成损失时，违约方必须向守约方予以补偿以实现双方利益的平衡。

三、违约责任与其他概念的区别

（一）违约责任与违约救济

违约救济（remedies for breach of contract）一词来源于英美法系，相当于大陆法系关于债务不履行的规定。[3] 两者存在相似性：都以存在违约行为为前提，均旨在弥补当事人的损失。但两者仍非同一概念。首先，两者着眼点不同。违约责任着眼于违约方及其违约行为，强调违约方所应当承担的法律后果，违约救济则立足于守约方，强调对其进行利益补偿及其补偿的手段。其次，两者内容并不相同。违约责任严格受制于法律的质的规定性，如国家的强制性、道德和法律的谴责与否定性评价，[4] 一般需要司法救济；而违约救济并不关注否定性评价，不仅可以司

---

〔1〕 参见崔建远主编：《合同法》，北京大学出版社 2016 年版，第 331 页。
〔2〕 参见王利明：《合同法研究》（第 1 卷），中国人民大学出版社 2011 年版，第 403 页。
〔3〕 参见王利明：《合同法研究》（第 1 卷），中国人民大学出版社 2011 年版，第 406 页。
〔4〕 参见崔建远主编：《合同法》，北京大学出版社 2016 年版，第 327 页。

法救济，也可以实施自助等私力救济。[1] 再者，表现形式不同。违约责任是当事人不履行合同债务所产生的民事责任，其以存在有效的合同为前提，因此，违约责任仅包括继续履行、损害赔偿、违约金责任等形态，是一种责任形式，因此并不包括解除合同，而违约救济还包括解除合同。

我国《民法典》采取的是违约责任的规定，虽然也有"补救"二字，例如《民法典》对违约责任的形态有"采取补救措施"这一规定，但这一"补救"是修理、更换的意思，而非英美法系中的违约救济的概念。

（二）违约责任与物的瑕疵担保责任

瑕疵担保，是指有偿合同中的债务人对其所作出的给付，应担保其权利的完整和标的物的质量合格，如果债务人违反此种担保义务，则应负瑕疵担保责任，瑕疵担保责任包括权利的瑕疵担保和物的瑕疵担保。[2] 原《德国民法典》和《法国民法典》都规定了物的瑕疵担保责任，独立于违约责任规定了特殊的规则，从而形成违约责任与物的瑕疵担保责任竞合的状态，后者处于特殊地位，例如原《德国民法典》中规定，出卖人违反物的瑕疵担保，买受人可以解约和减少价金。《德国民法典》新买卖法将之纳入债的不履行责任之中，但仍存在债务不履行责任规则的特殊规则。1980年的《销售合同公约》并未规定瑕疵担保责任，而是采纳普通法的经验，确立了与货物相一致规则：除法定免责事由外，只要交付的货物与约定不相符，出卖人就应当负合同不履行的责任。

根据我国《民法典》第582条的规定，当标的物不符合质量要求时，买受人可以追究出卖人之违约责任。因此，我国并未规定独立的物的瑕疵担保责任制度，而是将其特殊规则糅合进了违约责任制度之中。

（三）违约责任与合同责任

违约责任与合同债务不是同一范畴，一般认为，合同责任是合同法上的民事责任，既包括违约责任，也包括缔约过失责任，

拓展阅读
物的瑕疵担保责任
与违约责任

法条链接

---

〔1〕 参见王利明：《合同法研究》（第1卷），中国人民大学出版社2011年版，第408页。

〔2〕 参见王利明：《合同法研究》（第1卷），中国人民大学出版社2011年版，第417页。

甚至包括合同终止后的缔约过失责任。因此，合同责任的内涵与外延比违约责任更加宽泛。[1]

第二节　违约责任的归责原则

一、违约责任的归责原则概述

归责原则，是指当归责事由出现时，基于一定考量而由法律确定责任由谁承担的原则。具体到合同法上，归责原则就是确立违约责任成立与否的原则，包括过错责任与严格责任。不同的归责原则对当事人会产生较大的影响，明确违约责任的归责原则具有重要意义：

1. 归责原则决定着违约责任的构成要件。若适用过错责任原则，则违约责任的成立以违约方存在过错为前提，严格责任则并无过错之要求。

2. 归责原则决定着举证责任的内容。不同的归责原则分配给当事人不同的举证责任，例如，在过错责任原则下，违约方只要证明自己没有过错即可免责；而在严格责任下，仅证明自己没有过错并不充分，还需证明自己有免责事由才可免责。

3. 归责原则决定了违约责任的赔偿范围。当适用过错责任时，在考虑违约方赔偿范围时，需要考虑受害人的过错程度，而严格责任并无此项考虑。

从比较法来看，英美法系主要采用的是严格责任，大陆法系的违约责任则以过错责任为原则。但从合同法归责原则实际运行结果来看两者并不存在差异，一个重要原因是合同自由原则，即当事人可通过合同自由作出特别的约定，此外，两大法系之间的相互借鉴也使两者之间趋于接近。[2]

二、我国违约责任的归责原则

我国合同法的归责原则是以严格责任为原则，以过错责任原

---

〔1〕　参见杨立新：《合同法》，北京大学出版社 2013 年版，第 334 页。
〔2〕　参见韩世远：《合同法总论》，法律出版社 2011 年版，第 586 页。

则为例外。《民法典》第 577 条规定，当事人一方不履行合同义务或者履行合同义务不符合约定的，应当承担继续履行、采取补救措施或者赔偿损失等违约责任。这个条文中并没有出现"但当事人能够证明自己没有过错的除外"的字样，被认为是采取了严格责任原则。[1]

应予指出，《民法典》同时也规定了若干过错责任：供电人责任；承租人保管责任；承揽人责任；建设工程合同中的承包人的过错责任；寄存人未履行告知义务的责任；保管人责任等。[2]

第三节　违约责任的构成要件

一、违约责任的构成要件概述

违约责任，是当事人违约时以国家强制力为依托强制违约方承担继续履行、赔偿损害等责任，当违约方过错违约时，它还包括了法律对违约行为的否定性评价，因此，绝不能随意把违约责任强加于当事人，而应当有条件地责令违约方承担违约责任，即违约责任的成立需要相应的构成要件。

违约责任的构成要件与损害赔偿责任的构成要件不能混为一谈。一方面，违约行为只是损害赔偿之债的发生原因之一，除了违约行为之外，违反合同之外的义务同样可以产生损害赔偿之债，例如因侵权而产生的损害赔偿之债，而对于该债务的违反同样可以产生损害赔偿责任。另一方面，损害赔偿责任只是违约责任形态的一种，除了损害赔偿责任之外，违约责任还包括继续履行、支付违约金等责任形式，任何一种责任形式都有其独特的作用与功能，不能同等视之。

---

〔1〕 参见梁慧星："从过错责任到严格责任"，载梁慧星主编：《民商法论丛》（第 8 卷），法律出版社 1997 年版，第 1~7 页。

〔2〕 参见崔建远："海峡两岸合同责任制度的比较研究——海峡两岸合同法的比较研究之一"，载《清华大学学报（哲学社会科学版）》2000 年第 2 期。

二、违约行为

（一）违约行为概述

违约行为，是指合同当事人无正当理由不履行合同或履行合同不符合合同规定的行为。违约行为具有以下几个特点：其一，违约行为的主体是合同关系的当事人；其二，违约行为在性质上违反了合同义务，这里的合同义务不仅包括约定的义务，也包括法定的义务；其三，违约行为在后果上导致了对合同债权的侵害；其四，违约行为是指无正当理由而不履行或不适当履行合同义务，若具有约定的或法定的免责事由，则难以谓之为违约行为。

对于违约行为究竟是一种单纯的客观状态还是包括了当事人的主观过错存在两种看法，不过我国的立法区分了客观要件与主观要件，因此，我国的违约行为仅指违反合同债务这一客观事实，不包括当事人及有关第三人的主观过错。

违约行为是一种违法行为，但这种违法性并非是指违约人的行为具体地违反了某一明确的法律条文，而是指违约行为有悖于"依法成立的合同受法律保护"这一基本的价值判断。[1] 不过债权人无需举证证明这种违法性，而具有"推定"色彩，即只要发生违约行为，则推定其具有违法性，除非债务人能够证明有"正当事由"。我国的违约行为形态可以被划分为不能履行、迟延履行、不完全履行、拒绝履行和受领人迟延。

拓展阅读
违约行为的形态

（二）不能履行

不能履行，又叫给付不能，是指债务人在客观上已丧失了履行的能力。这里的履行是一种社会观念上的不能，并非是物理状态上的不能，例如"大海捞针"在物理状态下可能实现，但依一般的社会观念难以实现。不能履行可以进行学理上的划分。

1. 自始不能与嗣后不能。传统民法以不能履行的发生时间是在合同成立之前还是在合同成立之后为依据，将不能履行划分为自始的不能履行与嗣后的不能履行。依"对于不可能之物不产

---

〔1〕 参见郑云瑞：《合同法学》，北京大学出版社2018年版，第274页。

生任何债"之原则，大陆传统民法理论认为自始不能的合同无效，[1]但这种理论不符合合同效力之逻辑，也会导致合同双方之间的利益失衡，因此，《联合国国际货物销售合同公约》的立法中并未区分自始不能与嗣后不能的合同效力，德国债法的现代化也对这一规则有所扬弃。

我国《民法典》并未区分自始不能与嗣后不能，对于履行不能的合同的效力应依个案情形判断。原则上来说，只要合同没有《民法典》规定的无效事由，不能履行并不影响合同之效力。在合同有效的前提下，只要不能履行方没有免责事由，则仍应当承担违约责任，不过不能履行可以成为继续履行的除外情形；若能证明违约方存在免责事由，则应当适用风险负担规则。倘若一方当事人在缔结合同时明知合同不能履行而仍签订合同，则以欺诈论处；若双方缔约时均不知情，如属对"标的物的品种、规格、质量和数量等"错误认识，使行为结果违背自己意识，并造成较大损失的，可以认定为重大误解。

拓展案例
朗益春与彭光辉、南华县星辉矿业有限公司采矿权合作合同纠纷案

2. 客观不能与主观不能。如果这种债务任何人均不能履行，则该履行是一种客观不能；但如果该履行只有债务人不能履行，则是一种主观不能，例如，买卖房屋，但在合同履行前房屋被地震破坏而陷入履行不能，但其他人仍可以进行房屋买卖，则对于该债务人而言便是主观不能。

3. 事实不能与法律不能。所谓事实不能，是基于自然法则而不能履行，例如标的物已因洪水而灭失；若该履行不能是基于法律的规定而不能履行则是法律不能。

4. 全部不能与部分不能。不能履行还可以分为全部不能与部分不能。前者是指合同债务全部不能履行，后者则是合同债务仅部分不能履行，其他部分仍可以履行。传统民法理论中，全部不能与部分不能通常与自始不能与嗣后不能相结合，不同的不能的效力有所区别，例如部分不能如属于自始的部分不能，则构成违约责任；但如属嗣后的部分不能，只有在能履行部分而不履行时方才构成违约责任。

5. 一时不能与永久不能。根据不能的持续状态可以将不能

[1] 参见苏号朋：《合同法教程》，中国人民大学出版社2015年版，第256页。

分为一时不能与永久不能。在传统民法理论上，自始客观不能如为永久不能则合同无效；一时不能则否。嗣后的永久不能发生免责或赔偿责任；一时不能则只发生迟延的问题。

（三）迟延履行

"迟延履行，又称债务人迟延或逾期履行，是指债务人能够履行，但在履行期限届满时却未履行债务的现象。"[1] 构成债务履行需要五个构成要件：其一，须有有效债务的存在。存在有效的债务是构成迟延履行的前提条件，对于附生效条件的合同，在条件成就前并不发生迟延履行的问题。其二，债务能够履行。如果债的标的自始不能履行，属于自始不能的问题。其三，债务已过履行期限，对于迟延履行而言，履行期限具有重要意义。在合同明确规定履行期限时，债务人在履行期限届满时未履行，即构成迟延履行；在合同未明确规定履行期限时，债权人应先催告债务人履行，债务人未在指定的期限内履行的，构成迟延履行。其四，债务人未履行。其五，债务人未履行没有正当事由。例如，《民法典》第590条第1款规定，当事人一方因不可抗力不能履行合同的，部分或者全部免除责任，但是法律另有规定的除外。因不可抗力不能履行的，应当及时通知对方，以减轻可能给对方造成的损失，并应当在合理期限内提供证明。此外，法律特别规定的免责事由或当事人约定的免责事由亦可构成迟延履行的正当化事由。迟延履行作为一种违约行为，会产生一系列的法律后果。

1. 继续履行。对于金钱债务，不发生履行不能的问题，因此，当金钱债务的债务人迟延履行时，债权人可以要求债务人继续履行。对于非金钱债务，除非具备《民法典》规定的例外情形，债权人仍有权要求迟延履行的债务人承担继续履行的责任。

2. 损害赔偿。当事人一方不履行合同义务或者履行合同义务不符合约定的，在履行义务或者采取补救措施后，对方还有其他损失的，违约方应当赔偿损失。

3. 解除合同。当事人一方迟延履行主要债务，经催告后在合理期限内仍未履行、当事人一方迟延履行债务或者有其他违约行

---

〔1〕 参见崔建远：《合同责任研究》，吉林大学出版社1992年版，第101页。

为致使不能实现合同目的的，债权人可以主张解除合同。当债权人解除合同后（自己在双务合同中的对待给付义务亦因此而免除），是可以请求损害赔偿以替代实际履行的，称为填补赔偿，不过要扣除对待给付义务的价值。但对于债权人能否不解除合同，直接以履行迟延为由拒绝受领本来的给付并请求替代给付的损害赔偿，理论与实践中存在争议。

4. 支付违约金。《民法典》第 585 条第 3 款规定，当事人就迟延履行约定违约金的，违约方支付违约金后，还应当履行债务。因此，当事人可以约定在债务人迟延履行债务时，债权人有权要求其支付违约金，此外，支付违约金并不影响债之存续，债务人仍应当继续履行债务。

除了上述法律后果之外，法律还规定了一些特殊的规则，例如，对于执行政府定价或政府指导价的标的物，在发生迟延履行时实行价格制裁。

（四）不完全履行

不完全履行，又被称为不适当履行，是指债务人虽然履行了债务，但其履行不符合债务的宗旨。一般来说，不完全履行可以分为以下几种类型：其一，履行在数量上不完全，主要是数量短缺，当然，数量增加也可以构成不完全履行。其二，标的物的品种、规格、型号等不符合约定或者标的物存在缺陷。其三，履行在方法上不完全。例如，本应当一次性履行的，债务人却擅自分期履行。其四，附随义务的履行不完全。例如，在承揽合同中，承揽人发现定作人提供的图纸或者技术要求不合理的，应当及时通知定作人。因定作人怠于答复等原因造成承揽人损失的，定作人应当赔偿损失。其五，加害给付。从广义来讲，加害给付属于第二种类型，但两者存在较大的区别。

所谓加害给付，是指债务人履行债务的行为不符合合同约定或法律特别规定，且因该不适当履行而导致受领给付的相对人遭受了履行利益以外的其他损害的情形。加害给付具有以下特点：首先，加害给付以合同有效存在为前提。其次，债务人履行债务的行为不适当。最后，该不适当的履行行为造成了债权人履行利益以外的损失，例如人身损害等固有利益的损失。

不完全履行和迟延履行、不能履行并非截然分开。在不完全

履行中，如果守约方限令违约方在一定期限内消除缺陷或采取补救等措施，而违约方未能及时完成的，将构成迟延履行。如果不可能完成的，则构成不能履行。

（五）拒绝履行

拒绝履行是债务人能够履行但在无正当理由的情形下，债权人向债务人表示不履行债务的行为。拒绝履行的构成要件包括以下四个：其一，存在有效的债务；其二，债务人向债权人作出拒绝履行的意思表示，这一意思表示可以以明示的方式作出，也可以以默示的方法作出；其三，债务人有履行的能力，倘若债务人没有履行能力则构成不能履行；其四，债务人拒绝履行没有正当事由。如果债务人享有同时履行抗辩权、先履行抗辩权、不安抗辩权、时效抗辩等正当事由，债务人并不需要对其拒绝履行行为承担违约责任。

客观来说，即便当事人就合同的履行期进行了明确规定，拒绝履行既可能发生在履行期到来之前，也可能发生在履行期到来之时或其后，因此，拒绝履行并不要求债务人在履行期届满后作出拒绝履行的意思表示。关于履行期届满前的拒绝履行，英美法系称之为预期违约。[1] 我国《民法典》既规定了类似默示预期违约的制度，也规定了大陆法系的不安抗辩权制度，但两者在构成要件上并不相同，前者要求双务合同有履行先后之分，而后者并无此要求；前者要求债务人"有丧失或者可能丧失履行债务能力"之情形，而后者也有自身独特的限制性要求。[2] 因此，两者并不能相互替代。

拒绝履行与履行不能不同，履行不能是不能履行，而拒绝履行是能够履行而不履行。

拒绝履行不同于迟延履行，迟延履行只能发生在履行期届满之后；而拒绝履行不仅可以发生在履行期届满之后，也可以发生

拓展阅读
预期违约制度与不
安抗辩制度

---

〔1〕 参见吴飚、朱晓娟编著：《合同法·原理·规则·案例》，清华大学出版社 2006 年版，第 111 页。

〔2〕 根据英美法判例，对默示预期违约的认定需要有"合理的理由"，具体分为：其一，债务人的经济状况不佳，没有能力履约；其二，商业信用不佳，令人担忧；其三，债务人在准备履约或在履约约行为表明他将不会或不能履约。参见杨永清："预期违约规则制度研究"，载梁慧星主编：《民商法论丛》（第 3 卷），法律出版社 1995 年版，第 355 页。

在履行期届满之前。拒绝履行也不同于不完全履行，在拒绝履行中，债务人没有实施履行行为；而在不完全履行中，债务人实施了履行行为，只是履行并不符合合同之规定。

当债务人拒绝履行债务时可能产生以下法律后果：首先，债权人有权要求债务人继续履行，同时债权人可基于法律或合同之规定，要求债务人承担支付违约金、损害赔偿的责任。其次，如果符合不安抗辩权的构成要件，债权人可以援用不安抗辩制度。再次，在履行期届满前，当事人明示或默示拒绝的，债权人可以解除合同。最后，在债权人收到债务人所作的拒绝履行的意思表示之后，债权人另签订其他合同来实现原合同目的的，若债务人又继续履行的，债权人有权拒绝受领。

（六）受领迟延

受领迟延，是指债权人没有接受债务人的履行或没有为债务人的履行提供必要的协助。受领迟延由以下要件构成：其一，债务内容的实现以债权人的受领或其协助为必要，例如债务人需要债权人提供相应的材料或指示，债务人始得履行。其二，债务人依据债务之本质而作出了履行行为，即以适当的方式、于适当的时间、在适当的场所提供了履行。[1] 其三，债权人受领拒绝或受领不能。不过，对于受领迟延究竟是权利还是义务，理论上存在不同的学说。

在债权人受领迟延时，债权人应当承担相应的不利后果。首先，债务人的注意义务相应减轻，债务人仅就故意或重大过失负责。[2] 其次，债务人有权自行消灭债务，即当债权人受领迟延之后，债务人可以提存、抛弃占有等以消灭债之关系。再次，在债权人受领迟延之后，无论是法定利息还是约定利息均不再另行支付。最后，因债权人迟延而发生的提存费用、保管费用以及标的物风险由债权人承担。

三、过错

一般而言，合同适用严格责任，但对于法律规定的例外情

拓展阅读
受领迟延究竟是权利还是义务？

拓展案例
广运机电（苏州）有限公司与江苏艾德太阳能科技有限公司承揽合同纠纷案

---

〔1〕参见崔建远主编：《合同法》，北京大学出版社2016年版，第439页。
〔2〕参见《德国民法典》第300条第1项；我国台湾地区"民法"第237条。

形，适用过错责任，因此，对于这些合同，过错也是违约的构成要件之一。所谓过错，是合同当事人没有法定或约定情形而不履行或不适当履行合同义务时的主观心理状态。

过错一般包括故意和过失两种形式。所谓故意，是指债务人预见到了自己的行为会违反合同义务，仍希望或放任违约结果的发生。过失是和故意相对应的过错形式。一般认为，过失是指债务人因不注意、不细心等未尽到足够的注意义务而造成违约的后果的发生。[1] 对于过失，依据注意程度之轻重，可以把过失分为重过失与轻过失。重过失是指行为人未尽到社会所一般要求的注意义务，易言之，即使一个疏忽之人也能加以避免，而行为人连这种注意义务都没有尽到。轻过失又可被分为抽象的轻过失与具体的轻过失。前者是指欠缺某种法律上的注意，即"善良管理人之注意"或"交易上必要的注意"，倘若按照一个普通人依一般交易观念所应尽的注意或按照一个善良管理人应有的注意标准，债务人确已尽到了注意义务，则没有过失，否则则构成抽象的轻过失。具体轻过失是指缺少"与处理自己事务为同一"的注意，即像处理自己事务一样的注意。

对于过错的判断标准，有主观说、客观说以及主客观相结合说。[2] 通说为主客观相结合说，原则上以社会一般人的预见能力为标准，同时对每个具体的行为人还要考察其识别能力，如果一个具体行为人的预见能力低于社会一般人的预见能力标准，就不应当还按照社会一般人的预见能力标准认定，反之亦然。同时，合同法上的过错是推定的，当违约行为发生时，法律直接推定违约方有过错，但这种推定允许违约方举证推翻，此即举证责任倒置。在违约责任中，实行过错推定是必要的，因为负有提供劳务、工程项目、商品等义务的债务人在最后履行义务之前需要进行一系列准备工作、生产经营等活动，这些活动中是否存在过错，债权人难以证明，实行过错推定可以很好地照顾到债权人的切实利益，同时允许违约方举证推翻，也不会对其课以过重的负担。不过，需要注意的是过错推定仍然属于过错责任原则，其主

拓展阅读
过错的认定标准：
主观说与客观说

---

〔1〕　参见王利明：《违约责任论》，中国政法大学出版社 1996 年版，第 106 页。

〔2〕　参见叶林：《违约责任及其比较研究》，中国人民大学出版社 1997 年版，第 226 页。

要区别在于过错的举证责任负担情况的不同。

四、免责事由

在合同的履行过程中，虽然一方当事人没有履行合同或履行不符合约定，但当违约方存在法定的或当事人约定的特殊事由时，违约方并不承担违约责任，此即为免责事由。在合同订立之后可能会存在不能完全履行之风险，而通过对免责事由进行事前约定，可以事前对风险进行预防，并能在风险发生之时在双方之间合理的分配责任。免责事由包括法定和约定两种情形。

（一）不可抗力

关于不可抗力存在主观说、客观说以及折中说三种学说，我国《民法典》第 180 条第 2 款规定："不可抗力是不能预见、不能避免且不能克服的客观情况。"因此，我国对不可抗力采取的是主观与客观相结合的学说；[1] 从性质上，不可抗力应具备客观性，即其发生是不以人意志为转移的客观事件；但在具体认定一个事件是否可以成为违约方的免责事由时，还必须考虑违约方的主观过错。一方面，该事件的发生不能为违约方所预见，此处应以社会一般人之预见能力为判断标准；另一方面，该事件的发生违约方"不能避免并不能克服"，所谓"不能避免"，是当事人已尽到最大之注意义务仍不能防止事件之发生；所谓"不能克服"，是指当事人已尽到最大努力仍不能克服事件所导致的损害后果而使合同不能继续履行。

通常来说，不可抗力包括自然灾害、政府行为、社会异常事件等情形，但上述情形是否构成不可抗力仍需按照上述标准具体对待。

（二）债权人过错

债权人过错，是与有过失的一种形态，[2]《民法典》第 592 条第 1 款规定，当事人都违反合同的，应各自承担相应的责任。当事人没有及时采取措施致损失扩大的，无权就扩大部分的损失

---

〔1〕 参见王家福主编：《中国民法学·民法债权》，法律出版社 1991 年版，第 499 页。

〔2〕 对于债权人过错和与有过失的关系，学界存在争议，一般认为，债权人过错是与有过失的一种情形。

要求赔偿，债权人应承担因自己过错而致使损失扩大部分的责任。

此外，《民法典》合同编也有因债权人的过错，债务人可免责之规定。例如，在货运合同中，由于托运人、收货人的过错造成运输过程中的货物毁损、灭失的，承运人不负损害赔偿责任。

（三）免责条款

免责条款，是当事人双方在合同中事先约定的，旨在排除和限制其未来责任的合同条款。首先，免责条款是合同条款，它是合同的组成部分，若当事人欲援引免责条款，其首先必须证明免责条款是合同的组成部分。其次，免责条款是双方当事人事前约定的，双方就争议发生后所达成的免责约定不构成免责条款。最后，当事人约定免责条款旨在排除或限制未来的民事责任。

存在免责条款，但并不意味着免责条款必然有效：

1. 不同于不可抗力、债权人过错，免责条款是基于双方当事人之约定，换而言之，约定免责条款是一种法律行为，其效力判断同法律行为的判断标准相似，即不得以重大误解、欺诈、胁迫、乘人之危和显失公平之方式订立，其内容不得违反法律、行政法规的强制性规定。

2. 免责条款不得免除造成对方人身损害之责任，也不得免除因故意或过失造成对方财产损失的责任。人身利益对于每个公民来说都至关重要，若允许当事人实现免除，将严重危及法律秩序以及社会公共道德，因此，《民法典》第497条规定，提供格式条款一方不合理地免除或者减轻其责任、加重对方责任、限制对方主要权利的，该条款无效。

3. 格式化的免责条款，不得不合理地免除条款制作人的责任、加重对方的责任，或排除对方的主要权利。格式条款具有便利、成本低等优势，可以促进交易的进行，但由于交易双方的优劣地位，一方权益可能会受到对方侵害，因此，虽然允许双方对责任进行约定，但这种约定必须公平、合理。

法条链接

第四节　继续履行

一、继续履行的概述

继续履行，又叫强制履行、实际履行，是指在违约方不履行合同时，由法院强制违约方继续履行合同债务的违约责任方式。

首先，继续履行是一种合同补救措施，换而言之，该责任形式的内容就是继续履行本应履行之债务，作出本应为之给付，责任的目标在于满足、实现债权人债权之目的，其既可以由债务人履行，也可由他人履行而由债务人负担其代价。其次，之所以又叫强制履行，就是因为继续履行是借助国家的强制力量而强迫当事人履行，因此，其具有强制性。但继续履行并不等同于诉讼法上的强制执行。前者是民法上的概念，是违约责任的方式之一，其以违约为前提，而后者是诉讼法上的概念，以不履行生效裁判为条件，是实现民事裁判的方式之一。但两者又有关联，若法院判决债务人继续履行，而债务人不履行生效判决，则法院可以强制执行，包括直接强制、间接执行以及代替执行。

二、继续履行的具体样态

（一）限期履行

在一方拒绝履行、迟延履行或不完全履行等情形下，守约方可以提出宽限期或延展期，即提出一个新的履行期限，由违约方在该期限内继续按照约定履行合同债务。

（二）采取补救措施

如果合同一方当事人所交付的标的物不符合合同要求或提供的成果不合格，而债权人仍需要的，可以要求债务人进行修理、更换或重做。对于标的物不合格，而修理可能的，债权人可以要求债务人修理，若不能修理或修理代价过高，债权人可以要求债务人更换标的物。在承揽、建设工程等合同中，债务人交付标的物不合格时，债权人可以要求债务人重做。

三、继续履行的适用范围

合同债务的继续履行因标的物的不同，可以分为金钱债务的继续履行与非金钱债务的继续履行。对于金钱债务，不发生履行不能的问题；而对于非金钱债务，原则上也适用继续履行，但具有下列情形之一的，不适用继续履行。

（一）不能履行

不能履行包括事实不能与法律不能，"法不强人所难"，无论债务人陷入何种状态，都要求其继续履行，是不现实的，也没有现实意义。

（二）债务的标的不适宜强制履行或履行费用过高

依照合同债务之性质不适宜强制履行，例如委托合同、技术开发合同、演出合同等均具有人身专属性，一般都不适宜强制继续履行，此谓对人格尊严、人身自由的尊重。[1] 此外，如果要求债务人继续履行合同债务的代价过于高昂，例如，买卖一进口机器，继续履行的费用明显超过了支付违约金的费用，那么强制继续履行显然对债务人并不公平。

拓展案例
新宇公司诉冯玉梅商铺买卖合同纠纷案

（三）债权人在合理期限内未要求履行

法律不保护躺在权利上睡懒觉的人，因此，当一方违约时，为敦促债权人积极维护自身利益，法律要求债权人应当在合理期限内及时主张权利，行使履行请求权。所谓"合理期间"，既非诉讼时效，也不是除斥期间，而是失权期间，不存在中止、中断的问题，其具体时间长短需要法官在个案中视情况予以认定。所谓"未要求履行"，是指一切主张权利但未采取实际措施的方式，既可以诉讼的方式，也可以诉讼外的其他方式。

（四）其他不适宜强制履行的情形

除了上述情形外，还存在一些特殊情形，也不适用继续履行，例如在发生情势变更时，因不可归责于当事人双方的原因致使合同的履行实在困难，继续履行将显失公平或有违诚实信用时，债务人可以不继续履行。

---

〔1〕　参见张广兴、韩世远：《合同法总则》（下册），法律出版社 1999 年版，第 143 页。

四、继续履行与其他违约责任之间的关系

（一）继续履行与赔偿损失的关系

强制履行与赔偿损失的关系在不同法系中表现有所不同，在英美法系中，违约责任以赔偿损失为主，继续履行主要是作为衡平法上的救济措施而存在；而在大陆法系中，德国与法国亦有所不同，但总的来说，从实效方面，赔偿损失的适用范围更广。[1] 我国合同法将两者并列为违约责任的责任承担方式，当事人可以自由选择。

对于继续履行能否与赔偿损失并用，关键在于单独适用是否能填补守约方因违约而导致的损失以及两者并用所填补的利益是否超过了守约方的损失，换言之，如果两者并用构成了重复填补，则两者不能并用。

（二）继续履行与解除合同的关系

继续履行本身便在于满足债权人之债权，其与解除合同的制度目的相背离，因此，继续履行可以与违约金、赔偿损失、采取补救措施等同时适用，但不能与解除合同同时适用。

（三）继续履行与价格制裁的关系

继续履行可以与价格制裁并用，在合同标的物的价款应当执行政府定价时，当继续履行恰逢政府调整定价的，可以适用《民法典》第 511 条关于价格制裁条款的规定。

法条链接

第五节　赔偿损失

一、赔偿损失概述

（一）损害赔偿的概述

赔偿损失，又叫损害赔偿，是指债务人不履行合同债务时依法赔偿债权人所受损失的责任。赔偿损失的立法方法有恢复原状主义、金钱赔偿主义以及法院裁量主义。[2] 我国《民法典》第

---

〔1〕　参见韩世远：《合同法总论》，法律出版社 2018 年版，第 763 页。

〔2〕　参见孙森焱：《民法债编总论》（上册），法律出版社 2006 年版，第 368 页。

179 条将返还财产、恢复原状并列规定，因此，我国采取的是金钱赔偿主义。

（二）损害赔偿的分类

根据损害赔偿适用的场合，可以将违约损害赔偿分为填补赔偿、迟延赔偿和单纯赔偿。

填补赔偿，一般出现于履行不能、拒绝履行等场合，是以损害赔偿的方式代替原定债务的履行。

迟延赔偿适用于履行迟延的情形，债权人因债务人履行迟延而遭受损失的，债权人除了请求债务人继续履行之外，还可以要求其承担迟延赔偿的责任。

单纯赔偿，适用于加害给付的场合，是对债权人因债务人的违约行为而造成的人身和财产方面的固有利益损失所作的赔偿。

二、违约损害赔偿的责任构成

违约损害赔偿是违约责任的主要方式之一，因此，其责任构成应当遵循违约责任的一般构成要件，即欲构成违约损害赔偿须存在违约行为、违约方对违约行为存在主观过错并且没有免责事由。除此之外，违约损害赔偿还需要损害和因果关系两项要件。

（一）损害

1. 损害的概念。从比较法来看，世界各国对损害的认识一般分为损害差额说和现实损害说（组织说）这两个学说。我国《民法典》第 584 条规定，当事人一方不履行合同或履行合同不符合约定，造成对方损失的，损害赔偿额应相当于因违约所造成的损失，包括合同履行后可以获得的利益；但是，不得超过违约一方订立合同时预见到或应当预见到的因违约可能造成的损失。对于损害的概念，应当从以下几个方面理解：

（1）这里的损害主要是指财产损害。广义上的损害不仅包括财产损失，还包括人身、精神等非财产损失；狭义的损害则仅包括财产损害，人身损害主要由侵权法调整。[1] 我国违约损害赔偿并不赔偿精神损失，因此，这里的损害主要是指财产上的损害。

（2）这里的损害不仅包括"所受损失"，还应当包括"可得

拓展阅读
损害的概念：
损害差额说、
现实损害说
（组织说）以
及规范说

─────────────
〔1〕 参见崔建远主编：《合同法》，法律出版社 2016 年版，第 261 页。

利益的损失"两个方面。[1]

（3）损害必须是可以被确定的。赔偿损失一般都是以金钱的方式加以计算的，因此，损害必须能够确定，此外，损害的确定性要求也可以方便举证。

2. 损害的类型。

（1）财产损害和非财产损害。财产损害是指一切对财产所造成的不利益，其不仅包括财产本应增加而未增加的损害，还包括财产本不应减少而减少的损害。所谓非财产的损害，则包括人身损害和精神损害。如前所述，我国违约行为导致的损害主要是财产的损害。[2]

（2）直接损害和间接损害。所谓直接损害，是指因损害事故的发生而导致债权人现有财产减少的数额；所谓间接损害，是指因损害事故的发生导致债权人财产应增加而未增加的数额。

（3）履行利益损害和信赖利益损害。履行利益，又叫期待利益，是指当有效成立的合同被正常履行时债权人可以获得的利益，因合同未被履行而导致应当获得的利益没有获得即为履行利益的损害。例如当事人不履行合同义务或履行合同义务不符合约定，给对方所造成的损失，即为履行利益损害。

所谓信赖利益，是指基于对被告之允诺的信赖，原告改变了自己的处境。例如合同无效或被撤销后，有过错的一方应当赔偿对方因此受到的损失，此即信赖利益损失，当然，信赖利益并不仅局限于合同无效、不成立和被撤销等情形，合同有效时也可能发生信赖利益的损失。

拓展案例
中国农业银行城口县支行与城口县岚天乡种植养殖场缔约过失责任赔偿纠纷案

---

〔1〕 在赔偿损失的范围上，世界各国的法律是大同小异的：英美法系认为，赔偿应当使非违约方在经济上处于该合同得以履行的地位，赔偿范围包括现实损害和所失的利益；大陆法系也认为，赔偿损失的范围应包括因违约所受的现实损害和所失可得利益。在本质上，两大法系关于赔偿损失范围的观点是一致的。根据我国《民法典》第584条的规定，赔偿损失的范围也应当包括可得利益。

〔2〕 目前我国现行法律对违约行为导致的精神损害可否请求赔偿，意见不一。（参见崔建远主编：《合同法》，法律出版社2016年版，第262页。）造成这种现象的原因是我国立法在此问题上规定不明确。但是在司法实践中，有的法院判决应该说承认了债务不履行时的非财产损害赔偿。对此，我国的大部分学者均主张应承认对违约场合非财产上损害的赔偿。（参见韩世远："非财产上损害与合同责任"，载《法学》1998年第6期；崔建远："论违约的精神损害赔偿"，载《河南省政法干部管理学院学报》2008年第1期；崔建远："精神损害赔偿绝非侵权法所独有"，载《法学杂志》2012年第8期。）

（二）因果关系

若欲对违约方课以损害赔偿责任，不仅要求其存在违约行为和损害后果，违约行为和损害后果之间还必须具备因果关系，所谓因果关系，即违约行为与损害后果之间的相互联系。一般来说，因果关系的价值体现在责任成立与否和责任范围这两个方面，但侵权法与合同法中医果关系的侧重点并不相同，侵权法上的因果关系的价值更多地体现在责任成立与否之上；而违约损害赔偿责任的因果关系的价值主要体现在责任承担范围上。原因在于：一方面，合同当事人之间存在特别结合关系，因果关联更加直观；另一方面，与侵权法主要赔偿固有利益不同，合同法更侧重于对期待利益的赔偿，赔偿范围更加复杂多样。[1] 但这种区分并不绝对。因果关系对违约责任成立同样重要。

三、违约损害赔偿的范围

（一）确定损害赔偿范围的一般原则

1. 完全赔偿原则。所谓完全赔偿原则，是指违约方应对其违约而引起的受害人的全部损失承担赔偿责任。换言之，违约方不仅应当赔偿对方因其违约而引起的现实财产的减少，而且应赔偿对方因合同履行而可能得到的履行利益。

2. 可预见性原则。完全赔偿是从保护守约方的利益出发而制定的原则，但这种赔偿不应当漫无边界，否则将会导致对违约方的不公平。因此，许多国家（立法例：《美国统一商法典》第74条、《联合国国际货物销售合同公约》第74条、《法国民法典》第1150条）都将赔偿范围限定在了可预见的范围之内。

（1）预见的主体。预见的主体为违约方，当然，违约方也必须同时具备预见的能力，一般来说，应当以一个抽象的合理人的预见能力为参考标准，[2] 如果这个抽象的一般人在该情况下能够预见，则可以判定违约方可以预见。

（2）预见的时间。违约方预见的时间为缔结合同时，在订立

---

〔1〕 参见韩世远：《违约损害赔偿研究》，法律出版社1999年版，第148页。
〔2〕 我国《民法典》第584条第1款后段明确规定可得利益的赔偿"不得超过违反合同一方订立合同时预见到或者应当预见到的因违反合同可能造成的损失"，这一规定确立了预见的主体为违约方。

合同时，双方当事人都会对各种事项和风险进行约定，如果要求违约方承担其在订立合同时无法预见的风险，则对其要求过于严苛。

（3）预见的范围。对于违约方在订立合同时应当预见损害的范围，通说认为，[1] 预见的内容应当包括引起损害的种类，而不必预见到损害的具体范围。

（二）确定损害赔偿范围的特殊规则

1. 与有过失。

（1）与有过失的概念。与有过失，又叫过错相抵，是指非违约方对违约所造成的损失也有过失时，应减轻违约方的赔偿责任。归责原则为严格责任的合同法，是否能够适用与有过失规则，理论上存在争议，[2] 但我国一般认为，合同法可以适用与有过失规则，最高人民法院《关于审理买卖合同纠纷案件适用法律问题的解释》第 30 条规定："买卖合同当事人一方违约造成对方损失，对方对损失的发生也有过错，违约方主张扣减相应的损失赔偿额的，人民法院应予支持。"

（2）与有过失的构成要件。

第一，非违约方须对损失的发生具有过错。这里的过错包括故意和过失，但这种过错不能成立违约，否则即成立双方违约。

第二，守约方的过错行为导致或扩大了损失。换句话说，守约方的过错与损失的发生或扩大具有因果关系。

2. 违约损害赔偿的计算减损规则。减损规则是指当合同一方当事人违约时，守约方有义务采取措施防止损失的扩大，若守约方没有采取适当措施防止损失扩大的，不得就扩大的损失要求违约方赔偿。理论上将这种减轻损失的义务归为不真正义务，减损义务大多来源于法律的直接规定，也可由当事人自行约定，既包括积极的作为义务，也包括消极的不作为义务。

---

〔1〕 关于预见的内容，存在两种不同的主张，一种主张以法国法现代的规则为代表，要求损害的类型与程度均应是可预见的；另一种主张以英国法为代表，认为只要被告本可预见到损害的类型或种类即可，无须预见到损害的程度或数额。我国《民法典》第 584 条第 1 款并未特别规定是否要求预见到损害的程度或者数额，对此，有学者认为在解释上最好将预见的内容规定为："只要求预见损害的类型而无须预见损害的程度。"（参见崔建远主编：《合同法》，法律出版社 2016 年版，第 265 页。）

〔2〕 参见崔建远主编：《合同法》，法律出版社 2016 年版，第 266 页。

减损规则的目的是促使受害人采取合理措施减轻损失，避免社会资源的浪费，因而，受害人的行为应当以行为时为判断时点，而不能进行事后判断，同时，只要行为人尽力挽救损失了，即使损失不可避免地发生或扩大了，也应当认为行为人采取了合理措施。减轻损害的措施具体包括停止工作、替代安排、变更合同、继续履行等。

3. 损益相抵。所谓损益相抵，是指一方因对方违约而获得利益时，在计算损失额时，应当扣除该部分利益。最高人民法院《关于审理买卖合同纠纷案件适用法律问题的解释》第 31 条规定："买卖合同当事人一方因对方违约而获有利益，违约方主张从损失赔偿额中扣除该部分利益的，人民法院应予支持。"从这一规定，可以看出我国认可损益相抵规则。

应扣除的利益种类繁多，须个案认定，具体可分为中间利息、所得税、房屋及地价税、营利事业所得税、商业保险金、有缺陷的标的物的价值以及第三人给付等利益。

损害赔偿不仅是一个计算具体数额的事实问题，就如何确定赔偿额的大小以确保公正、合理而言，其同样是一个法律问题。赔偿损失的目的在于填补受害人所遭受的损害，[1] 为达到此目的，赔偿损失的计算方法也会表现出不同。

赔偿损失的计算方式包括抽象的计算方式和具体的计算方式两种。抽象的计算方式，又叫客观的计算方式，是指在计算数额时仅考虑普通因素；具体的计算方式，又叫主观的计算方式，是指在计算时不仅要考虑普通因素，还要考虑一些特别因素。所谓普通因素，是指某类损害共同存在的因素，不因受害人的不同而有所差别；所谓的特别因素，是指因受害人的不同而存在差别的因素，例如受害人的经济状况、社会地位、身体或智力上的差异。主观的计算方式旨在恢复债权人实际遭受的全部损失，而客观的计算方式并不侧重于债权人的特定损失，但却要给他一种合理的赔偿。通说认为，[2] 赔偿损失应以抽象计算为主，以具体计算为辅，以切实维护债权人之利益。

法条链接

---

〔1〕　参见黄立：《民法债编总论》，中国政法大学出版社 2002 年版，第 371 页。

〔2〕　参见崔建远主编：《合同法》，法律出版社 2016 年版，第 271 页。

第六节　违约金

一、违约金的概述

（一）违约金概念与特征

违约金，是指由当事人约定或法律直接规定的，一方当事人违约时向另一方当事人支付一定数额的金钱或其他给付。对于违约金的特点，可以从以下几个方面理解：

1. 违约金的客体是金钱或其他给付。一般来说，违约金的客体都是金钱，但当事人也可以约定为其他给付，例如物、行为、权利等，来代替金钱给付。

2. 违约金须于违约时支付。需要等到违约行为的实际发生，至于究竟是履行不能、拒绝履行、履行迟延、不完全履行等何种违约行为，则应当视当事人的意思或法律规定的目的而定。与交付定金者既可以是债权人，也可以是债务人不同，违约金只能由违约方支付。此外，违约金通常是向债权人支付，但当事人约定向第三人支付的除外。

3. 违约金合同是诺成合同。《民法典》第 585 条第 1 款规定，当事人可以约定一方违约时应当根据违约情况向对方支付一定数额的违约金，也可以约定因违约产生的损失赔偿额的计算方法。违约金的支付是在违约时而非订立合同时，因此，违约金合同是诺成合同，此点与定金合同有所不同，后者为实践合同。

（二）违约金的功能

1. 违约金责任是违约责任的一种，因此，违约金责任也具有补偿性，旨在弥补或补偿因违约行为所造成的损害后果。违约金责任的补偿性是民法公平原则的体现，当守约方因违约方的违约行为而遭受损失时，违约方必须向守约方予以补偿以实现双方利益的平衡。

2. 违约金也是债权人掌握的一种施加压力的手段，即债务人为避免支付违约金，便会竭力履行其债务，因此，从这个角度，违约金也具有担保合同实现的功能。

3. 违约金责任也可以简化债权人主张违约责任的方式。对于违约损害赔偿，债权人需要承担诸多举证责任，而对于违约金责任，当事人无需逐个举证损害存在，而可以直接主张。

二、违约金的种类

(一) 惩罚性违约金与赔偿性违约金

惩罚性违约金，又被称为固有意义上的违约金，是指当事人约定或依法律规定，对于违约所确定的一种制裁。在惩罚性违约金的场合，当债务人违约时，债权人除了可以请求债务人支付违约金之外，还可以要求其承担违约损害赔偿的责任。

赔偿性违约金，是指当事人双方预先估计损害赔偿额。当债务人违约时，债权人不得同时请求债务人支付违约金和违约损害赔偿，以避免债权人重复填补损失。

我国《民法典》第585条规定，当事人可以约定一方违约时应当根据违约情况向对方支付一定数额的违约金，也可以约定因违约产生的损失赔偿额的计算方法。约定的违约金低于造成的损失的，人民法院或者仲裁机构可以根据当事人的请求予以增加；约定的违约金过分高于造成的损失的，人民法院或者仲裁机构可以根据当事人的请求予以适当减少。当事人就迟延履行约定违约金的，违约方支付违约金后，还应当履行债务。这里的违约金是指赔偿性违约金，但如果当事人约定了惩罚性违约金，只要不违背法律的强制性规定，则该约定有效。如果当事人并没有明确约定为惩罚性违约金的，推定其为赔偿性违约金。

(二) 法定违约金与约定违约金

依违约金的发生原因不同，可以将违约金分为法定违约金与约定违约金。法定违约金是由法律直接规定的固定数额的违约金；约定违约金则是当事人在合同中约定的违约金。

三、违约金的成立

1. 违约金责任，作为一种从债务，成立的前提是存在着有效的合同关系，如果主债务不成立、无效、不被追认或被撤销时，违约金债务也就不成立或无效。不过，当合同被解除时，合同的违约条款仍可援用，此为合同的结算与清理条款，其效力不因合同的解除而受到影响。

2. 要有违约行为的存在，至于违约行为的类型，应视当事人的约定或法律的直接规定而定。

3. 违约金责任的构成是否要求违约人具有过错？对此应当区分类型，作具体分析。

（1）如果当事人约定违约金的成立以一方当事人有过错为要件的，依其约定。

（2）在《民法典》合同编以及单行法规中特别规定违约责任为过错责任的场合，违约金责任的成立应当要求过错要件。

（3）在惩罚性违约金场合，由于其目的在于给债务人心理上制造压力，促使其积极履行债务，同时在债务不履行场合，表现为对过错的惩罚，因而，应当要求以债务人的过错作为其承担惩罚性违约金的要件。

（4）在赔偿性违约金场合，除前述特别情形外，不要求以过错为成立要件。原因在于，其性质是损害赔偿额的预定，强调的是对因违约造成的损害的补偿，不必要求过错之归责事由，这也符合合同法所采纳的严格责任原则。[1]

4. 损害的存在。对于赔偿损失所预定的违约金，有推定损害发生的效力，但允许当事人举证推翻。对于惩罚性违约金，因其非为损害赔偿，故违约金的发生不以损害为必要。[2]

四、违约金的调整

契约自由是合同法最基本的原则，当事人可依法自由地对合同内容进行约定，此外，契约严守也是合同法的重要原则之一，即对于合同所约定的内容，当事人必须严格遵守。但过分的契约自由和僵化的契约严守原则也可能造成显失公平的结果，因此，《民法典》对于违约金的数额予以一定程度的规制和调整。通常认为，商事合同违约金的调整应审慎进行。

（一）违约金高低的比照标准

《民法典》第585条第2款规定，约定的违约金低于造成的损失的，人民法院或者仲裁机构可以根据当事人的请求予以增

---

[1] 参见韩世远：《合同法总论》，法律出版社2011年版，第659页。
[2] 参见史尚宽：《债法总论》，中国政法大学出版社2000年版，第520页。

加；约定的违约金过分高于造成的损失的，人民法院或者仲裁机构可以根据当事人的请求予以适当减少。因此，违约金是否妥当的标准是因违约而给当事人造成的损失。

《合同法解释（二）》第 28 条规定："当事人依照合同法第 114 条第 2 款的规定，请求人民法院增加违约金的，增加后的违约金数额以不超过实际损失额为限。增加违约金以后，当事人又请求对方赔偿损失的，人民法院不予支持。"第 29 条第 1 款规定："当事人主张约定的违约金过高请求予以适当减少的，人民法院应当以实际损失为基础，兼顾合同的履行情况、当事人的过错程度以及预期利益等综合因素，根据公平原则和诚实信用原则予以衡量，并作出裁决。"

（二）违约金数额的增加

《民法典》第 585 条第 2 款规定，……约定的违约金低于造成的损失的，人民法院或者仲裁机构可以根据当事人的请求予以增加。因此，对于约定的违约金低于违约方给守约方造成的实际损失的，当事人可以向法院或仲裁机构请求增加。但须注意，这种权利是一种请求权，对于是否准予增加，需要法院或仲裁机构根据案件的具体情形依职权裁定。此外，增加后的违约金数额以不超过实际损失额为限，增加违约金以后，当事人不得再要求对方赔偿损失。

（三）违约金数额的适当减少

《民法典》第 585 条第 2 款规定，……约定的违约金过分高于造成的损失的，人民法院或者仲裁机构可以根据当事人的请求予以适当减少。注意这里的用词，这里的高于是"过分高于"，这里的减少是"适当减少"。对于"过分高于"的判断标准，《合同法解释（二）》中第 29 条第 2 款规定："当事人约定的违约金超过造成损失的 30%的，一般可以认定为合同法第 114 条第 2 款（现为《民法典》第 585 条第 2 款）规定的'过分高于造成的损失'。"

对于约定的违约金过分高于实际损失的，债务人可以向法院或仲裁机构请求减少，这里的请求也是一种请求权，是否允许应当由法院或仲裁机构自由裁量，这是区别于减价请求权的关键，后者是一种形成权。

此外，这里的减少是"适当减少"，这是一个综合判断标准。当事人主张约定的违约金过高，请求予以适当减少的，人民法院应当以实际损失为基础，兼顾合同的履行情况、当事人的过错程度以及预期利益等综合因素，根据公平原则和诚实信用原则予以衡量。

五、违约金责任与其他违约责任的关系

（一）违约金与继续履行

惩罚性违约金可以和包括继续履行、违约损害赔偿在内的其他违约责任并用。但对于赔偿性违约金与继续履行能否并用，则应视情况而定。

1. 履行不能、履行拒绝。如果违约金是针对履行不能、履行拒绝这种完全不履行的情形约定的，是作为替代债务不履行的损害赔偿（填补赔偿）的赔偿额预定，违约金的约定并不使履行请求权消灭。在实际发生履行不能的场合，履行请求权归于消灭，只能请求违约金。在履行拒绝场合，则出现履行请求权与违约金请求权并存的局面，由于这时两项请求权实际指向的对象是相同或相当的，故债权人只能选择一种主张，不能二者兼得，否则，就等于让债权人获取双份的利益。

2. 履行迟延。如果违约金是针对履行迟延约定的，只要当事人没有特别表明其属于惩罚性违约金，即推定为对于因迟延履行所生损害的赔偿额预定，换言之，是迟延赔偿额的预定。在债务人履行迟延场合，一方面债权人仍享有履行请求权，另一方面，债权人又享有违约金请求权，因两项请求权指向的对象并不相同，因而可以同时主张，并行不悖。

3. 不完全履行。如果违约金是针对不完全履行约定的，只要当事人未特别言明，宜推定为对于因不完全履行所造成的损害的赔偿额预定。因此，可以与不完全履行部分的填补赔偿一并请求；在部分履行对债权人无意义场合，则可以与全部的填补赔偿一并请求。

（二）违约金与违约损害赔偿

赔偿性违约金能否与违约损害赔偿并用，应视情形而定。对于抵消性违约金，即损害赔偿最低限额的预定的违约金，可与违

约损害赔偿并用，但这里的违约损害赔偿针对的是抵消性违约金仍未填补的部分损失。对于排他性损害赔偿，其性质本身排除其他形式的违约责任形式。

（三）违约金与定金

《民法典》第 588 条第 1 款规定，当事人既约定违约金，又约定定金的，一方违约时，对方可以选择适用违约金或者定金条款。但学界对此对此存在不同看法，[1] 违约金能否并用，应视定金的种类与性质而定。

拓展阅读
违约金与定金的关系

（四）违约金与合同解除

《民法典》第 567 条规定，合同的权利义务终止，不影响合同中结算和清理条款的效力。因此，违约金作为合同中的结算与清理条款其效力不因合同的解除而有所不同。

法条链接

第七节 减价权

一、减价权的概述

（一）减价权概念

减价，是指当一方当事人履行不符合约定时，守约方可以在接受不完全履行的基础上按质论价，进而减少合同价款或报酬的情形，对于守约方，其享有的上述权利即为减价权，违约方则应当承担相应的减价责任。这里减少的是"价款"和"报酬"，以买卖合同为典型的有偿合同减少的是价款；对（有偿）保管、仓储合同、（有偿）委托合同等提供服务的合同，其减少的是报酬。

拓展阅读
减价权的性质

（二）减价权的法律性质

对于减价权究竟是请求权还是形成权，学界曾展开激烈探讨，[2] 一般认为，我国《民法典》上的减价权是一种形成权。

二、减价权的成立

《民法典》第 582 条规定，履行不符合约定的，应当按照当

---

〔1〕 参见江平主编：《民法学》，中国政法大学出版社 2000 年版，第 518 页。
〔2〕 参见韩世远：《合同法总论》，法律出版社 2014 年版，第 848~852 页。

事人的约定承担违约责任。对违约责任没有约定或者约定不明确，依据该法第 510 条的规定仍不能确定的，受损害方根据标的的性质以及损失的大小，可以合理选择请求对方承担修理、重作、更换、退货、减少价款或者报酬等违约责任。减价权的成立需要符合既定的条件。

《民法典》将减价权的成立与否限定在"履行不符合约定的"范围内，也就是说，只有合同标的物的履行不符约定的，才可能成立减价权。另外，对于买卖合同，买受人只有在及时履行了检验并通知的义务时，才能主张减价权。

三、减价权的行使

减价权是一种单纯形成权，是依单方意思表示减少价款或者报酬的权利。减价权人行使这种形成权的行为是一种单方法律行为，减价权人请求债务人承担减少价款或报酬的违约责任时，无需经过债务人的同意。但至于具体减少多少价款则不由减价权人决定，而应当适用法定标准。《最高人民法院关于审理买卖合同纠纷案件适用法律问题的解释》（以下简称《买卖合同司法解释》）第 23 条规定，标的物质量不符合约定，买受人依照《合同法》第 111 条（现为《民法典》第 582 条）的规定要求减少价款的，人民法院应予支持。当事人主张以符合约定的标的物和实际交付的标的物按交付时的市场价值计算差价的，人民法院应予支持。价款已经支付，买受人主张返还减价后多出部分价款的，人民法院应予支持。

法条链接

课后练习与测试

第十章　准合同

本章知识结构图

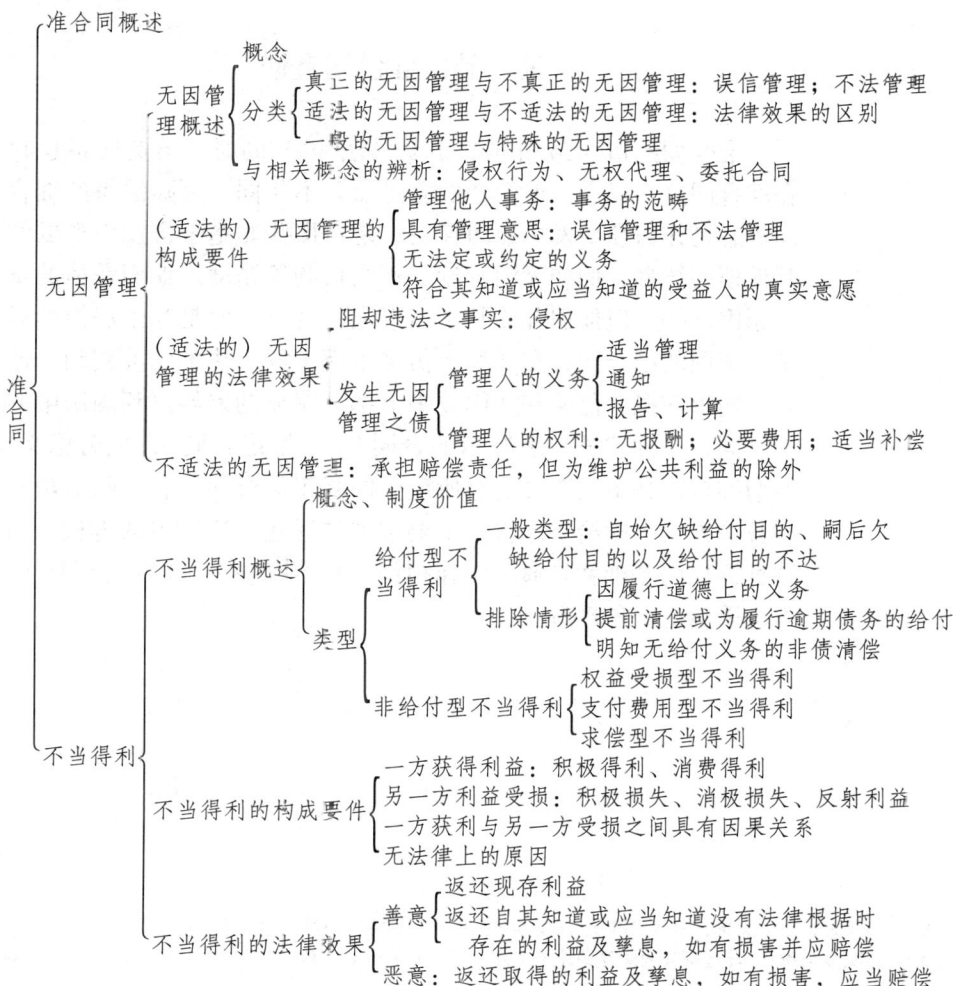

```
准合同概述

              ┌ 概念
              │        ┌ 真正的无因管理与不真正的无因管理：误信管理；不法管理
      无因管  │ 分类 ┤ 适法的无因管理与不适法的无因管理：法律效果的区别
      理概述 ┤        └ 一般的无因管理与特殊的无因管理
              └ 与相关概念的辨析：侵权行为、无权代理、委托合同

                              ┌ 管理他人事务：事务的范畴
      （适法的）无因管理的 │ 具有管理意思：误信管理和不法管理
      构成要件             ┤ 无法定或约定的义务
                              │ 符合其知道或应当知道的受益人的真实意愿
                              └ 阻却违法之事实：侵权

无因管理                                        ┌ 适当管理
      （适法的）无因        ┌ 管理人的义务 ┤ 通知
      管理的法律效果 ┤ 发生无因          │ 报告、计算
                        └ 管理之债        └ 报告、计算
                                          └ 管理人的权利：无报酬；必要费用；适当补偿

      不适法的无因管理：承担赔偿责任，但为维护公共利益的除外

                        ┌ 概念、制度价值
                        │                              ┌ 一般类型：自始欠缺给付目的、嗣后欠
准合同                  │                 ┌ 给付型不   │    缺给付目的以及给付目的不达
                        │                 │ 当得利     ┤           ┌ 因履行道德上的义务
                        │ 不当得利概述 ┤                └ 排除情形 ┤ 提前清偿或为履行逾期债务的给付
                        │                 │ 类型                    └ 明知无给付义务的非债清偿
                        │                 │           ┌ 权益受损型不当得利
                        │                 └ 非给付型不当得利 ┤ 支付费用型不当得利
                        │                                     └ 求偿型不当得利
              不当得利 ┤
                        │                 ┌ 一方获得利益：积极得利、消费得利
                        │ 不当得利的      │ 另一方利益受损：积极损失、消极损失、反射利益
                        │ 构成要件      ┤ 一方获利与另一方受损之间具有因果关系
                        │                 └ 无法律上的原因
                        │
                        │                 ┌ 返还现存利益
                        │ 不当得利的      │ 善意 ┌ 返还自其知道或应当知道没有法律根据时
                        └ 法律效果      ┤      └   存在的利益及孳息，如有损害并应赔偿
                                          └ 恶意：返还取得的利益及孳息，如有损害，应当赔偿
```

本章重点内容讲解

无因管理可以分为真正的无因管理和不真正的无因管理，以事务管理之承担是否适当为标准，又可以将真正的无因管理分为适法的无因管理与不适法的无因管理。无因管理的构成要件包括管理他人事务、具有管理意思、无法定或约定义务以及符合其知道或应当知道的受益人的真实意思。适法的无因管理阻却违法的法律事实，在当事人之间形成无因管理之债。不当得利包括给付型不当得利与非给付型不当得利。不当得利的构成要件包括一方获利、一方利益受损，两者之间具有因果关系以及无法律上的原因。一方构成不当得利的，在双方之间构成不当得利之债，但根据得利人得利时是否有法律上原因，其返还范围有所不同。

第一节　准合同概述

准合同的概念最初起源于罗马法，[1] 同时，英美法系也存在准合同这一概念，但两者的立足点并不相同。大陆法系的准合同概念是作为债的发生原因存在，是对那些非基于合意而形成的其他债的统称，例如无因管理、不当得利等制度，他们是债的发生原因之一，但他们并非基于当事人的合意，而是基于法律的规定。英国的准合同，在名称上仿佛重现了罗马法上的准契约，但是，两者在概念范畴和法律效果上都有明显的差异。英国法中的准合同，又称"法律上默示的合同"、"推定合同"，顾名思义，所谓准合同并不是双方合意所产生的真正的合同，它实际上是一种救济方式，即给予原告一个要求被告返还不法所得的诉权，而这种诉权的基础就是通过法律拟制，推定存在一个默示合同。[2]本文采纳前一种理解。

---

〔1〕 参见周枏、吴文翰、谢邦宇编著：《罗马法》，群众出版社1994年版，第249页。

〔2〕 参见廖艳嫔："英国准合同制度的演变之路：英美法系返还法的滥觞"，载《比较法研究》2014年第5期。

第二节　无因管理

一、无因管理概述

（一）无因管理概念

无因管理，是指没有法定的或约定的义务，为避免他人利益受损失，自愿管理他人事务或为他人提供服务的行为。管理他人事务的人，为管理人；事务被管理的人，为本人。无因管理发生后，管理人与本人之间便发生债权债务关系，这就是无因管理之债。

（二）无因管理的分类

1. 真正的无因管理与不真正的无因管理。以管理人是为本人还是为自己的事务管理为标准，可以将无因管理分为真正的无因管理和不真正的无因管理。真正的无因管理，也是我国现行立法所确立的无因管理，[1] 是指管理人具有管理意思，无法律义务而为本人管理事务的行为。不真正的无因管理，是指非为他人利益而管理他人事务的行为。由于管理人无为他人利益管理的意思，自然不能成立无因管理。其主要情形有二：误信管理；不法管理。所谓误信管理，是指管理人误将他人的事务当作自己的事务来管理。所谓不法管理，是指明知是他人的事务，但仍将其作为自己的事务管理。两者主观上都没有管理他人事务的意思，因此，不属于真正的无因管理。

2. 适法的无因管理与不适法的无因管理。这是以事务管理之承担是否适当对真正的无因管理作的分类。依德国法理论，[2] 事务管理之承担符合本人意思及利益（管理系为本人尽公益上之义务，或为履行法定扶养义务者除外）构成适法无因管理；管理事务的承担违背本人真实的或可推知的意思，且管理人可以辨认的，构成不适法无因管理。

3. 一般的无因管理与特殊的无因管理。以管理人是否取得

---

〔1〕　参见《民法典》第 121 条的规定。
〔2〕　参见王泽鉴：《债法原理》，中国政法大学出版社 2001 年版，第 326 页。

拓展阅读

报酬为标准可以将无因管理分为一般的无因管理与特殊的无因管理。在一般的无因管理中，管理人只享有向本人请求偿还管理费用的请求权，而无报酬请求权。在特殊的无因管理中，管理人除了可以向本人主张返还管理费用外，还享有报酬请求权。

（三）无因管理与相关概念的辨析

1. 无因管理与侵权行为。无因管理和侵权行为在一定程度上都是对他人权益的侵害，但两者并不相同。其一，价值考量不同。无因管理制度中需要调和的价值是"禁止干涉他人事务"与"鼓励人们团结互助"。[1] 在侵权行为法领域，需要加以考量协调的价值是权益的保护与行为自由的维护，既不能因漫无边际地保护所谓的"权益"而严重限制人们的行为自由，也不能任由加害人损害他人的合法权益。其二，主观目的不同，无因管理中管理是为了本人之利益行事，具有管理的意思；而侵权行为中行为人的主观则存在过错，且并不存在管理的主观意愿。事实上，适法的无因管理所发生的法律效果正在于阻却其违法性的发生。[2]

2. 无因管理与无权代理。在无因管理与无权代理中，行为人是未经授权而处理他人的事务，但两者并不相同：其一，无权代理中代理人需要以本人之名义行事；而无因管理中管理人并不需要以本人之名义管理其事务。其二，无权代理中代理人为的是法律行为，因此，代理人应当具备相应的行为能力；而无因管理中管理人既可以实施事实行为，也可以实施法律行为，管理人没有行为能力的要求，只要具备管理的能力即可。[3] 其三，在无权代理中，若被代理人对代理人的无权代理行为予以追认，则无权代理转变成为有权代理，其代理行为对被代理人生效，反之，则不生效；但在无因管理中，并不存在追认的问题，被管理人是否追认并不会对无因管理的法律效果产生影响。

3. 无因管理与委托合同。无因管理与委托合同有着明显区别，前者并没有法律上的原因，而后者在处理他人事务时，遵循委托合同约定和《民法典》的相关规定。但无因管理人管理他人

---

〔1〕 参见王家福主编：《中国民法学·民法债权》，法律出版社1991年版，第585页。

〔2〕 参见黄立：《民法债编总论》，中国政法大学出版社2002年版，第175页。

〔3〕 参见史尚宽：《债法总论》，中国政法大学出版社2000年版，第58页；孙森焱：《民法债编各论》（上册），法律出版社2006年版，第97页。

事务并经受益人事后追认的，从管理事务时起，适用委托合同的规定。

二、（适法的）无因管理的构成要件

（一）管理他人事务

1. 无因管理的成立，首先须有进行事务管理的事实存在。所谓事务，是指与人们生活利益相关的一切事项，既可以是有关财产的事务，例如修缮他人的房屋，也可以是与财产无关的事务，例如送迷路的孩子回家；既可以是一时性的事务，也可以是继续性的事务；既可以是事实行为，也可以是法律行为。但下列事务被排除在无因管理中事务的范围外：①违法的事项，如代为看管、窝藏赃物的行为；②不适合作为债务的纯粹宗教、道德、习俗及社会公益的事项；③纯属自己的事务；④非经本人授权不得办理的事项，例如放弃抚养权；⑤单纯的不作为。

2. 无因管理的事务必须是他人的事务，而非管理人的事务。事实上，性质上属于自己的事务，即使误以为他人事务而管理，也不成立无因管理。所谓他人事务，是指事务之内容及实现该事务的利益应属于他人或与他人利益有着密切联系，可分为两种情况：其一，客观的他人事务，这些事务于客观权利归属上便属于他人利益范畴，如收留迷路的孩子。其二，主观的他人事务，该事务在性质上不当然与特定人有结合关系，是否为他人事务由管理人的意思决定。

3. 须管理他人的事务。所谓管理，指对事务进行处理，实现事务的价值内容的行为，管理人的行为可以是法律行为，也可以是事实行为，因此，并没有行为能力的要求，无民事行为能力和限制行为能力的人只要具备管理能力，都可以实施无因管理。此外，管理人若以本人的名义实施法律行为，成立无权代理，但无因管理的成立不会因无权代理而受到影响。

（二）具有管理意思

所谓管理意思，指管理人在管理事务时具有为他人谋利益的意思，即将因管理人之事务管理所生事实上的利益，归属于本人

拓展案例
宁波市鄞州润兴服饰有限责任公司与郑明华返还垫付款纠纷上诉案

的意思。成立无因管理必须具备管理意思，[1] 没有管理意思的，不成立无因管理，例如前述的误信管理和不法管理。管理者在为他人谋利益时兼顾自身利益而管理他人事务的，同样构成无因管理。

（三）无法定或约定的义务

无因管理上的"无因"是指没有法律上的原因，即没有法定的或约定的义务。如果此义务是基于当事人的约定或依法律之规定而发生的，其关系应依契约或法律的规定，自不适用关于无因管理的规定。如依委托、承揽、保管、运输、合伙、雇佣等合同而管理他人事务，是履行合同义务的行为，并不构成无因管理，应适用《民法典》的规定；又如父母对未成年子女进行监护，成年子女赡养、照顾年老的父母是依照法律的直接规定而履行法定义务又或遗嘱执行人依遗嘱分配遗产等，也不构成无因管理。当然，如管理人虽然负有法律上的义务，但在管理他人事务时超出自己的义务范围，其超出义务范围的部分，仍然属于没有义务而管理事务，应成立无因管理。

（四）符合其知道或应当知道的受益人的真实意愿

无因管理应当符合其知道或应当知道的受益人的真实意愿，这一要件是其区别于不适法的无因管理的关键。但在以下情况下，即便管理人违反了本人明示和可得推知的意思，也可以成立适法的无因管理：其一，为维护公共利益，例如替其缴纳税费；其二，为本人履行法定义务，例如甲遗弃重病的妻子，乙为其支付生活费；其三，本人之意思违反公共秩序或善良风俗，例如，救助想要自杀的人。

三、（适法的）无因管理的法律效果

（一）阻却违法之事实

无因管理是对他人事务的干预，因此可能侵害到他人的权益。例如修缮他人的房屋，便侵害了其所有权，这些行为本应构成侵权行为，但无因管理本质上是行为人之间的帮助行为，其管理有利于本人，且不违背当事人之间明示或可得推知的意思，因

拓展案例
徐州飞天科技发展有限公司诉徐州经济技术开发区大庙街道办事处等无因管理纠纷案

---

[1] 参见黄茂荣：《债法各论》（第1册），中国政法大学出版社2004年版，第208页。

此，并不构成侵权行为。

（二）发生无因管理之债

管理人的无因管理行为一经成立，则自动在管理人与本人之间形成无因管理之债，同时，本人因无因管理取得的利益具有法律上的原因（无因管理即为此法律上的原因），即便管理人因此而受到损失，两者之间也不成立不当得利之债。

1. 管理人的义务。

（1）适当管理的义务。无因管理人在管理他人事务时，应当采取有利于受益人的方法，无正当理由不得中断管理。若管理人没有尽到适当管理之义务，则构成对法定之债的违反，因此给本人造成损失的，管理人应当承担损害赔偿责任。但如果管理人为免除本人生命、人身或财产上的紧迫危险而管理事务的，对无因管理所产生的损害，除故意或重大过失之外，不承担赔偿责任。

管理人一般不负继续管理的义务，但管理人在管理开始后，中途停止管理行为较之不开始管理对本人更加不利时，管理人负有继续管理的义务。其继续履行部分，仍为无因管理的履行，而不是不适法管理。

（2）通知义务。管理人在开始管理后，应将开始管理的事实及时通知本人。如果管理人不知本人是谁，或不知本人的住址，或因其他原因无法通知，则免除其通知义务。如果管理的事务不属于紧急情况，管理人在发出通知后应中止管理行为，听候本人的指示。若本人指示停止管理而管理人仍继续管理的，则从此时开始构成不适法的无因管理。在客观上不能通知本人或紧急情况下，管理人应当继续管理，但继续管理违反本人意思或者不利于本人的除外。

管理人的行为得到本人承认后，除非当事人之间有特别约定，否则自管理开始时，适用有关委托合同的规定。

（3）报告、计算义务。除了妥善管理义务和通知义务之外，管理人还具有以下义务：其一，报告义务。管理人在管理结束或依本人意思停止管理后，应当将管理事务的情况报告本人。其二，转付义务。管理人因管理事务所收取的金钱、物品以及孳息，应交付本人；管理人以自己的名义为本人取得之权利，应移转于本人。其三，利息支付及损害赔偿义务。管理人在管理过程

拓展阅读
对无因管理人有
无报酬请求权的
不同观点

拓展案例
许松贵与郑国际
财产损害赔偿纠
纷上诉案

中，为了自己的利益，使用应交付于本人的金钱，或使用应为本人利益而使用的金钱的，应自使用之日起向本人支付利息。如果给本人造成损害的，应当承担赔偿责任。

2. 管理人的权利。无因管理是未经本人授权而对本人的事务进行管理，管理人并没有报酬请求权。但根据《民法典》第121条的规定："没有法定的或者约定的义务，为避免他人利益受损失而进行管理的人，有权请求受益人偿还由此支出的必要费用。"《民法典》第979条第1款规定，管理人没有法定的或者约定的义务，为避免他人利益受损失而管理他人事务的，可以请求受益人偿还因管理事务而支出的必要费用；管理人因管理事务受到损失的，可以请求受益人给予适当补偿。

四、不适法的无因管理

（一）不适法的无因管理的概念

不适法无因管理主要包括以下两种情形：管理事务不利于本人，且违反本人明示或可得推知的意思；管理事务利于本人，但违反本人明示或可得推知的意思。适法的无因管理与不适法的无因管理的区别在于管理事务的承担是否有利于本人，且是否违背本人明示或可得推知的意思。此外，不适法的无因管理与不法管理并非同一概念，前者仍成立无因管理，只是不发生适法的无因管理所应具备的法律效果；而后者则缺乏主观的管理意思，因此，不成立无因管理。

（二）不适法的无因管理的法律后果

管理人管理事务不符合本人利益或违反本人意思的，本人追认的，本人在取得利益的范围内对管理人负费用偿还、清偿债务、赔偿损失的义务。本人不追认的，不负上述义务。

管理人违反本人明示或可得推知的意思进行管理的，对于因管理人所造成的损害应当承担赔偿责任，但为维护公共利益的除外。

第三节 不当得利

一、不当得利概述

（一）不当得利的概念

不当得利，是指在一方当事人无法律上的原因取得利益，另一方当事人的利益因此受损的前提下，法律为了平衡双方当事人之间的利益关系，规定遭受损失的一方有权请求取得利益的一方返还所得的不当利益，不当得利一方有义务返还其所得的不当利益的制度。

（二）不当得利的制度价值

不当得利制度在债法上有如下两方面的规范功能：一方面，以恢复不当得利为债务，确定财产的变动，以维护公平交易秩序。另一方面，以返还利益为债权，确定财产的归属，纠正违反公平交易的差错。[1] 具体说来，前者指矫正无法律原因的财产变动，后者指保护财产的归属。无论是矫正无法律原因的财产变动还是保护财产的归属，不当得利的目的说本质上都在消除"得利人"无法律上原因而受的利益，即消除所受利益，而不是赔偿"利益受损人"所受的损害。因此，当事人的主观状态并不影响不当得利的是否成立，其仅与返还的范围有关。

不当得利制度的理论基础在于衡平思想，在于公平正义，这与民法的基本理念是一致的。[2] 不当得利返还请求权作为返还请求权的一种，可独立适用，与其他返还请求权一起构成了完整的返还请求权。在形式上来说，不当得利制度起到了一种与传统学说认为的补充功能相类似的辅助作用，能有效地克服成文法带来的局限性。

（三）不当得利的类型

1. 给付型不当得利。

（1）给付型不当得利的概念。给付型不当得利指得利人受领

---

〔1〕 参见张俊浩主编：《民法学原理》，中国政法大学出版社 2000 年版，第 650 页。
〔2〕 参见张广兴：《债法总论》，法律出版社 1997 年版，第 87 页。

他人基于给付行为而移转的财产或利益，因欠缺给付目的而发生的不当得利。成立要件包括：其一，得利人基于受损人的给付而受有利益；其二，致使他人受损系出于给付行为，这里的给付行为既可以是事实行为，也可以是法律行为；其三，欠缺给付目的。

（2）给付型不当得利的类型。根据欠缺给付目的的原因不同可以分为自始欠缺给付目的、嗣后欠缺给付目的以及给付目的不达。换言之，给付型不当得利既可以是自始欠缺给付目的，例如因买卖合同未成立而形成的不当得利之债；也可以是给付目的嗣后不存在，例如买卖合同被撤销而形成的不当得利状态；还有可能是给付目的不达，即合同的目的落空。

这里的给付目的，即给付的原因。给付者给与财产总有一定目的或原因，或为债务的消灭，或为债权的发生，或为赠与，这里的目的或原因就成了受领给付者受取利益的法律上的根据。如果由于某种原因，给付目的不存在或不能达到，那么受领给付者的受有利益便会因为无法律上的根据而成为不当得利。

（3）给付型不当得利的排除情形。即便符合给付型不当得利的构成要件，但对于法律特别规定的情形，不当得利请求权并不能成立：

第一，因履行道德上的义务。例如误认为对亲属有抚养义务而抚养等情形，对于因道德义务而做出给付的，不适用不当得利请求权，但没有抚养义务而抚养他人的，可以向有法定抚养义务的人请求返还所支付的抚养费用。

第二，提前清偿或为履行逾期债务的给付。债务人在债务为到期之前而为的清偿，不得请求返还。这是因为在债务履行期限届满之前，债务并没有消失，只是债权人不能够请求债权人履行债务。对于超过诉讼时效期间的，只是代表债务人拥有了债权诉讼时效经过的抗辩权，可以此为由对抗债权人。对于提前清偿或为履行逾期债务的给付，债务人不得以不当得利请求权请求债权人返还。

第三，明知无给付义务的非债清偿。在明知无给付义务时而为的债务清偿不适用不当得返还请求权。

当事人作出的给付违反法律、行政法规的强制性规定或者违反公序良俗的，受损失的人不得请求得利人返还利益，但该原因仅存在于得利人一方的除外。得利人所获得的利益，依照其他法律、行政法规的规定予以处理。

2. 非给付型不当得利。非给付不当得利，是指不当得利因给付以外的事由而产生。与"因给付"相反，"以其他方式"取得只是被消极地规定，亦即"因给付以外的原因"。

（1）权益受损型不当得利。权益受损型不当得利，是指因侵害他人权益而发生的不当得利，旨在使无权对占有、使用、消费应归属他人的权益者，负有返还其所受利益的责任。[1] 例如，擅自使用他人的肖像而获得的利益，肖像权人就可以向行为人主张不当得利请求权。

（2）支付费用型不当得利。支付费用型不当得利，是指并非以给付的意思，为他人之物而支出的费用，支付方可向受益方主张不当得利之债。例如，甲的羊群混入乙的羊群，而乙将之当作自己的羊群喂养，对于因此而发生的费用，乙可向甲主张不当得利之债。

（3）求偿型不当得利。求偿型不当得利，是指清偿他人债务，因不具备委任、无因管理或其他法定求偿要件而发生的不当得利请求权。例如，两人共同继承了一笔遗产，而其中一人支付了全部遗产税，则支付方可以向另一方主张不当得利请求权。

二、不当得利的构成要件

《民法典》第 122 条规定："因他人没有法律根据，取得不当利益，受损失的人有权请求其返还不当利益。"因此不当得利由四要件构成，包括：一方获利；另一方利益受损；两者之间具有因果关系；没有法律上的理由。

（一）一方获得利益

不当得利制度的制度目的之一就在于调节没有法律上的原因的财产损益变动，消除不当得利人所获的不当利益，因此"一方获得利益"是构成不当得利的第一要件，也是整个不当得利制度的起点，是不当得利之债区别于其他债的标志之一。因为不当得

---

[1] 参见王泽鉴：《不当得利》，北京大学出版社 2009 年版，第 268 页。

利属于债法范畴，仅调整财产利益关系，因此，这里的利益，是指财产利益，对于获得非财产性利益的，不构成不当得利。此外，这里的财产利益的增加既包括积极增加即财产总额的实际增加，也包括消极增加即应当减少的而没有减少。

（二）另一方利益受损

另一方当事人的利益受到损失是成立不当得利的另一要件。如果一方虽然因为一定的事实而获得利益，但另一方却并未因此而遭受财产损失，这种情况被称为反射利益，反射利益不构成不当得利。这里的财产损失也可以分为积极的财产损失和消极的财产损失。所谓积极的财产损失，是指财产本不应减少而减少；所谓消极的财产损失，是指财产本应该增加而未增加。此项要件旨在确定不当得利请求权的当事人，即谁得向谁请求返还其无法律上原因而受的利益。

（三）一方获利与另一方受损之间具有因果关系

一方受益与他方遭受损失存在因果关系是构成不当得利的又一重要条件。此处的因果关系不同于侵权行为上的因果关系，它以一方受益和他方受损之间有牵连关系为基础。[1] 而所谓的牵连关系，是指取得利益与他人受损二者发生的原因事实之间的关联。不要求一方受益与他方受损的原因事实的同一性，扩大了不当得利返还请求权的适用范围，保护了更多利益受损方的权益，更符合公平理念。

（四）无法律上的原因

对于"无法律上的原因"，存在统一说与非统一说这两种学说，我国学界一般采取的是非统一说。[2] 在给付型不当得利中，无法律上的原因是指自始欠缺给付目的或嗣后欠缺给付目的。在非给付型不当得利中，无法律上的原因是指欠缺保有利益的权利或法律原因。

三、不当得利的法律效果

构成不当得利的，双方之间成立不当得利之债，利益受损人

拓展阅读
不当得利与其他请求权之间的竞合

拓展案例
中国建设银行石林县支行诉杨富斌不当得利纠纷案

---

[1] 参见梁慧星：《中国民法典草案建议稿附理由 债权总则编》，法律出版社 2006 年版，第 15 页。

[2] 参见王家福主编：《中国民法学·民法债权》，法律出版社 1991 年版，第 573 页。

有权请求不当得利人返还不当利益。返还的不当利益，应当包括原物和原物所生的孳息，无法返还的，应当偿还相应价值。

虽然不当得利人的主观是善意还是恶意并不会影响不当得利之债的形成，但会对返还的范围造成影响，此处的"善意"是指得利人是否知道或应当知道所获得的利益没有法律根据。得利人获得利益时并不知道或不应当知道所获得的利益没有法律根据的，仅返还现存的利益，所得利益不存在的不承担返还利益或价值的责任。但得利人获得利益时知道或应当知道所获得的利益没有法律根据的，受损人有权要求得利人返还所获利益，或赔偿相应损失。得利人已经将其所获利益无偿转让第三人的，第三人应当承担返还责任。

法条链接

课后练习与测试

第十一章　买卖合同

🖱 **本章知识结构图**

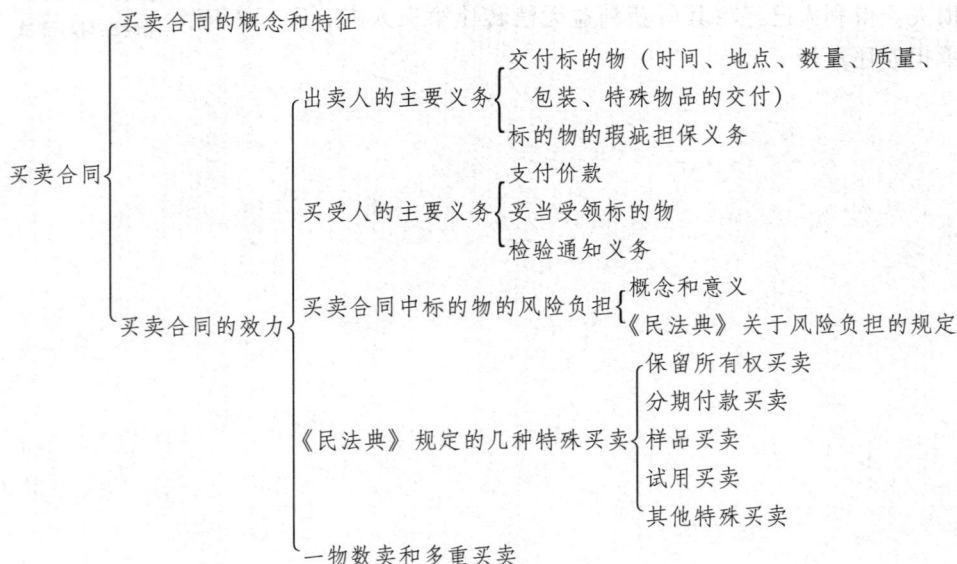

```
                    ┌ 买卖合同的概念和特征
                    │
                    │                         ┌ 交付标的物（时间、地点、数量、质量、
                    │          ┌ 出卖人的主要义务┤   包装、特殊物品的交付）
                    │          │              └ 标的物的瑕疵担保义务
                    │          │              ┌ 支付价款
                    │          │ 买受人的主要义务┤ 妥当受领标的物
          买卖合同 ┤          │              └ 检验通知义务
                    │          │                            ┌ 概念和意义
                    │          │ 买卖合同中标的物的风险负担┤《民法典》关于风险负担的规定
                    └ 买卖合同的效力┤                        └
                               │                  ┌ 保留所有权买卖
                               │                  │ 分期付款买卖
                               │《民法典》规定的几种特殊买卖┤ 样品买卖
                               │                  │ 试用买卖
                               │                  └ 其他特殊买卖
                               │
                               └ 一物数卖和多重买卖
```

🖱 **本章重点内容讲解**

　　买卖合同是生活中最常见、也是最重要的合同类型，属于合同法中最典型的合同，体现了合同法中所有重要的制度。在买卖合同中，最重要的问题有两个：一是所有权转移的规则；二是风险转移的规则。注意把握动产与不动产风险、所有权转移规则的区别。此外，出卖人的瑕疵担保责任、善意第三人的即时取得等问题也是买卖合同的重要内容。

一、买卖合同的概念和特征

对于买卖合同之定义，历来存在广义和狭义之争。我国现行《民法典》第 595 条规定："买卖合同是出卖人转移标的物的所有权于买受人，买受人支付价款的合同。"显然我国在狭义上定义买卖合同，仅涵盖有体物之所有权的移转，而以财产权利为标的的交易不属于买卖合同。[1]

买卖合同具备以下特征：

1. 双务性。买卖合同是典型的双务合同，双方当事人互负对待给付义务；

2. 有偿性。买卖合同中，出卖人能够获得价款，而买受人可以获得财产所有权；

3. 诺成性。买卖合同以当事人达成合意为成立要件，无须物之给付；

4. 不要式性。买卖合同不要求以特定形式订立，但法律另有规定的除外，例如《中华人民共和国城市房地产管理法》第 41 条规定："房地产转让，应当签订书面转让合同，合同中应当载明土地使用权取得的方式。"

此外，买卖合同是移转标的物所有权的合同，这是它与租赁合同、借用合同等合同的本质区别。

二、买卖合同的效力

（一）出卖人的主要义务

1. 交付标的物。交付标的物是出卖人负有的最重要的义务，它具有以下意义：一是交付决定了所有权的转移。依据《民法典》第 224 条规定，动产物权的设立和转让，自交付时发生效力，但法律另有规定的除外。这适用于大多数的动产买卖，动产

拓展知识
买卖合同调整范围学术观点

拓展知识
买卖合同定义立法例

---

〔1〕　但《民法典》第 600 条规定："出卖具有知识产权的标的物的，除法律另有规定或者当事人另有约定的以外，该标的物的知识产权不属于买受人。"可见计算机软件也被纳入了买卖合同的标的，我国对于买卖合同的狭义定义并非绝对。同时《最高人民法院关于审理买卖合同纠纷案件适用法律问题的解释》第 5 条规定："标的物为无需以有形载体交付的电子信息产品，当事人对交付方式约定不明确，且依照合同法第 61 条（现为《民法典》第 511 条）的规定仍不能确定的，买受人收到约定的电子信息产品或者权利凭证即为交付。"也突破了标的物为有体物的规定。

一经交付同时就能够达到移转所有权的效果。[1] 二是交付决定了风险负担。《民法典》第 604 条规定，标的物毁损、灭失的风险，在标的物交付之前由出卖人承担，交付之后由买受人承担，但是法律另有规定或者当事人另有约定的除外。由此可见，交付过后标的物的风险会由出卖人转向买受人。三是交付决定了孳息归属。交付移转了所有权和风险，根据所有权人享有孳息以及利益与风险相一致的原则，孳息的归属权也随之移转。标的物在交付之前产生的孳息，归出卖人所有，交付之后产生的孳息，归买受人所有。

标的物的交付可以采取现实交付，也可以采取拟制交付。前者是指出卖人直接将物移转于买受人的实际控制之下，后者则是将对标的物的权利移转给买受人以替代物之直接交付。[2] 拟制交付又可以分为指示交付、占有改定和简易交付。我国现行《民法典》第 226 条规定："动产物权设立和转让前，权利人已经占有该动产的，物权自民事法律行为生效时发生效力。"这是关于简易交付的规定。《民法典》第 227 条规定："动产物权设立和转让前，第三人占有该动产的，负有交付义务的人可以通过转让请求第三人返还原物的权利代替交付。"这是关于指示交付的规定。《民法典》第 228 条规定："动产物权转让时，当事人又约定由出让人继续占有该动产的，物权自该约定生效时发生效力。"这是关于占有改定的规定。

交付标的物时，如果存在标的物的从物的，除当事人另有约定外，应当将从物一并交付；此外，出卖人应当按照约定或者交易习惯向买受人交付提取标的物单证以外的有关单证和资料。并且，交付要依照合同约定的时间、地点进行，交付的标的物要符合约定的数量、质量和包装方式。

（1）交付时间。[3] 首先，当事人对交付时间有约定的，从其约定。在当事人没有约定或约定不明的情况下，可以签订补充

---

〔1〕 对于不动产买卖，除交付标的外还需要进行不动产登记；保留所有权买卖中所有权按照当事人约定的条件发生转移。

〔2〕 参见王卫国主编：《合同法》，北京师范大学出版社 2010 年版，第 234 页。

〔3〕 详见《民法典》第 601、602 条。

协议确定交付时间。若双方无法就交付时间达成补充协议，应当按照合同的有关条款或交易习惯确定。依照以上方法仍不能确定的，出卖人可以随时履行，买受人可以随时要求对方在合理时间内履行。其次，当事人约定了交付时间，但出卖人提前交货的，除非提前收取标的物会对买受人造成损害，买受人不得拒绝。最后，标的物在订立合同之前已为买受人占有的，合同生效的时间为交付时间。

（2）交付地点。根据《民法典》第603条的规定，当事人对交付地点有约定的，从其约定。在当事人没有约定或约定不明的情况下，可以签订补充协议确定交付地点。若二者无法就交付地点达成补充协议，应当按照合同的有关条款或交易习惯确定。依照以上方法仍不能确定的，若标的物需要运输，出卖人应当将标的物交付给第一承运人以运交给买受人；若标的物不需要运输，出卖人和买受人订立合同时知道标的物在某一地点的，出卖人应当在该地点交付标的物。不知道标的物在某一地点的，应当在出卖人订立合同时的营业地交付标的物。

（3）交付数量。出卖人应当按合同约定的数量交付标的物。出卖人少交标的物的，买受人可以要求其承担违约责任；出卖人多交标的物的，买受人可以接收或者拒绝接收多交的部分。买受人接收多交部分的，按照合同的价格支付价款；买受人拒绝接收多交部分的，应当及时通知出卖人。

（4）交付质量。根据《民法典》第510条、第511条和第616条的规定，当事人对标的物的质量有约定的，交付的标的物应当符合该约定。在当事人没有约定或约定不明的情况下，可以签订补充协议确定交付质量。若双方无法就交付质量达成补充协议，应当按照合同的有关条款或交易习惯确定。依照以上方法仍不能确定的，按照国家标准、行业标准履行；没有国家标准、行业标准的，按照通常标准或者符合合同目的的特定标准履行。

拓展知识
交付标的物的
交易习惯

（5）标的物包装。根据《民法典》第619条的规定，出卖人应当按照约定的包装方式交付标的物。对包装方式没有约定或者约定不明确，可以协议补充；不能达成补充协议的，按照合同有关条款或者交易习惯确定。仍无法确定的，应当按照通用的方式包装；没有通用方式的，应当采取足以保护标的物且有利于节约

资源、保护生态环境的包装方式。

需要注意的是，交付并非一定能移转标的物的所有权，在不动产买卖、保留所有权买卖、样品试用买卖等情形中，仅交付不足以达到移转所有权之目的。不动产仍需要进行权属移转登记，保留所有权买卖和样品买卖，则需要达成合同约定的条件，因此在特殊情形中，出卖人还负有移转标的物所有权的义务。

（6）特殊物品的交付。我国虽对买卖合同采狭义定义，但也承认一些特殊物品的买卖，例如《买卖合同司法解释》明确了电子信息产品的交付方式，其第 5 条规定，标的物为无需以有形载体交付的电子信息产品，当事人对交付方式约定不明确，且依照合同法相关规定仍不能确定的，买受人收到约定的电子信息产品或者权利凭证即为交付。

2. 标的物的瑕疵担保义务。所谓标的物的瑕疵担保义务，又可分为权利瑕疵担保义务和质量瑕疵担保义务，是指出卖人须保障其移转的标的物不具备权利或质量上的瑕疵。[1]

权利瑕疵担保义务，是指出卖人交付的标的物不得为任何第三人提供任何权利主张。为此，出卖人必须具备标的物的处分权限，同时，标的物上须不存在权利负担。因此，偷盗物、遗失物、他人之物、设定担保的物、租赁物、侵犯他人知识产权的物等是具有权利瑕疵的物，出卖人在买受人不知情或不同意的情形下交付该物的，构成对权利瑕疵担保义务的违反。

质量瑕疵担保义务，是指交付的标的物需要符合合同约定的质量标准，若无此种约定，交付的标的物应当符合国家标准或行业标准，同时也需要满足该标的物的通常使用目的。具体来说，

---

〔1〕 传统大陆法系国家在明确瑕疵担保义务外还规定了瑕疵担保责任。瑕疵担保责任与违约责任存在许多不同：一是二者的构成要件不同。传统大陆法系国家违约责任的归责原则采过错推定原则，瑕疵担保责任则采严格责任原则。二是救济方式不同。物的瑕疵担保责任不限于损害赔偿、继续履行、交付违约金，还可以要求补正损害、减少价款。三是承担瑕疵担保责任以买受人通知物之瑕疵为前提，违约责任的承担无此前提。四是瑕疵担保责任受到检验通知期限的限制，违约责任则受到诉讼时效的限制。然而，我国违约责任的归责原则亦采严格责任，同时我国违约责任的救济方式不限于损害赔偿、继续履行、交付违约金，也包含了修理、更换、重作、减价等，因此，可以认为我国仅确立了物的瑕疵担保义务而未确立专门的物的瑕疵担保责任，而是把此种义务的违反产生的责任纳入了违约责任。参见李永军：《合同法》，中国人民大学出版社 2016 年版，第 267~272 页；王利明：《合同法分则研究（上卷）》，中国人民大学出版社 2012 年版，第 63~66 页。

交付的物应当没有外观上的损害、在使用性能上不存在缺陷、能达到其产品说明中的质量标准和使用年限等。

《民法典》第616条和第617条对瑕疵担保义务作了详细规定，根据其规定：标的物质量应当符合当事人的约定或按照国家标准、行业标准等确立的质量标准要求。不符合质量要求致使合同目的不达的，买受人可以拒绝接受标的物或者解除合同。买受人拒绝接受标的物或者解除合同的，标的物毁损、灭失的风险由出卖人承担。经交付后标的物毁损、灭失的风险转移至买受人，但这并不影响买受人对出卖人因违反瑕疵担保义务而承担违约责任的主张。买受人订立合同时知道或者应当知道第三人对买卖的标的物享有权利的，不得主张出卖人违反权利瑕疵担保义务；买受人有确切证据证明第三人可能就标的物主张权利的，可以中止支付相应的价款，但出卖人提供适当担保的除外。

（二）买受人的主要义务

1. 支付价款。买受人为取得标的物的所有权，必须支付价款。关于价款的支付，有以下问题需要注意：一是价款没有约定或约定不明如何处理。《民法典》第510条和第511条第2项给出的解决方案是，先由当事人订立补充协议，无法达成补充协议的，按照合同有关条款或者交易习惯确定。仍不能确定的，按照订立合同时履行地的市场价格履行；依法应当执行政府定价或者政府指导价的，按照规定履行。二是支付价款的地点的确定。买受人应当按照约定的地点支付价款。对支付地点没有约定或者约定不明确，当事人应当订立补充协议，无法达成补充协议的，按照合同有关条款或者交易习惯确定。仍不能确定的，买受人应当在出卖人的营业地支付，但约定支付价款以交付标的物或者交付提取标的物单证为条件的，在交付标的物或者交付提取标的物单证的地点支付。三是支付价款的时间的确定。买受人应当按照约定的时间支付价款。对支付时间没有约定或者约定不明确，当事人应当订立补充协议，无法达成补充协议的，按照合同有关条款或者交易习惯确定，仍无法确定的，买受人应当在收到标的物或者提取标的物单证的同时支付。四是遇价格调整时如何处理。执行政府定价或者政府指导价的，在合同约定的交付期限内政府价格调整时，按照交付时的价格计价。逾期交付标的物的，遇价格上涨时，按照原价格执行；价格下降时，按照新价格执行。逾期提取标的物或者逾期付款的，遇价格上涨时，按照新价格执行；价格下降时，按照原价格执行。也即由违约方承担价格损失。

2. 妥当受领标的物。受领标的物是买受人订立合同的目的，也是买受人的权利。但是，买受人对标的物的受领应当以恰当的方式为之，因为不当受领会给出卖人或他人造成损失或伤害。例如出卖人交付的是危险化学试剂或有毒有害药品，买受人迟延受领可能会对公共安全造成威胁；又如买受人故意迟延受领给出卖人造成了额外的保存保管费用。[1]

当然，受领标的物以出卖人提供的标的物符合合同约定为前提条件，对于不符合合同约定的标的物，合同法赋予了买受人拒绝受领的权利，但拒绝受领的，应当及时通知出卖人。[2] 同时，也要对标的物采取妥当的保管措施，在紧急情况下应以市价变卖。[3] 若买受人无正当理由拒绝受领，出卖人可以通过提存的方式消灭债之关系。对于多交部分，买受人可以进行无因管理并主张相应的费用和损失。[4]

3. 检验通知义务。依据《民法典》第 620 条和第 621 条的规定，买受人收到标的物时应当在约定的检验期限内检验。没有约定检验期限的，应当及时检验。当事人约定检验期限的，买受人应当在检验期限内将标的物的数量或者质量不符合约定的情形通知出卖人。买受人怠于通知的，视为标的物的数量或者质量符合约定。当事人没有约定检验期限的，买受人应当在发现或者应

---

〔1〕 受领标的物究竟是买受人的权利还是义务存在争议，台湾地区通说认为这是一种从给付义务。

〔2〕《民法典》第 629 条规定："出卖人多交标的物的，买受人可以接收或者拒绝接收多交的部分。买受人接收多交部分的，按照合同的价格支付价款；买受人拒绝接收多交部分的，应当及时通知出卖人。"本书认为买受人拒绝受领后的通知义务不限于多交情形，任何情况下买受人拒绝受领都应当通知出卖人，这是其进一步主张权利（如更换、修理、重作等）的前提。

〔3〕 参见王卫国主编：《合同法》，北京师范大学出版社 2010 年版，第 241 页。

〔4〕《买卖合同司法解释》第 6 条规定："根据合同法第 162 条（现为《民法典》第 629 条）的规定，买受人拒绝接收多交部分标的物的，可以代为保管多交部分标的物。买受人主张出卖人负担代为保管期间的合理费用的，人民法院应予支持。买受人主张出卖人承担代为保管期间非因买受人故意或者重大过失造成的损失的，人民法院应予支持。"

当发现标的物的数量或者质量不符合约定的合理期限[1]内通知出卖人。买受人在合理期限内未通知或者自收到标的物之日起两年内未通知出卖人的，视为标的物的数量或者质量符合约定；但是，标的物有质量保证期的，适用质量保证期，不适用该两年的规定。出卖人知道或者应当知道提供的标的物不符合约定的，买受人不受前两款规定的通知时间的限制。

《买卖合同司法解释》第 18 条规定："约定的检验期间过短，依照标的物的性质和交易习惯，买受人在检验期间内难以完成全面检验的，人民法院应当认定该期间为买受人对外观瑕疵提出异议的期间……约定的检验期间或者质量保证期间短于法律、行政法规规定的检验期间或者质量保证期间的，人民法院应当以法律、行政法规规定的检验期间或者质量保证期间为准。"

根据以上规定，买受人怠于履行检验通知义务的，并不会被追究违约责任，而是丧失对出卖人追究违反质量瑕疵担保义务而产生的违约责任的权利。买受人的检验期间受到三重限制，依然约定优先，但约定时间过短的，期间经过可以追究非外观的质量瑕疵；当事人无约定的质保期优先，无质保期的，自标的物收到之日起两年内买受人均可以向出卖人主张权利。

法条链接
《消费者权益保护法》《产品质量法》关于检验通知的规定

此外，买受人可以指定第三人为收货方并由第三人进行验收。《买卖合同司法解释》第 16 条规定："出卖人依照买受人的指示向第三人交付标的物，出卖人和买受人之间约定的检验标准与买受人和第三人之间约定的检验标准不一致的，人民法院应当根据合同法第 64 条（现为《民法典》第 624 条）的规定，以出卖人和买受人之间约定的检验标准为标的物的检验标准。"

（三）买卖合同中标的物的风险负担

1. 风险负担的概念和意义。买卖合同中的风险，指的是标的物毁损灭失的不利可能性。这种风险应当指的是不可归责于双方

---

[1]《买卖合同司法解释》第 17 条规定："人民法院具体认定合同法第 158 条第 2 款（现为《民法典》第 621 条）规定的'合理期间'时，应当综合当事人之间的交易性质、交易目的、交易方式、交易习惯、标的物的种类、数量、性质、安装和使用情况、瑕疵的性质、买受人应尽的合理注意义务、检验方法和难易程度、买受人或者检验人所处的具体环境、自身技能以及其他合理因素，依据诚实信用原则进行判断。合同法第 158 条第 2 款（现为《民法典》第 621 条）规定的'2 年'是最长的合理期间。该期间为不变期间，不适用诉讼时效中止、中断或者延长的规定。"

当事人的原因造成的不利益，这种不利益的分配没有事先约定，亦无法通过事后约定的规则予以分配。[1] 若是可归因于一方当事人的原因致使标的物毁损灭失，则应用违约责任解决，但风险负担规则不解决违约问题，而是解决损失的承担问题。

买卖合同中标的物毁损灭失风险的来源有二：一是不可抗力，即不能预见、不能避免并不能克服的客观情况，如自然灾害、战争、政府行为；二是意外事件，如火灾、疾病等。需要注意的是，第三人造成的履行不能一般归入出卖人的原因，而不属于意外事件。例如合同约定出卖人负责运输，出卖人将标的物交由第三人（承运人）运输，因承运人的过错使得货物毁损灭失的，应当由出卖人向买受人承担违约责任，这里不须由买受人承担标的物毁损灭失的不利益。

风险负担的意义在于，确定损失的负担者，同时如果标的物投保了自然灾害、意外事件等保险的，应当由负担风险的人享有保险利益。

2. 我国《民法典》关于风险负担的规定。《民法典》第 604 条规定，标的物毁损、灭失的风险，在标的物交付之前由出卖人承担，交付之后由买受人承担，但是法律另有规定或者当事人另有约定的除外。这是关于买卖合同中标的物风险负担的一般性规定，也即"当事人约定优先"、"交付转移风险"，其正当性在于交付一般能达到移转所有权的效果，负担利益者同时也应当享受风险，同时，交付也移转了占有，标的物脱离了出卖人的控制，因此标的物毁损灭失的风险由所有者和占有者即买受人承担。

对于现实交付移转风险问题，自无需多言，但拟制交付下风险能否顺利移转则需要讨论。简易交付时，标的物已经处于买受人的控制之下，买受人所有并占有标的物，为此，简易交付情形与实际交付差异不大；占有改定和指示交付的情形下，买受人已经获得了标的物的所有权，但却无法实际占有标的物，能否移转风险存在争议。例如王利明先生认为，仅现实交付和简易交付可移转风险；[2] 王卫国先生则认为三种拟制交付方式下能否移转

拓展知识
标的物风险转移立法例

拓展知识
拟制交付下风险转移的学术观点

拓展案例
中商华联科贸有限公司与昌邑琨福纺织有限公司买卖合同纠纷案

---

〔1〕 参见王利明：《合同法分则研究（上卷）》，中国人民大学出版社 2012 年版，第 79 页。
〔2〕 陈聪富主编：《月旦小六法》，元照出版有限公司 2014 年版，第 84 页。

风险需要分情况讨论。在买受人与出卖人约定以占有改定或指示交付的方式移转所有权并且将标的物之利益归于买受人时，买受人应当承担标的物毁损灭矢的风险。在简易交付的情形中，若出卖人仍享受标的物之利益的，不宜认为风险已经移转。[1]

《民法典》和《买卖合同司法解释》对于标的物的风险负担还规定了几类特殊情形，即买受人违约、路货买卖、运输买卖、出卖人违约导致的拒绝受领或合同解除。在因买受人的原因致使标的物不能按照约定的期限交付的情形下，买受人应当自违反约定之日起承担标的物毁损、灭失的风险；出卖人出卖已交由承运人运输的在途标的物，除当事人另有约定的以外，毁损、灭失的风险自合同成立时起由买受人承担。但出卖人在合同成立时知道或者应当知道标的物已经毁损、灭失却未告知买受人，仍应由出卖人负担标的物毁损、灭失的风险；当事人没有约定交付地点或者约定不明确，标的物需要运输的，出卖人将标的物交付给第一承运人后，标的物毁损、灭失的风险由买受人承担；出卖人按照约定或者因约定不明依照合同法相关规定[2]将标的物置于交付地点，买受人违反约定没有收取的，标的物毁损、灭失的风险自违反约定之日起由买受人承担；因标的物质量不符合质量要求致使不能实现合同目的的，买受人可以拒绝接受标的物或者解除合同；买受人拒绝接受标的物或者解除合同的，标的物毁损、灭失的风险由出卖人承担。此外，出卖人按照约定未交付有关标的物的单证和资料的（从给付义务），不影响标的物风险的转移。但当事人对风险负担没有约定，且标的物为种类物，出卖人未以装运单据、加盖标记、通知买受人等可识别的方式清楚地将标的物特定于买卖合同的，买受人不负担标的物毁损、灭失的风险。

（四）《民法典》规定的几种特殊买卖

1. 保留所有权买卖。保留所有权买卖是指出卖人仅移转占有而不同时移转所有权，待特定条件达成后再移转所有权于买受人的一种买卖。它能够担保出卖人金钱债权的实现，同时实现买受

拓展知识
保留所有权买卖的立法例

拓展知识
关于保留所有权买卖的性质

拓展知识
关于保留所有权买卖客体范围

---

〔1〕参见王卫国主编：《合同法》，北京师范大学出版社2010年版，第243页。
〔2〕标的物不需要运输，出卖人和买受人订立合同时知道标的物在某一地点的，出卖人应当在该地点交付标的物；不知道标的物在某一地点的，应当在出卖人订立合同时的营业地交付标的物。

人对标的物的占有使用。《民法典》第 641 条第 1 款规定，当事人可以在买卖合同中约定买受人未履行支付价款或者其他义务的，标的物的所有权属于出卖人。这是我国关于保留所有权买卖的一般性规定。由于我国对于保留所有权买卖的规定不够细致、完善，关于保留所有权买卖的性质、客体、是否要式、是否需要登记等问题均存在争议。唯《买卖合同司法解释》第 34 条规定，买卖合同当事人主张关于标的物所有权保留的规定适用于不动产的，人民法院不予支持。将不动产排除在保留所有权买卖的客体外。

保留所有权买卖须遵循买卖合同的一般规则和原理，此外还须遵循以下特殊规则：

（1）保留所有权买卖中买受人享有对标的物的使用权和期待权。买受人虽未取得所有权但取得了对标的物的占有，应当以"善良管理人"身份妥善保管、使用标的物，并有权保留占有、使用标的物所取得的利益，但他不得自由处分标的物（欠缺处分权），相应地，出卖人虽仍是所有权人，但应当尊重买受人对获取所有权的合理期待，不得再行买卖标的物，不得在买受人不同意的情况下为标的物设置权利负担或减损标的物的价值。

（2）保留所有权买卖中出卖人享有取回权。买受人若不积极履行合同项下的义务以满足所有权转移的条件，出卖人有权按照约定的条件取回标的物。例如，买受人停止付款，未按约定完成特定条件，将标的物出卖出质或者作出其他不当处分，等等。出卖人取回的标的物价值显著减少的，出卖人可以要求买受人赔偿损失。但是，当买受人已经支付标的物总价款的 75% 以上，或者第三人以善意取得之方式取得标的物的所有权的，出卖人不得主张取回。

（3）双方约定或出卖人指定了回赎期，买受人在此期间内消除出卖人取回标的物的事由的，可以主张回赎标的物。若买受人在回赎期间内没有回赎标的物，出卖人可以另行出卖标的物，出卖人出卖所得价款依次扣除取回和保管费用、再交易费用、利息、未清偿的价金后仍有剩余的，应返还原买受人；如有不足，出卖人可以要求原买受人清偿，但原买受人有证据证明出卖人另行出卖的价格明显低于市场价格的除外。

2. 分期付款买卖。分期付款买卖，是指买受人将应付的总价款在一定期间内分次向出卖人支付的买卖。分期付款买卖一般与保留所有权买卖结合起来，它是一种信用交易，需要以所有权提供担保。[1] 分期付款买卖推迟了支付价款的期限，可以促进消费和资金融通，在耐用消费品和高科技产品买卖中十分常见。

分期付款买卖也存在特殊规则：一是分期付款的买受人未支付到期价款的金额达到全部价款的 1/5 的，出卖人可以要求买受人支付全部价款或者解除合同。即分期付款买卖合同适用特殊的合同解除规则，此处"全部价款的 1/5"应属于法律的强制性规定，当事人不得约定其他比例。二是出卖人解除合同的，可以向买受人要求支付该标的物的使用费。这样规定的正当性在于，分期付款买卖中买受人未支付全部价金却取得了标的物的占有，可以通过对标的物的使用而获益，因此出卖人可以要求买受人支付合理的使用费。但当买受人支付的价款总额超过使用标的物的合理费用时，买受人得以要求出卖人作出相应的返还。三是特殊的加速到期规则，即买受人未支付到期价款的金额达到全部价款的 1/5 的，出卖人可以要求买受人支付全部价款。

3. 样品买卖。样品买卖，是指出卖方交付的标的物应当符合样品标准的买卖。样品买卖的特殊性在于，合同的成立以样品的存在为前提，双方达成以样品为标准进行买卖的合意。样品的提供者可以是买方（买方样品），也可以是卖方（卖方样品），一方对另一方提供的样品不满意的，可以进行修改或另行提供样品，但是一旦订立了样品买卖合同，双方均受到约束，应提供或接受与样品一样的标的物。

为方便比对标的物质量，凭样品买卖的当事人应当封存样品，并可以对样品质量予以说明，出卖人交付的标的物应当与样品及其说明的质量相同。《买卖合同司法解释》第 40 条进一步明确了标的物的质量标准："合同约定的样品质量与文字说明不一致且发生纠纷时当事人不能达成合意，样品封存后外观和内在品质没有发生变化的，人民法院应当以样品为准；外观和内在品质发生变化，或者当事人对是否发生变化有争议而又无法查明的，

---

[1]　参见王轶："论所有权保留的法律构成"，载《当代法学》2010 年第 2 期。

人民法院应当以文字说明为准。"但凭样品买卖的买受人不知道样品有隐蔽瑕疵的，即使交付的标的物与样品相同，出卖人交付的标的物的质量仍然应当符合同种物的通常标准。也就是说，样品买卖中，出卖人交付了与样品一致的标的物则买受人不得以质量瑕疵为由对出卖人提出权利主张，但样品本身存在瑕疵且买受人订立合同时不知情的，不免除出卖人的质量瑕疵担保义务。

4. 试用买卖。试用买卖，是指合同成立时出卖人将标的物交给买受人试用，买受人在使用一定期限后同意购买并支付价款的买卖。[1] 试用买卖成立后，出卖人应当提供合同项下的标的物供买受人使用。对于试用期，《民法典》第 637 条规定，试用买卖的当事人可以约定标的物的试用期间。对试用期间没有约定或者约定不明确，依照《民法典》第 510 条的规定仍不能确定的，由出卖人确定。在试用期内，买受人可以明确拒绝购买标的物，但在通知出卖人后应当及时返还。在当事人明确约定了使用费的情况下，买受人应当支付使用费。

在以下情况下，买受人应当购买标的物：一是买受人在试用期内或届满时明确表示愿意购买；二是试用期间届满，买受人对是否购买标的物未作表示的，视为购买；三是买受人在试用期内已经支付一部分价款的，视为同意购买，但合同另有约定的除外；四是在试用期内，买受人对标的物实施了出卖、出租、设定担保物权等非试用行为的，视为买受人同意购买。

同时需要注意，买卖合同存在下列约定内容之一的，不属于试用买卖：约定标的物经过试用或者检验符合一定要求时，买受人应当购买标的物；约定第三人经试验对标的物认可时，买受人应当购买标的物；约定买受人在一定期间内可以调换标的物；约定买受人在一定期间内可以退还标的物。

5. 其他特殊买卖。《民法典》还对一些特殊合同的解除规则做了特别规定，具体又可以区分以下情形：

（1）涉及主物与从物的买卖。因标的物的主物不符合约定而解除合同的，解除合同的效力及于从物。因标的物的从物不符合约定被解除的，解除的效力不及于主物。

拓展知识
试用买卖立法例

拓展知识
试用买卖合同性质学术观点

---

〔1〕 参见崔建远主编：《合同法》，法律出版社 2007 年版，第 392 页。

（2）数物并存的买卖。标的物为数物，其中一物不符合约定的，买受人可以就该物解除，但该物与他物分离使标的物的价值明显受损害的，当事人可以就数物解除合同。

（3）分批交付标的物的买卖。出卖人分批交付标的物的，出卖人对其中一批标的物不交付或者交付不符合约定，致使该批标的物不能实现合同目的的，买受人可以就该批标的物解除；出卖人不交付其中一批标的物或者交付不符合约定，致使今后其他各批标的物的交付不能实现合同目的的，买受人可以就该批以及今后其他各批标的物解除；买受人如果就其中一批标的物解除，该批标的物与其他各批标的物相互依存的，可以就已经交付和未交付的各批标的物解除。

此外，《民法典》及其相关法律法规还原则性规定可以以拍卖、招投标的方式进行买卖，这两类合同在经济法中讨论的比较多，本文篇幅有限不予详述。

（五）一物数卖和多重买卖

由于债的平等性和非排他性，以及合同效力与物权效力的"区分原则"，[1] "一物数卖"十分常见。所谓一物数卖，是指同一出卖人就同一标的物与多人订立买卖合同的情形。

对此，《买卖合同司法解释》第9条明确了标的物所有权归属规则，出卖人就同一普通动产订立多重买卖合同，在买卖合同均有效的情况下，买受人均要求实际履行合同的，应当按照以下情形分别处理：先行受领交付的买受人取得所有权；多个买受人均未受领交付，先行支付价款的买受人可以要求取得所有权；均未受领交付，也未支付价款，依法成立在先合同的买受人可以要求取得所有权。其第10条进一步确立了一物数卖情形下特殊动产的所有权归属规则。出卖人就同一船舶、航空器、机动车等特殊动产订立多重买卖合同，在买卖合同均有效的情况下，买受人均要求实际履行合同的，先行受领交付的买受人有权请求出卖人履行办理所有权转移登记手续的义务；若多个买受人均未受领交

拓展知识
招投标买卖特
殊规则

---

〔1〕《民法典》第215条规定："当事人之间订立有关设立、变更、转让和消灭不动产物权的合同，除法律另有规定或者合同另有约定外，自合同成立时生效；未办理物权登记的，不影响合同效力。"这一规定区分对待了合同效力和物权效力，认为合同效力的判定应当遵循合同法的规则，而物权是否能够移转则应当根据物权变动规则判断。

付，先行办理所有权转移登记手续的买受人可以要求交付；均未受领交付，也未办理所有权转移登记手续的义务，依法成立在先合同的买受人可以要求取得所有权；出卖人将标的物交付给买受人之一，又为其他买受人办理了所有权转移登记的，已受领交付的买受人取得所有权。

此外，《最高人民法院关于审理商品房买卖合同纠纷案件适用法律若干问题的解释》第8条规定："具有下列情形之一，导致商品房买卖合同目的不能实现的，无法取得房屋的买受人可以请求解除合同、返还已付购房款及利息、赔偿损失，并可以请求出卖人承担不超过已付购房款一倍的赔偿责任：①商品房买卖合同订立后，出卖人未告知买受人又将该房屋抵押给第三人；②商品房买卖合同订立后，出卖人又将该房屋出卖给第三人。"此条是对商品房一物数卖中赔偿责任的特殊规定。

除一物数卖外，还存在"多重买卖"，[1] 多重买卖是指连环买卖，这种标的物多次转手，买方和卖方身份交替的连环买卖行为形成了多重交易链条。多重买卖中主要待解决的是交易链条断裂，合同效力和所有权判定的问题。例如A将一本书卖给B，B转手卖给C，后查明AB之间的买卖合同无效。在这种情形下，B就欠缺对书的处分权。《买卖合同司法解释》第3条规定："当事人一方以出卖人在缔约时对标的物没有所有权或者处分权为由主张合同无效的，人民法院不予支持。出卖人因未取得所有权或者处分权致使标的物所有权不能转移，买受人要求出卖人承担违约责任或者要求解除合同并主张损害赔偿的，人民法院应予支持。"为此，B欠缺处分权并不影响其与C之间买卖合同的效力，C在满足《民法典》所规定的"善意取得"的情形下可以取得书的所有权，若C无法取得书的所有权（例如未支付对价或还未来得及受领），C得以依据与B之间的合同追究B的违约责任。

拓展知识
善意取得制度
法理基础

法条链接

课后练习与测试

---

[1] 本文认为《买卖合同司法解释》中第九条使用多重买卖这一术语并不准确，其所要表达的应当是一物数卖。

第十二章 供用电、水、气、热力合同

本章知识结构图

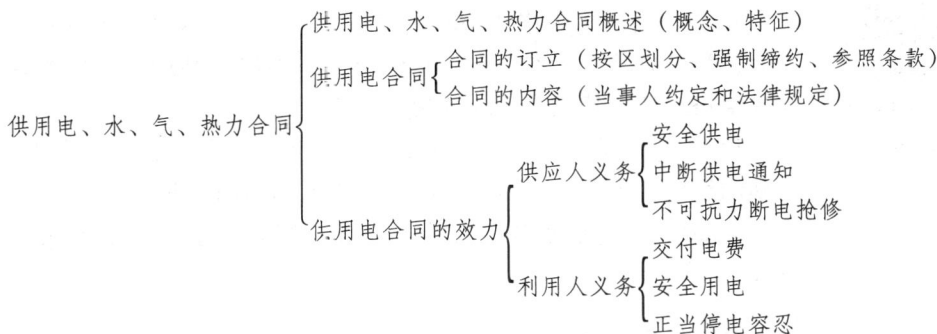

供用电、水、气、热力合同
- 供用电、水、气、热力合同概述（概念、特征）
- 供用电合同
  - 合同的订立（按区划分、强制缔约、参照条款）
  - 合同的内容（当事人约定和法律规定）
- 供用电合同的效力
  - 供应人义务
    - 安全供电
    - 中断供电通知
    - 不可抗力断电抢修
  - 利用人义务
    - 交付电费
    - 安全用电
    - 正当停电容忍

本章重点内容讲解

供用电合同是供电人向用电人供电，用电人支付电费的合同，供用水、气、热力合同与之类似。其主客体均具有特殊性，且不以营利为目的，具有双务性，属于广义上买卖合同的一种。注意把握双方当事人基于合同享有的权利与负担的义务。

一、供用电、水、气、热力合同概述

供用电合同是供电人向用电人供电，用电人支付电费的合同，供用水、气、热力合同与之类似。其中，提供电、水、气、热力的一方称为供应人，利用的一方称为利用人。[1] 该类合同具有以下特点：

1. 客体具有特殊性。供用电、水、气、热力合同的标的物是电力、用水、气和热力，这些物体无固定形状、难以用容器保

拓展知识
低压供用电合同（范本）

---

〔1〕 参见崔建远主编：《合同法》，法律出版社 2003 年版，第 394 页。

存，有的甚至不可见，但都可以以不同的形式为人所感知。

2. 主体具有特殊性。供用人必须是取得特别资质和许可的人，一般是社会公共事业服务机构，利用人则是社会公众。该类合同呈现出"一对多"的特点。例如《城市供水条例》第 19 条规定："城市自来水供水企业和自建设施对外供水的企业，经工商行政管理机关登记注册后，方可从事经营活动。"

3. 不以营利为目的。在现代社会，电、水、气、热力是生活必需品，为此，提供电、水、气、热力具有公共服务性质，电、水、气、热力的定价并非供应人决定，而是由政府统一决定。

4. 该类合同多采格式条款。供电、水、气、热力合同具有公众性，为节省缔约成本，也防止供应人不当侵害利用人，该类合同多采格式条款甚至采格式合同。

5. 该类合同是继续性合同，[1] 供应人要进行连续、多次、长期的给付，供应人之给付取决于利用人的利用情况。

6. 该类合同是双务、有偿、诺成合同，属于广义上的买卖合同。

二、供用电合同[2]

（一）供用电合同的订立

供用电合同在订立时要遵循几个原则：一是"按区划分"原则。《中华人民共和国电力法》（以下简称《电力法》）第 25 条第 1 款规定："供电企业在批准的供电营业区内向用户供电。"供应人原则上不能跨区订立该类合同，即使订立了有效合同也无法履行。二是"强制缔约"原则，这是该合同的公众性和公益性决定的。《电力法》第 26 条第 1 款规定："供电营业区内的供电营业机构，对本营业区内的用户有按照国家规定供电的义务；不得违反国家规定对其营业区内申请用电的单位和个人拒绝供电。"三是"参照条款"原则，《电力法》第 27 条规定："电力供应与使用双方应当根据平等自愿、协商一致的原则，按照国务院制定

---

〔1〕 参见韩世远：《合同法学》，高等教育出版社 2010 年版，第 417 页。

〔2〕 在这类合同中，我国对供电合同的规定比较明确，且《民法典》第 656 条规定："供用水、供用气、供用热力合同，参照供用电合同的有关规定。"为此下文将以供电合同为典型展开讨论。

的电力供应与使用办法签订供用电合同，确定双方的权利和义务。"合同缔结尊重意思自治，但当事人双方不得随意更改国务院制定的电力供应与使用办法中明确规定的内容，例如供电质量、供电价格等。

（二）供用电合同的内容

《民法典》第 649 条规定："供用电合同的内容一般包括供电的方式、质量、时间，用电容量、地址、性质，计量方式，电价、电费的结算方式，供用电设施的维护责任等条款。"一般而言，对于供电地点、电费结算方式等内容由双方当事人约定，约定不明的，遵从法律明确的规定。例如，供电合同的履行地由当事人约定，没有约定或约定不明的，供电设施的产权分界处为履行地。但供电质量、计量方式、电价等事项原则由相关法律法规直接规定，不属于当事人可以自由协商的事项，这在《电力法》的相关规定中有所体现，例如其第 31 条第 1 款规定："用户应当安装用电计量装置。用户使用的电力电量，以计量检定机构依法认可的用电计量装置的记录为准。"第 33 条第 1 款规定："供电企业应当按照国家核准的电价和用电计量装置的记录，向用户计收电费。"第 35 条第 2 款规定："电价实行统一政策，统一定价原则，分级管理。"

拓展知识
供用电合同的内
容条文释义

三、供用电合同的效力

（一）供应人义务

供应人应当按照合同约定的时间、方式、履行地点和标的物质量等向利用人供应电力，具体来说供应人负有如下义务：

1. 安全供电义务。根据《民法典》第 651 条的规定，供电人应当按照国家规定的供电质量标准和约定安全供电。供电人未按照国家规定的供电质量标准和约定安全供电，造成用电人损失的，应当承担赔偿责任。

2. 中断供电的通知义务。根据《民法典》第 652 条的规定，供电人因供电设施计划检修、临时检修、依法限电或者用电人违法用电等原因，需要中断供电时，应当按照国家有关规定事先通知用电人；未事先通知用电人中断供电，造成用电人损失的，应当承担赔偿责任。

拓展知识
供用电、水、气、
热力合同法律适
用问题

3．不可抗力断电的抢修义务。根据《民法典》第 653 条的规定，因自然灾害等原因断电，供电人应当按照国家有关规定及时抢修；未及时抢修，造成用电人损失的，应当承担赔偿责任。

（二）利用人义务

利用人主要负有的义务如下：

1．交付电费的义务。根据《民法典》第 654 条的规定，用电人应当按照国家有关规定和当事人的约定及时支付电费。用电人逾期不支付电费的，应当按照约定支付违约金。经催告用电人在合理期限内仍不支付电费和违约金的，供电人可以按照国家规定的程序中止供电。同时，利用人应当按照国家核准的电价和用电计量装置的记录，按时交纳电费；对供电企业查电人员和抄表收费人员依法履行职责，应当提供方便。

2．安全用电的义务。根据《民法典》第 655 条的规定，用电人应当按照国家有关规定和当事人的约定安全、节约和计划用电。用电人未按照国家有关规定和当事人的约定安全用电，造成供电人损失的，应当承担赔偿责任。

3．对正当停电行为的容忍义务。在遭遇自然灾害、意外事件进行抢修或遇线路维护等情况时，供应人为恢复供电或保障供电安全会采取停电措施，为此，利用人负有容忍和配合义务，不得随意主张排除妨害、赔偿损失。[1]

拓展案例
锦州市自来水总公司与锦州市古塔区古塔宾馆供用水合同纠纷案

课后练习与测试

法条链接

---

〔1〕 参见王卫国主编：《合同法》，北京师范大学出版社 2010 年版，第 262 页；王利明：《合同法分则研究》（上卷），中国人民大学出版 2012 年版，第 174 页。

第十三章　赠与合同

本章知识结构图

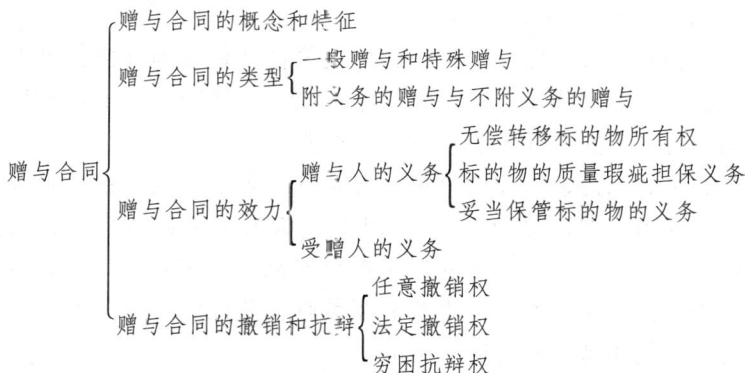

赠与合同 ┤
　赠与合同的概念和特征
　赠与合同的类型 ┤ 一般赠与和特殊赠与
　　　　　　　　　 附义务的赠与与不附义务的赠与
　赠与合同的效力 ┤ 赠与人的义务 ┤ 无偿转移标的物所有权
　　　　　　　　　　　　　　　　　 标的物的质量瑕疵担保义务
　　　　　　　　　　　　　　　　　 妥当保管标的物的义务
　　　　　　　　　 受赠人的义务
　赠与合同的撤销和抗辩 ┤ 任意撤销权
　　　　　　　　　　　　 法定撤销权
　　　　　　　　　　　　 穷困抗辩权

本章重点内容讲解

　　赠与合同是赠与人将自己的财产无偿给予受赠人，受赠人表示接受赠与的合同。由于赠与合同一般情形下为无偿合同、没有对价，赠与人的义务与买卖合同中出卖人的义务相区分，赠与人对赠与物的瑕疵担保责任有别于出卖人的瑕疵担保责任。有的国家的法律赋予了赠与人享有任意撤销权和法定撤销权，有的国家则规定其为实践合同。注意理解和把握赠与合同双方当事人的权利与义务，尤其是赠与人违约责任及其损害赔偿责任。

一、赠与合同的概念和特征

　　根据《民法典》第657条规定，赠与合同是赠与人将自己的财产无偿给予受赠人，受赠人表示接受赠与的合同。由此，赠与合同是诺成、单务、无偿合同，[1] 并且以财产为标的，旨在完

---

〔1〕　事实上，赠与究竟是合同行为还是单方法律行为存在争议，但我国将其纳入了合同的范畴。

成财产权的转移。赠与中的财产形式丰富多样，例如《中华人民共和国慈善法》（以下简称《慈善法》）第 36 条第 1 款规定："捐赠财产包括货币、实物、房屋、有价证券、股权、知识产权等有形和无形财产。"在赠与合同中，赠与财产的一方为赠与人，接受赠与的一方为受赠人，赠与人须为完全民事行为能力人，但受赠人可以是无行为能力人和限制行为能力人，因为赠与使之纯获利益。

二、赠与合同的类型

（一）一般赠与和特殊赠与

以是否具有公益性、是否经过公证等特殊程序为标准，可以区分一般赠与和特殊赠与。区分的意义在于，特殊赠与不具有任意可撤销性，仅能在法定情形下得以撤销。[1]

还有学者认为，特殊赠与是具有特殊形态的赠与，包括附条件赠与、遗赠、混合赠与等。[2] 但本文认为，遗赠与赠与合同存在较大差异，不应当被纳入特殊赠与的范畴，并且采此定义后此种分类的区分意义不大，故本文在具有公益性或经过公证的赠与的含义上使用特殊赠与这一术语。

（二）附义务的赠与不附义务的赠与

以赠与是否同时对受赠人施加负担为标准，可分为附义务的赠与与不附义务的赠与。《民法典》第 661 条规定，赠与可以附义务，并要求受赠人在此情形下按照约定履行义务。为此，在附义务赠与中，受赠人可无偿获取标的物但需要履行一定的义务（非对待给付义务），而在不附义务的赠与中则无此项要求。

区分二者的意义在于，附义务赠与中赠与人有更高的注意义务，他须负担与其所施加给受赠人义务相当的瑕疵担保义务，此外，附义务赠与中赠与人拥有一个额外的法定撤销事由，即受赠人不履行赠与合同所约定的义务。

---

〔1〕 我国《民法典》第 658 条规定的具有经过公证的赠与或者依法不得撤销的具有救灾、扶贫、助残等公益、道德义务性质的赠与，第 661 条规定的受赠人附义务的赠与，均为特殊赠与。在学理上，还将混合赠与、死因赠与等归入特殊赠与中。（参见郭明瑞、王轶：《合同法新论·分则》，中国政法大学出版社 1997 年版，第 90 页。）

〔2〕 参见王卫国主编：《合同法》，北京师范大学出版社 2010 年版，第 264 页。

三、赠与合同的效力

（一）赠与人的义务

1. 无偿移转标的物所有权。赠与合同与买卖合同一样，都需要交付并移转标的物的所有权。买卖合同中有关交付、移转所有权的规则，赠与合同可以参照适用，此不赘述。但与买卖合同不同，赠与人不得收取移转标的物所有权之对价，否则将根本改变合同性质。进一步说，在附义务的赠与中，赠与人施加给受赠人的义务不得是对待给付义务，不能是支付与标的物价值相当的价金亦不能是给付其他财产（否则可能构成互易）。例如，A 可以赠与一部手机给 B，所附义务是 B 每周给 A 打一次电话，但 A 不得要求 B 以其手表作交换，也不能要求 B 支付价款。[1]

2. 标的物的质量瑕疵担保义务。由于赠与合同是单务合同、无偿合同，赠与人一般不承担标的物的质量瑕疵担保义务，这种原则仅在特殊情形下可以被突破。[2]《民法典》第 662 条规定，赠与的财产有瑕疵的，赠与人不承担责任。附义务的赠与，赠与的财产有瑕疵的，赠与人在附义务的限度内承担与出卖人相同的责任。赠与人故意不告知瑕疵或者保证无瑕疵，造成受赠人损失的，应当承担赔偿责任。据此，赠与人在附义务的赠与和对瑕疵存在过错给受赠人造成损害的情形下，要就质量瑕疵问题承担责任。待解决的问题有二：一是如何理解"在附义务的限度内承担与出卖人相同的责任？"二是受赠人损失是仅指标的物自身的损

拓展知识
附义务赠与中
附加的义务

拓展案例
北京天港广告公司
诉中国体育舞蹈运
动协会赠与合同纠
纷案

拓展知识
赠与人的迟延履行
及给付不能责任慈
善法规定、学术观
点及立法例

---

〔1〕　附义务的赠与中可以附加的义务究竟是什么是一个值得研究的问题，本书认为所负的义务可以是劳务、行为或其他，但原则上不得是价金或财产，当然，在价金或财产的价值与标的物的价值相差甚巨的情况下，还是可以定性为赠与。例如 A 以 10 元的价格卖给 B 一部全新未拆封的 iPhone7，就不宜认定为买卖合同，而可以认定为赠与。

〔2〕　参见张新宝、龚赛红编著《买卖合同、赠与合同》，法律出版社 1999 年版，第 219 页。

失还是包含了标的物以外的人身财产损失。[1] 对于第一个问题，应当认为是在所附义务所具有的价值的范围内对标的物承担质量瑕疵担保责任。例如，A 赠与 B 一批电脑，但要求 B 要为其安装配套设施，若电脑出现瑕疵，A 应当以配套设置价值为限承担赔偿责任。[2] 对于第二个问题，本书认为这一损失不限于标的物自身的损失，还包括了其他由标的物质量瑕疵引起的损失。例如，A 将一批线路故障的咖啡机赠与 B 咖啡店并故意隐瞒，后咖啡机无法运转并造成 B 店中的线路烧坏并歇业，A 应当赔偿损坏的咖啡机、线路维修费用和歇业损失。

需要说明的是，尽管一般情况下赠与人不负有标的物的质量瑕疵担保义务，但他要负担标的物的权利瑕疵担保义务，因为若受赠人无法对抗第三人的权利主张，赠与的目的将不达，为此，赠与人要具有标的物的处分权限，标的物上有权利负担的，赠与人在订立合同时应当告知受赠人。

3. 妥当保管标的物的义务。依据《民法典》第 660 条第 2 款的规定，因赠与人故意或者重大过失致使赠与的财产毁损、灭失的，赠与人应当承担赔偿责任。也就是说赠与人还负有妥当保管标的物的义务，例如对需要包装的标的物进行妥当的包装，标的物的贮存有特殊要求的，要符合特殊要求。这一义务与受赠人的期待权相对，赠与人应当谨慎行事，满足受赠人对获取标的物的合理期待。

（二）受赠人的义务

由于赠与合同是单务合同，受赠人仅负有受领和配合义务，不存在给付义务。仅在附义务的赠与中，受赠人需要按照合同约

---

〔1〕 我国《民法典》第 662 条第 2 款规定的"造成受赠人损失"，需要进行界定：一是广义的理解，"损失"不仅包括赠与财产没有价值或者价值低于其应有的价值的损失，即间接损失或者期待利益的损失。也包括接受赠与和使用该赠与财产而造成的损失；二是狭义的理解，"损失"仅包括接受和使用该赠与财产而造成的损失，即直接损失。我国《民法典》没有在广义的损失和狭义的损失之间作出选择。本书认为，对于一般赠与合同，认定受赠人的损失应当采狭义损失的观点；对于特殊赠与可以采用广义损失的观点，也可以采狭义损失的观点，另外还可以要求赠与人更换赠与财产或者作出其他相应的补救。

〔2〕 参见王利明：《合同法分则研究》（上卷），中国人民大学出版社 2012 年版，第 187 页。

定履行义务。[1]

四、赠与合同的撤销和抗辩

（一）任意撤销权

任意撤销权，是指赠与人在合同生效后、交付标的物之前可以以自己的意思表示自由撤销赠与的权利。仅因赠与人自身的意思表示就能撤销合同是否妥当存在争议，因为这与合同的理念以及民法平等原则相悖，但我国《民法典》第 658 条规定，赠与人在赠与财产的权利转移之前可以撤销赠与。经过公证的赠与合同或者依法不得撤销的具有救灾、扶贫、助残等公益、道德义务性质的赠与合同，不适用前款规定。此规定肯定了赠与人的任意撤销权，但对其进行了限制，即仅一般赠与可以任意撤销，特殊赠与不适用任意撤销规则。

拓展知识
任意撤销权妥当性
的学说争议

（二）法定撤销权

法定撤销权，是指法律明确赋予赠与人在特殊情形下撤销赠与的权利。对此，《民法典》第 663 条规定："受赠人有下列情形之一的，赠与人可以撤销赠与：①严重侵害赠与人或者赠与人近亲属的合法权益；②对赠与人有扶养义务而不履行；③不履行赠与合同约定的义务。赠与人的撤销权，自知道或者应当知道撤销事由之日起 1 年内行使。"《慈善法》第 42 条、第 55 条和第 59 条也赋予了捐赠人在滥用捐赠财产、变更募捐方案规定的捐赠财产用途等情形下的法定撤销权。

法条链接
慈善法中关于赠
与人法定撤销权
的规定

同时，《民法典》第 664 条明确了法定撤销权可以代为行使，但期限有所缩短，即因受赠人的违法行为致使赠与人死亡或者丧失民事行为能力的，赠与人的继承人或者法定代理人可以撤销赠与。赠与人的继承人或者法定代理人的撤销权，自知道或者应当知道撤销事由之日起 6 个月内行使。

拓展知识
赠与人的继承人的
撤销权学术观点及
域外立法例

由此可见，任意撤销权和法定撤销权在事由、行使期间、行

拓展知识
穷困抗辩与情势
变更的关系

---

[1]　有学者指出该义务应当以受赠人接受标的物的价值为限。（参见魏耀荣等：《中华人民共和国合同法释论（分则）》，中国法制出版社 2000 年版，第 144 页。）但本书认为，这种说法欠妥当：一是所附义务是劳务或行为的赠与价值不好计算，难以与标的物的价值做比较；二是合同应当尊重当事人的意思自治，在义务履行所花费的成本高于所获利益的情况下，若受赠人表示接受并无什么不妥。例如 A 想在别墅区建一栋房子但缺材料，B 赠与其价值 30 万元的建筑材料，要求建成后提供一间房屋供其居住。

使主体上均存在差异，但二者的行使后果都是"恢复原状"，即受赠人应当返还受赠财产，在法定撤销的情形下，受赠人还须进行损害赔偿。

（三）穷困抗辩权

穷困抗辩权是指赠与人得以其经济状况恶化为由，免除赠与义务。[1] 对此，《民法典》第666条规定，赠与人的经济状况显著恶化，严重影响其生产经营或者家庭生活的，可以不再履行赠与义务。《慈善法》第41条第2款规定："捐赠人公开承诺捐赠或者签订书面捐赠协议后经济状况显著恶化，严重影响其生产经营或者家庭生活的，经向公开承诺捐赠地或者书面捐赠协议签订地的民政部门报告并向社会公开说明情况后，可以不再履行捐赠义务。"

进行穷困抗辩须由赠与人证明自身经济状况恶化，且须证明其生产经营或家庭生活受到了严重影响。需要注意的是，行使穷困抗辩权并不影响合同的效力，赠与合同仍然有效存在，当赠与人的经济状况好转后，其仍然需要履行赠与的义务。正因如此，在任意撤销权之外还赋予赠与人穷困抗辩权是很有意义的，前者是"主观不愿"，后者是"客观不能"，理应区别对待。

---

[1] 国外立法有的赋予穷困状况下赠与人撤销权，但我国采用的是抗辩权主义。

第十四章　借款合同

本章知识结构图

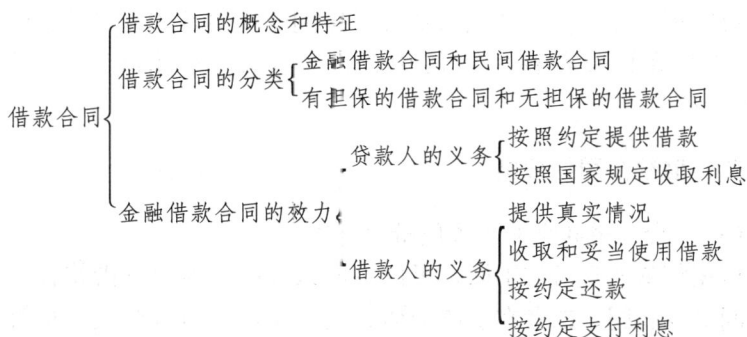

借款合同 {
　借款合同的概念和特征
　借款合同的分类 { 金融借款合同和民间借款合同
　　　　　　　　　有担保的借款合同和无担保的借款合同
　金融借款合同的效力 {
　　　贷款人的义务 { 按照约定提供借款
　　　　　　　　　　按照国家规定收取利息
　　　借款人的义务 { 提供真实情况
　　　　　　　　　　收取和妥当使用借款
　　　　　　　　　　按约定还款
　　　　　　　　　　按约定支付利息
}

本章重点内容讲解

借款合同是指双方当事人约定一方向他方提供借款，他方当事人到期返还借款并支付利息的合同。对于借款合同的学习，需注意以下三个方面：一是在我国，借款合同分为以金融机构为合同一方当事人的借款合同与自然人之间的借款合同，这种差别导致了合同的不同特征；二是由于借款合同标的物为货币的特殊性，款项借出的同时转移了货币的所有权，这与出借其他物的借用合同不同，相比而言，借款合同出借人的风险更大；三是借款合同以信用为基础，签订借款合同时，出借人十分注重借款人的信用，甚至很多情况下要求借款人提供相应的担保。

一、借款合同的概念和特征

借款合同是指当事人约定由一方提供借款，另一方到期还款并支付利息的合同。[1] 其中，提供借款的为贷款人，接受并还

---

〔1〕　我国《民法典》第 667 条对借款合同定义作出了明确规定。

款的为借款人。

贷款合同具有以下特征:[1]

1. 诺成性。借款合同是诺成合同,无须以借款的实际交付为合同成立要件;

2. 要式性。订立借款合同须采用书面形式,这是借款合同的生效要件;

3. 双务有偿性。贷款人负有提供借款之义务,借款人负有还款付息之义务;

4. 客体特殊性。借款合同的客体是货币,金钱适用"占有即所有"的原则,因此依据借款合同提供借款供另一方使用实质为移转货币的所有权而非使用权,这与借用合同存在本质差别。[2]

拓展知识
借款合同和消费
借贷的关系

二、借款合同的分类

(一)金融借款合同和民间借款合同

依据贷款人身份的不同,可以将借款合同分为金融借款合同和民间借款合同,二者在主体资质、成立要件、是否要式、是否有偿等方面存在差别。

在主体资质上,金融借款合同的贷款人必须是金融机构如银行、信用合作社等,这些金融机构由国家批准设立,并受到严格的管控;民间借款合同则是自然人之间的借贷,对主体资质无特殊要求。

在成立要件上,金融借款合同是诺成合同,但民间借款合同是实践合同。自然人之间的借款合同,自贷款人提供借款时成立。

在是否要式上,金融借款合同是要式合同,民间借款合同原则上也是要式合同,但存在例外。依据《民法典》第668条的规

---

[1] 考虑到金融借款在当今社会中的主流地位和重要作用,此处以金融借款合同为对象梳理借款合同的特征,自然人之间的借款合同不适用,在后文金融借款合同和民间借款合同的差异部分将会说明特殊规则。

[2] 我国《民法典》规定的借款合同与传统民法上的借贷合同不同,借贷合同是指当事人双方约定,一方将物品或者金钱转移于对方,对方于一定期限内返还的合同。借贷合同一般可分为使用借贷合同与消费借贷合同。使用借贷合同又称为借用合同,借款合同属于借贷合同中的消费借贷合同。

定，借款合同应当采用书面形式，但是自然人之间借款另有约定的除外。即民间借款合同的当事人可以约定不采用书面形式。

在是否有偿上，金融借款合同一定是有偿的，但民间借款合同除明确约定外，可以无偿。依据《民法典》第680条第2款、第3款的规定，借款合同对支付利息没有约定的，视为没有利息。自然人之间的借款合同对支付利息约定不明确的，视为没有利息。

提前还款责任不同。在借款人提前还款时，金融机构不能拒绝受领，但可以向借款人主张由此增加的费用；民间借贷中，借款人除本金外仅应向贷款人支付实际借款期间的利息，但允许当事人另行约定。

表 14-1　金融借款合同与民间借款合同的区别

	金融借款合同	民间借款合同
主体资质	金融机构如银行、信用合作社	自然人或非金融资质企业（偶尔借贷）
成立要件	诺成合同	实践合同
形式要求	要式合同	不要式合同
是否有偿	有偿合同	可以是无偿合同
提前还款责任	借款人承担提前还款费月	一般仅归还实际借款期间的本息

（二）有担保的借款合同和无担保的借款合同

依据是否为借款提供担保，可以分为有担保的借款合同和无担保的借款合同。由于借款是一种基于信用进行的金钱给付，一般都会要求借款人提供担保，这在金融机构借款中尤为常见。订立借款合同，贷款人可以要求借款人提供担保。担保依照《民法典》第392条的规定，具本有两种担保方式，一为"人保"，即由保证人提供的担保，又称保证；二为物保，即设定担保物权。应当说，这两种方式在有担保的借款合同中均可以采纳。

三、金融借款合同的效力

（一）贷款人的义务

1. 按照约定提供借款。提供借款是贷款人的主要义务，借款的提供应当严格按照当事人的约定进行。对此，《民法典》第671条第1款规定，贷款人未按照约定的日期、数额提供借款，造成借款人损失的，应当赔偿损失。事实上，借款合同的内容应当包括借款种类、币种、用途、数额、利率、期限和还款方式等，每一项贷款人都需要遵循，当事人对以上事项无约定或约定不明的，依据《民法典》相关规定。

2. 按照国家规定收取利息。金融借款合同是有偿合同，应当收取借款利息，在收取利息时，则要注意遵循法律的规定。首先，借款的利息不得预先在本金中扣除。利息预先在本金中扣除的，应当按照实际借款数额返还借款并计算利息。其次，办理贷款业务的金融机构贷款的利率，应当按照中国人民银行规定的贷款利率的上下限确定，贷款人不得逾越中国人民银行的有关规定自行决定利率。

拓展知识
关于金融机构借
款利率问题

（二）借款人的义务

1. 提供真实情况。为取得借款，借款人必须向贷款人提供借款相关事项的真实情况，所谓"相关事项"，《民法典》第669条明确指出"与借款有关的业务活动和财务状况"，这些事项应当能够证明借款人的信用状况。例如A意欲贷款100万用于蔬菜种植基地的扩大建设，为此，他就必须提供蔬菜基地的位置、客源、销量、资金运转状况等情况，贷款人才能以此为依据确定是否发放贷款。除此之外，在获得贷款之后，贷款人享有检查监督借款人借款使用情况的权利，借款人应当按照约定向贷款人定期提供有关财务会计报表等资料。

2. 收取和妥当使用借款。依据《民法典》第671条第2款的规定，借款人未按照约定的日期、数额收取借款的，应当按照约定的日期、数额支付利息。可见收取借款也是借款人的义务之一。在收取借款之后，借款人应当按照约定的用途使用借款，例如投入生产经营、建设房屋等，不得挪作他用，否则贷款人可以停止发放借款、提前收回借款或者解除合同。

3. 按约定还款。借款人应当按照约定的期限、方式返还借款。对借款期限没有约定或者约定不明确，依据《民法典》第510条规定仍不能确定的，借款人可以随时返还；贷款人可以催告借款人在合理期限内返还。借款人也可以在还款期限届满之前向贷款人申请展期。贷款人同意的，可以展期。

4. 按约定支付利息。借款人应当按照与贷款人合同的约定期限、利率和方式支付利息。对支付利息的期限没有约定或者约定不明确，依据《民法典》第510条的规定仍不能确定，借款期间不满1年的，应当在返还借款时一并支付；借款期间1年以上的，应当在每届满1年时支付，剩余期间不满1年的，应当在返还借款时一并支付。

当借款人未按照约定的期限返还借款时，应当按照约定或者国家有关规定支付逾期利息。借款人提前偿还借款的，除当事人另有约定的以外，应当按照实际借款的期间计算利息。

民间借款合同没有金融借款合同复杂。贷款人不具有提供借款的义务，因为给付借款对合同才成立生效。因此，民间借款合同中主要讨论借款人义务的问题。[1] 总的来说，借款人具有还款义务，明确约定了利息的，应当按照约定支付利息，利息的给付期限可以比照金融借款合同的规定。民间借款一般不关心借款的使用用途，因此借款人不具有提供真实情况和汇报的义务，但当事人约定的除外。

拓展知识
本息清偿顺序

拓展知识
P2P 基础知识

法条链接

课后练习与测试

---

〔1〕　参见苏号朋：《合同法教程》，中国人民大学出版社 2015 年版，第 357 页。

第十五章　保证合同

保证合同
├─ 保证合同的概念
├─ 保证合同的特征
├─ 保证合同的订立和保证合同的内容
│   ├─ 保证合同的订立
│   └─ 保证合同的内容
│   ├─ 保证范围
│   ├─ 保证方式
│   └─ 保证期间
└─ 保证合同的效力
    ├─ 诉讼时效
    ├─ 债权变更对保证合同效力的影响
    │   ├─ 主债权内容变更
    │   ├─ 债权转让
    │   └─ 债务承担
    ├─ 特定情形下保证人责任的消减和免除
    │   ├─ 债权人放弃或怠于行使对债务人的权利
    │   ├─ 债权人行使或放弃其他担保权利
    │   └─ 债务人履行或抵销债务
    └─ 保证人的追偿和抗辩
        ├─ 保证人之间的追偿权
        ├─ 保证人对债务人的追偿权
        └─ 保证人的抗辩权

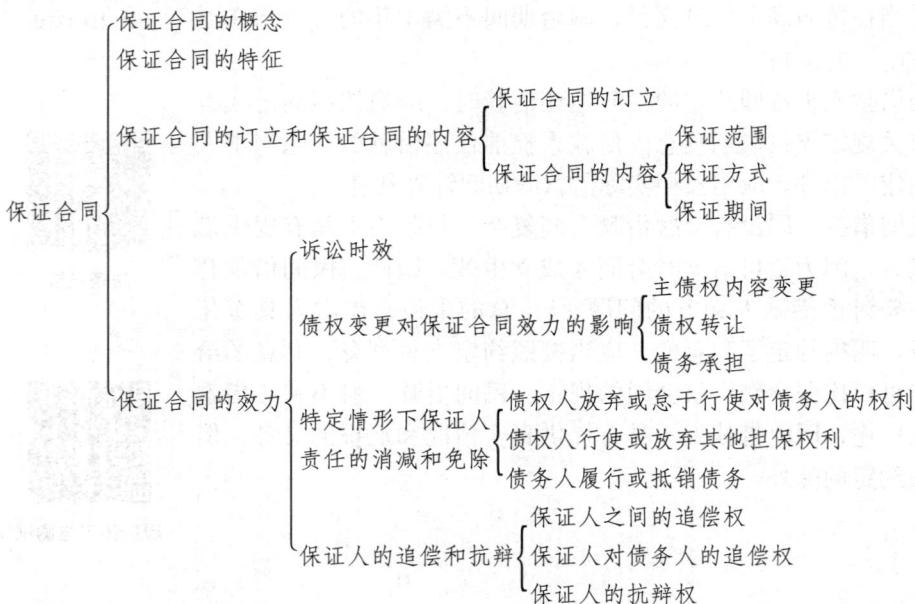

本章重点内容讲解

　　保证合同是为保障合法债权的实现，保证人和债权人约定，当债务人不履行到期债务或者发生当事人约定的情形时，保证人按照约定履行债务或承担责任的合同。其具有从属性、单务性、诺成性、无偿性以及主体限定性等特征。重点把握保证合同订立及当事人的权利与义务的相关规则。

一、保证合同的概念

　　保证合同是为保障合法债权的实现，保证人和债权人约定，当债务人不履行到期债务或者发生当事人约定的情形时，保证人按照约定履行债务或承担责任的合同。[1] 其中，接受保证的是债权人，为债务人提供保证的是保证人，被保证债务的承担人是债务人。保证合同须明确包含"保证人按照约定履行债务或承担责任"的内容。实践中，许多银行会出具函件，为委托贷款中的贷款人提供风险兜底，除非有上述明确约定，这种函件只有安慰效力，并非保证合同。

拓展知识
保证意思表
示的认定

二、保证合同的特征

1. 从属性。保证是担保中的"人的保证"，与担保物权一样，具有从属性特征。保证合同是主债权合同的从合同。[2] 除当事人另有约定或法律另有规定外，主债权合同无效的，保证合同也无效。保证合同被确认无效后，债务人、保证人、债权人应当根据其过错各自承担相应的责任。对此，《最高人民法院关于适用〈中华人民共和国担保法〉若干问题的解释》（以下简称《担保法司法解释》）第 7 条规定："主合同有效而担保合同无效，债权人无过错的，担保人与债务人对主合同债权人的经济损失，承担连带赔偿责任；债权人、担保人有过错的，担保人承担民事责任的部分，不应超过债务人不能清偿部分的1/2。"

2. 单务性、无偿性。保证人以自己的信用或责任财产为债务人的债务提供保证，其向债权人偿付后可以向债务人追偿，但不能向债权人要求对待给付。因此，具有单务性、无偿性的特征。

3. 诺成性。保证合同是诺成合同，经保证人和债权人约定而生效。

4. 主体有限性。依据《民法典》第 683 条的规定，并非所有的自然人、法人和非法人组织均能提供保证，有的依据法律规定不得成为保证人，有的非经一定的授权程序也不得成为保证人。保证人的资格会直接影响保证合同的效力。

---

〔1〕 参见《民法典》第 681 条的规定。

〔2〕 参见邹海林、常敏：《债权担保的方式和应用》，法律出版社 1998 年版，第 35 页。我国《民法典》第 682 条对保证合同的从属性及保证合同无效的法律后果作出了明确规定："保证合同是主债权债务合同的从合同。主债权债务合同无效的，保证合同无效，但是法律另有规定的除外。"

三、保证合同的订立和保证合同的内容

（一）保证合同的订立

保证合同可以采取三种订立方式：一是由债权人和保证人订立保证合同。二是在主合同中约定保证条款并由保证人签字。《最高人民法院关于审理经济合同纠纷案件有关保证的若干问题的规定》第3条规定："保证人在债权人与被保证人签订的订有保证条款的主合同上，以保证人的身份签字或者盖章；或者主合同中虽没有保证条款，但保证人在主合同上以保证人的身份签字或者盖章的，视为保证合同成立。"三是第三人单方以书面形式向债权人出具担保书，债权人接受且无异议的。

此外，只有具有保证资格的人才能订立保证合同。对此，《民法典》第683条规定了消极范围：一是机关法人，但经国务院批准为使用外国政府或者国际经济组织贷款进行转贷的除外；二是以公益为目的的非营利法人、非法人组织。

拓展知识
银行分支机构的
对外担保效力

（二）保证合同的内容

1. 保证范围。依据《民法典》第691条规定，保证的范围包括主债权及其利息、违约金、损害赔偿金和实现债权的费用。当事人另有约定的，按照其约定。

2. 保证方式。对于保证方式，当事人可以约定采用一般保证或连带责任保证。当事人在保证合同中对保证方式没有约定或约定不明确的，依法按照连带责任保证方式承担责任；当事人在保证合同中约定，债务人不能履行债务时，由保证人承担保证责任的，为一般保证。

拓展知识
关于保证方式立法
规定的学术观点

一般保证中，保证人享有先诉抗辩权。[1] 债权人未在保证期间内以诉讼或仲裁的方式向债务人主张债权的，保证人不再承担保证责任。在诉讼中，一般不能单独以一般保证人为被告，法院会将债务人追加为共同被告。并且，保证人就债务人和同一债务的连带责任保证人或者物的担保人依法强制执行仍不能履行债务前，有权拒绝承担保证责任。当然，一般保证人的先诉抗辩权可能丧失，如债务人下落不明或者移居境外，且无财产可供执

---

[1] 参见崔建远主编：《合同法》，法律出版社2000年版，第152页。

行；人民法院受理债务人破产案件，中止执行程序；债权人有明确的证据证明债务人的资产不足以清偿全部债务或者明显缺乏清偿能力；保证人放弃先诉抗辩权。

连带责任保证中，保证人不享有先诉抗辩权，债权人得在债务人不履行到期债务时径直向保证人主张债权。[1] 但连带责任保证的债权人未在保证期间内对保证人主张承担连带保证责任，保证人可以免除保证责任。

3. 保证期间。依据《灵法典》第692条和第693条的规定，保证期间是保证人承担保证责任的期间，不发生中止、中断和延长的法律后果，一旦债权人未在保证期间内向保证人主张保证责任，保证人的保证责任即告免除。但也有例外，例如《最高人民法院关于人民法院应当如何认定保证人在保证期间届满后又在催款通知书上签字问题的批复》规定："保证期间届满债权人未依法向保证人主张保证责任的，保证责任消灭。保证责任消灭后，债权人书面通知保证人要求承担保证责任或者清偿债务，保证人在催款通知书上签字的，人民法院不得认定保证人继续承担保证责任。但是，该催款通知书内容符合合同法和担保法有关担保合同成立的规定，并经保证人签字认可，能够认定成立新的保证合同的，人民法院应当认定保证人按照新保证合同承担责任。"

债权人和保证人可以约定保证期间，但约定的保证期间早于主债务期限或者与主债务期限同时届满的，视为没有约定；没有约定或者约定不明确的，保证期间为主债务履行期限届满之日，或者债务人在主债务履行期限届满之前明确表示或者以自己的行为表明不履行债务之日起6个月。债权人与债务人对主债务履行期限没有约定或约定不明确的，保证期间自债权人要求债务人履行义务的宽限期届满之日起计算。

拓展知识
保证期间的性质

〔1〕　参见江平主编：《民法学》，中国政法大学出版社2000年版，第511页。

四、保证合同的效力

(一) 诉讼时效

因保证方式的不同，保证合同诉讼时效起算和中断情形不同。

一般保证中，债权人在期间届满前对债务人提起诉讼或申请仲裁的，从保证人拒绝承担保证责任的权利消灭之日起，开始计算保证债务的诉讼时效。并且，主债务诉讼时效中断，保证债务诉讼时效也中断。连带责任保证中，债权人在保证期间届满前要求保证人承担保证责任的，自债权人要求保证人承担保证责任之日起，开始计算保证债务的诉讼时效。与一般保证不同，债权人向连带责任保证人主张权利的方式多种多样，例如可以发出催告函并要求保证人签字确认债务、可以口头主张保证责任等。并且，主债务诉讼时效中断不能引起保证债务的诉讼时效中断。

但主债务诉讼时效中止的，一般保证债务和连带责任保证债务均中止。

在此，我们可以总结出一般保证和连带责任保证的区别：

表 15-1　一般保证和连带保证的区别

	一般保证	连带责任保证
方式选择	明确约定	没有约定或约定不明
先诉抗辩权	享有	不享有
诉讼时效	随主债权中断而中断	债权人向保证人主张权利而中断
主张权利	起诉或仲裁	向保证人主张权利或保证人承认债务
当事人诉讼地位	不能只起诉保证人	可以单独起诉保证人

(二) 债权变更对保证合同效力的影响

1. 主债权内容变更。依据《民法典》第 695 条的规定，债权人和债务人在保证期间内未经保证人书面同意，协商变更主债权合同内容，减轻债务的，保证人仍对变更后的债务承担保证责任；加重债务的，保证人对加重的部分不承担保证责任。债权人和债务人变更主债权债务合同的履行期限，未经保证人书面同意的，保证期间不受影响。债权人与债务人协议变更主合同内容，但并未实际履行的，保证人仍应当承担保证责任。

2. 债权转让。依据《民法典》第 696 条的规定，债权人在保证期间内将全部或部分债权转让给第三人，通知保证人后，保证人对受让人承担相应的保证责任。未经通知，该转让对保证人不发生效力。保证人与债权人约定禁止债权转让，债权人未经保证人书面同意转让债权的，保证人就受让人的债权不再承担保证责任。

3. 债务承担。根据《民法典》第 697 条的规定，债权人未经保证人书面同意许可债务人转让全部或部分债务，保证人对未经其同意转让的债务不再承担保证责任，但债权人和保证人另有约定的除外。债权人在保证期间内未经保证人同意许可新的债务人加入债务对债务承担连带责任的，保证人的保证责任不受影响；在保证期间内因分立、合并等原因导致债务人在合同中的权利和义务一并转让给第三人的，保证人的保证责任不受影响。

（三）特定情形下保证人责任的消减和免除

1. 债权人放弃或怠于行使对债务人的权利。根据《民法典》第 698 条的规定，一般保证的保证人在主债务履行期限届满后，向债权人提供了债务人可供执行财产的真实情况，债权人放弃或怠于行使权利致使该财产不能被执行的，保证人在其提供的可供执行财产的价值范围内免除保证责任。

2. 债权人行使或放弃其他担保权利。根据《民法典》第 392 条的规定，被担保的债权既有物的担保又有人的担保的，债务人不履行到期债务或者发生当事人约定的实现担保物权的情形，债权人应当按照约定实现债权；没有约定或者约定不明确，债务人自己提供物的担保的，债权人应当先就该物的担保实现债权；第三人提供物的担保的，债权人可以就物的担保实现债权，也可以要求保证人承担保证责任。提供担保的第三人承担担保责任后，有权向债务人追偿。

即在同一债务上既存在物的担保又存在人的保证时，如果债务人自己提供担保物，则债权人应当优先行使担保物权；非债务人自己提供担保物时，债权人可以选择实现担保物权或要求保证人承担保证责任。在债权人行使其他权利获得受偿或放弃行使其他权利导致无法受偿的范围内，保证人得免除相应责任。

3. 债务人履行或抵销债务。保证合同是主债权合同的从合同，债务人履行部分或全部债务时，相应的保证人的责任范围得到缩减或免除。因此，当债务人履行债务或主张抵销时，保证人仅就剩余的、债权人未获得受偿的债权承担保证责任。在债务人破产的情形下，债权人也仅能要求保证人就其通过破产程序未能受偿的债权承担保证责任。

（四）保证人的追偿和抗辩

1. 保证人之间的追偿权。依据《民法典》第699条的规定，同一债务有两个以上的保证人的，债权人与保证人可以约定保证人应当承担的保证份额。约定了保证份额的，保证人按照约定承担保证责任；没有约定份额或约定不明确的，全体保证人在其对债权人所承担的保证范围内承担连带责任。承担保证责任的保证人可以要求其他保证人清偿其应当分担的份额。也就是说，约定保证份额的保证人向债权人承担了超过约定份额的责任的，可以向其他保证人追偿。

2. 保证人对债务人的追偿权。依据《民法典》第700条的规定，保证人承担保证责任后，除当事人另有约定外，有权在其承担担保责任的范围内向债务人追偿，并享有债权人对债务人的所有权利，但不得损害债权人的利益。并且，在债务人已经破产的情况下，保证人已经替债务人清偿债务的，可以以其追偿权申报债权；尚未代替债务人清偿债务的，若债权人尚未申报债权，可以以其对债务人的将来追偿权申报债权。债权人知道或应当知道债务人已经破产，既未申报债权也未通知保证人，致使保证人不能行使追偿权的，保证人就该债权在破产程序中可能受偿的范围内免除保证责任。

3. 保证人的抗辩权。首先，保证人享有债务人所享有的一切抗辩权，即使债务人放弃抗辩的，不妨碍保证人以相同事由提出相同的抗辩；其次，保证人可以自行抗辩，如保证期间经过、一般保证人的先诉抗辩[1]、保证合同无效抗辩等。

拓展知识
保证和债务加入的
区别与联系

法条链接

课后练习与测试

----

〔1〕 保证人的先诉抗辩权，又称为检索抗辩权，即当债权人向保证人请求履行保证债务时，保证人有权要求债权人先就主债务人财产诉请强制执行，或在有物权担保时先执行物权担保。对此，《德国民法典》第711条规定，保证人在债权人未就主债务人的财产强制执行而无效果前，对于债权人得拒绝清偿。

第十六章 租赁合同

本章知识结构图

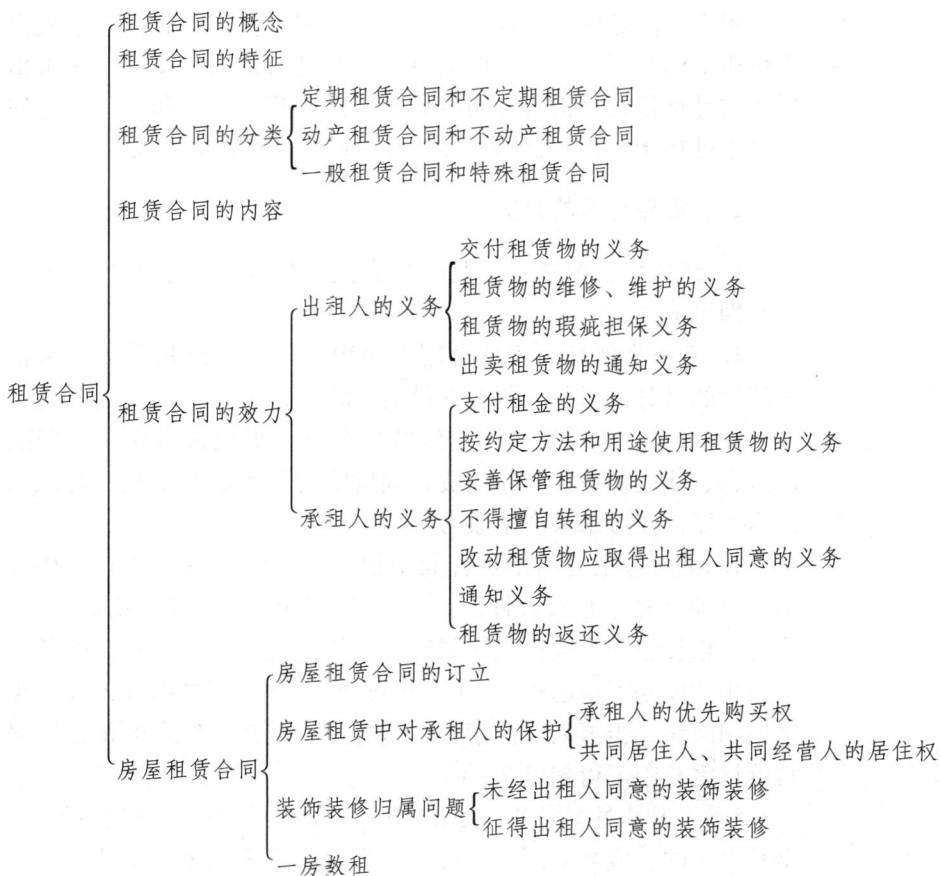

```
                  ┌ 租赁合同的概念
                  │ 租赁合同的特征
                  │                  ┌ 定期租赁合同和不定期租赁合同
                  │ 租赁合同的分类 ┤ 动产租赁合同和不动产租赁合同
                  │                  └ 一般租赁合同和特殊租赁合同
                  │ 租赁合同的内容
                  │                                    ┌ 交付租赁物的义务
                  │                                    │ 租赁物的维修、维护的义务
                  │                   ┌ 出租人的义务 ┤ 租赁物的瑕疵担保义务
                  │                   │                └ 出卖租赁物的通知义务
                  │ 租赁合同的效力 ┤                  ┌ 支付租金的义务
  租赁合同 ┤                   │                  │ 按约定方法和用途使用租赁物的义务
                  │                   │                  │ 妥善保管租赁物的义务
                  │                   └ 承租人的义务 ┤ 不得擅自转租的义务
                  │                                    │ 改动租赁物应取得出租人同意的义务
                  │                                    │ 通知义务
                  │                                    └ 租赁物的返还义务
                  │                  ┌ 房屋租赁合同的订立
                  │                  │                            ┌ 承租人的优先购买权
                  │                  │ 房屋租赁中对承租人的保护 ┤ 共同居住人、共同经营人的居住权
                  └ 房屋租赁合同 ┤                            └
                                     │                    ┌ 未经出租人同意的装饰装修
                                     │ 装饰装修归属问题 ┤ 征得出租人同意的装饰装修
                                     └ 一房数租
```

本章重点内容讲解

租赁合同是出租人将租赁物交付承租人使用、收益，承租人支付租金的合同。从严格意义上讲，租赁合同属于债权性合同，但在某些特殊情况下，租赁债权具有对抗第三人的特性，如"买卖不破租赁"规则，这体现了债权物权化的趋势。租赁债权的物权化表现为当租赁物的所有权转移时，租赁合同对于新的所有权人仍然有效。租赁合同中双方当事人的权利义务及义务违反的救济应予以关注，注意租赁合同的有偿性及租赁期限最长20年的规定。

一、租赁合同的概念

租赁合同是出租人将租赁物交付承租人使用、收益，承租人支付租金的合同，其中，提供租赁物的是出租人，接受、使用租赁物的是承租人。租赁合同与买卖合同、赠与合同和借款合同的不同之处在于，租赁合同只移转使用权而不移转所有权。

二、租赁合同的特征

1. 诺成性。租赁合同是诺成合同，仅双方当事人意思表示一致即可成立。

2. 双务有偿性。租赁合同中出租人负有交付租赁物供承租人使用的义务，承租人负有支付租金的义务。

3. 继续性。租赁合同是继续性合同，承租人得在一定期限内占有、使用租赁物。在租赁合同解除时，无法产生溯及既往的效力，而仅能对未来产生效力。

4. 期限有限性。租赁合同中租赁物的使用权和所有权相分离，这种分离并非永久性的，否则标的物的所有权可能被架空，为此，租赁合同一般存在期限限制。依据《民法典》第705条规定，租赁期限不得超过20年。超过20年的，超过部分无效。租赁期间届满，当事人可以续订租赁合同；但是，约定的租赁期限自续订之日起不得超过20年。

5. 不要式性。依据《民法典》第707条规定，租赁期限6个月以上的，应当采用书面形式。当事人未采取书面形式的，无法确定租赁期限的，视为不定期租赁。据此，不采取书面形式不影响合同效力，仅影响租赁合同的类型及租赁期限的确定。

6. 标的物特殊性。承租人为使用租赁物，必须取得租赁物的占有，为此，租赁物必须是有体物，[1] 能够为人力所感知和控制。同时，租赁期限届满，出租人得以所有权人身份取回标的物，故租赁物不能是一次性使用的物品或消耗品（如食品、清洁用品），而必须是耐用品。

三、租赁合同的分类

（一）定期租赁合同和不定期租赁合同

按照租赁合同是否可以确定租赁期限，可以分为定期租赁合同和不定期租赁合同。定期租赁合同是指租赁合同明确约定了租期，或虽无合同约定但当事人达成补充协议，或可以通过合同目的、交易习惯等确定租赁期限的合同。[2] 不定期租赁合同则是无法确定租赁期限的合同，即无法通过租赁合同的条款、目的和交易习惯确定租期的合同。除此之外，依据《民法典》第707条相关规定，租赁期限6个月以上但并未采用书面形式的合同也是不定期租赁合同；租赁期间届满，承租人继续使用租赁物，出租人没有提出异议的，原租赁合同继续有效，但租赁期限为不定期。

区分二者的意义在于，首先，不定期租赁合同的期限不确定，交还租赁物的时间也不确定，因此在违约时点的判断上与定期租赁合同有所不同。其次，依据《民法典》第730条的规定，不定期租赁合同的当事人可以随时解除合同，但应当在合理期限内通知对方。

（二）动产租赁合同和不动产租赁合同

根据租赁物类型的不同，可以将租赁合同分为动产租赁合同和不动产租赁合同。区分二者的意义在于，不动产租赁合同多涉及承租人基本生活所需。为此，法律多对其租赁权给予相对于动产租赁更多的保护，[3] 例如优先购买权规则，共同生活人继续居住规则等，后文将会详述。

---

〔1〕　因承租人在取得了特定物的使用、收益的权利后，出租人即无从对该物进行使用、收益，所以租赁合同的标的物仅为有体物。对无体物使用权的取得不适用租赁合同。（参见郭明瑞、王轶：《合同法新论·分则》，中国政法大学出版社1997年版，第93页。）

〔2〕　参见乔燕主编：《租赁合同》，人民法院出版社2000年版，第20页。

〔3〕　参见崔建远主编：《合同法》，法律出版社2016年版，第334页。

（三）一般租赁合同和特殊租赁合同

根据是否存在特别法律的规定，可以将租赁合同分为一般租赁合同和特殊租赁合同。前者是指《民法典》专章规定的租赁合同，后者是指融资租赁合同、《中华人民共和国民用航空法》规定的航空器租赁等。区分二者的主要意义在于法律适用不同，《民法典》相关章节构成租赁合同的一般规则，融资租赁合同及《民用航空法》《中华人民共和国海商法》《中华人民共和国房地产管理法》（以下简称《房地产管理法》）等构成特殊租赁合同的规则，后者在特殊租赁合同中优先适用。

四、租赁合同的内容

依据《民法典》第704条的规定，租赁合同的内容包括租赁物的名称、数量、用途、租赁期限、租金及其支付期限和方式、租赁物维修等条款。其中，名称、数量、用途、租赁期限、租金及其支付期限和方式是租赁合同的必备条款，其中一项的缺失可能导致租赁合同无法履行；租赁物维修、是否允许改善或增设他物、是否允许转租可以认为是租赁合同的指引性条款，不一定需要写入租赁合同，但这些条款的缺失可能导致租赁关系中的争议和权利冲突。对于特殊类型的租赁物如房地产，法律明确规定合同要包含租赁期限、租赁用途、租赁价格、修缮责任等条款，并向房产管理部门登记备案。

五、租赁合同的效力

（一）出租人的义务

1. 交付租赁物的义务。对租赁物的交付是出租人对承租人负有的最基本、最主要的义务。交付的租赁物必须满足合同项下的要求，并且，由于租赁合同是继续性合同，该租赁物不仅在交付时要满足合同约定，在承租人使用期间也需满足这种要求。对此，《民法典》第708条也规定，出租人应当按照约定将租赁物交付承租人，并在租赁期限内保持租赁物符合约定的用途。

2. 租赁物的维修、维护义务。依据《民法典》第712条规定，出租人应当履行租赁物的维修义务，但是当事人另有约定的

拓展知识
出租人维修义务
学术观点、域外
立法例

除外。即原则上出租人承担租赁物的维修义务。[1] 但这种义务是一种"被动义务",在租赁物由承租人占有、使用的情况下,出租人进行主动的维修反而会对承租人造成不便,为此,在承租人要求维修的情况下,出租人方可履行此项义务。出租人拒绝履行的,构成违约,承租人可以解除合同或自行维修,维修费用由出租人负担且出租人承担违约责任。此外,因维修租赁物影响承租人使用的,应当相应减少租金或者延长租期,但因可归责于承租人的事由致使租赁物毁损的除外。

3. 租赁物的瑕疵担保义务。出租人须对租赁物承担如同买卖合同中出卖人一般的瑕疵担保义务,包括质量瑕疵担保义务和权利瑕疵担保义务。[2] 出租人违反瑕疵担保义务的,应承担违约责任。对此,《民法典》第 708 条规定,出租人应当按照约定将租赁物交付承租人,并在租赁期限内保持租赁物符合约定的用途。并且,租赁物有危及承租人的安全或者健康的缺陷,即使承租人订立合同时明知该租赁物有缺陷,或承租人已经明示放弃解除权,承租人仍然可以随时解除合同。同时,因第三人主张权利,致使承租人不能对租赁物使用、收益的,承租人可以要求减少租金或者不支付租金。

拓展知识
承租人特别解除
权学术观点、域
外立法例

4. 出卖租赁物的通知义务。在租赁期间,出租人出卖租赁物的,租赁合同的效力不受影响,即"买卖不破租赁",[3] 新的所有权人应当替代原租赁物的所有权人成为租赁合同的当事人(法定的债权债务承受)。例如,《最高人民法院关于审理城镇房屋租赁合同纠纷案件具体应用法律若干问题的解释》(以下简称《城镇房屋租赁合同解释》)第 20 条规定:"租赁房屋在租赁期间发生所有权变动,承租人请求房屋受让人继续履行原租赁合同的,人民法院应予支持。但租赁房屋具有下列情形或者当事人另

---

〔1〕 此处所谓的维修义务,有些立法例上称作修缮义务,是指租赁物毁损,致不适合于约定的使用、收益的状态时,出租人应予以修复的义务。(参见刘春堂:《民法债编各论》(上),三民书局 2008 年版,第 243~244 页;转引自崔建远主编:《合同法》,法律出版社 2016 年版,第 337 页。)

〔2〕 参见郑云瑞:《合同法》,北京大学出版社 2018 年版,第 356 页。

〔3〕 由于不动产租赁中的租赁权在一定程度上可以对抗所有权,并且承租人在租赁期间可以排除第三人之妨害,租赁权的性质非常近似于物权。事实上,关于租赁权的性质,学界多有探讨,总的来说有"债权说""物权说"和"折口说"。

有约定的除外：①房屋在出租前已设立抵押权，因抵押权人实现抵押权发生所有权变动的；②房屋在出租前已被人民法院依法查封的。"在"买卖不破租赁"的情况下，出租人应当将租赁物所有权变动情况通知承租人，否则承租人仍可向原出租人行使权利或履行义务。原出租人因出卖租赁物而要求解除合同的，须向承租人承担违约责任。

在房屋租赁的情况下，承租人还享有对租赁物同等条件下的优先购买权。为实现承租人的这种权利，出租人亦须对其发出通知，该通知需要满足以下要求：通知内容包括出卖房屋的价格、时间、付款方式等内容，以便承租人考虑是否按照同等条件行使优先购买权；该通知必须到达承租人，为承租人所受领；该通知作出后，应当给予承租人合理的期限供其考虑是否行使此项权利。

（二）承租人的义务

1. 支付租金的义务。根据《民法典》第 721 条的规定，承租人须按照合同约定的期限向出租人支付租金。支付期限没有约定或约定不明的，依据《民法典》第 510 条的规定仍不能确定的，租赁期限不满 1 年的，应当在租赁期限届满时支付；租赁期限 1 年以上的，应当在每届满 1 年时支付，剩余期限不满 1 年的，应当在租赁期限届满时支付。第 722 条规定，承租人无正当理由未支付或者迟延支付租金的，出租人可以请求承租人在合理期限内支付；承租人逾期不支付的，出租人可以解除合同。但因不可归责于承租人的事由，致使租赁物部分或者全部毁损、灭失的，承租人可以要求减少租金或者不支付租金。

2. 按约定方法和用途使用租赁物的义务。根据《民法典》第 709 条的规定，承租人应当按照约定的方法使用租赁物，例如对于当事人约定用于生活居住的住房，承租人仅能用于生活居住而不得擅自改为经营性住房。若对租赁物的使用方法没有约定或者约定不明确，依照《民法典》第 510 条规定仍不能确定的，应当按照租赁物的性质使用。所谓按照租赁物的性质使用，是指应当按照租赁物的类型和功能使用该物，若租赁物有使用说明书的，应当按照说明书所列明的用途和方法使用。

承租人未按照约定的方法或者租赁物的性质使用租赁物，致

拓展知识
租赁权的性质

拓展知识
承租人支付租金
学术观点、域外
立法例

拓展案例
某科技公司等与某
置业公司租赁合同
纠纷案

使租赁物受到损失的，出租人可以解除合同并要求赔偿损失。但承租人按照约定的方法或者租赁物的性质使用租赁物，致使租赁物受到损耗的，不承担损害赔偿责任。此处所谓的"损耗"，是指正常使用某物所带来的必然损失和消耗，[1] 例如配件的磨损、房屋经久的老化等，这与损害不同。损害是因故意或过失带来的不利后果，例如不当放置重物致使地板损坏、磕碰导致的物品外观损害等，在引起损害的情况下，有过错的承租人应当承担赔偿责任。同时，在使用租赁物期间的收益，归承租人所有，但当事人另有约定的除外。

3. 妥善保管租赁物的义务。根据《民法典》第714条的规定，承租人负有妥善保管租赁物的义务。若当事人对标的物的保管措施和要求有约定的，承租人应当遵守这种约定，没有约定的应当按照租赁物的通常保管方式保管。若保管不善，使得标的物毁损、灭失的，承租人应当承担赔偿责任。

此处需要注意的问题有二：一是如何判断"保管不善"，对此有主观标准、客观标准和严格标准三种做法。[2] 本书倾向于客观标准，因为客观标准更容易判断，也不会不当扩大承租人的责任，即承租人没能够按照合同约定、法律规定或通常情况下的保管方式保管租赁物使其毁损、灭失的，应当承担赔偿责任；二是赔偿责任的范围。本书认为，在追究承租人保管不善的责任时，要注意因果关系的判断，尤其是在"多因一果"或"共同因果"的情况下。承租人所承担的赔偿责任应以其不当保管行为所通常能够引发的不利后果为限，不能归责于承租人行为的损害，不在其赔偿责任范围内。

4. 不得擅自转租的义务。转租，是指承租人将租赁物再次租赁给第三人，又可以分为经出租人同意的转租和未经出租人同意的转租。依据《民法典》第716条的规定，承租人经出租人同意，可以将租赁物转租给第三人。承租人转租的，承租人与出租人之间的租赁合同继续有效；第三人对租赁物造成损失的，承租人应当赔偿损失。承租人未经出租人同意转租的，出租人可以解

---

〔1〕 参见王传丽主编：《中国合同法教程》，中国政法大学出版社2002年版，第260页。

〔2〕 参见隋彭生：《合同法要义》，中国政法大学出版社2003年版，第524页。

除合同。可见，我国仅承认经出租人同意的转租，[1] 承租人负有不得擅自转租的义务。此处的同意，既可以是明示的，也可以是默示的。出租人知道或者应当知道承租人转租，但在 6 个月内未提出异议，其以承租人未经同意为由请求解除合同或者认定转租合同无效的，人民法院不予支持。

拓展知识
转租的性质

在出租人同意的情况下，第三人可以获得租赁物的租赁权，成为次承租人，但是出租人与次承租人之间并无直接的合同关系，出租人与承租人、承租人与次承租人之间分别受到各自合同约定和法律规定的约束。关于转租的性质，有学者认为是"债权让与"，[2] 但债权让与后原债权人将退出合同关系，不符合此处出租人、承租人、次承租人并存的情形，并且承租权是否具有可转让性也属于存疑的问题，尤其在房屋租赁合同中，出租人和承租人之间存在人身信任关系，因此除非当事人明确约定或出租人同意，不宜认为承租权可以整体转让。

5. 改动租赁物应取得出租人同意的义务。根据《民法典》第 715 条的规定，承租人经出租人同意，可以对租赁物进行改善或者增设他物。承租人未经出租人同意，对租赁物进行改善或者增设他物的，出租人可以请求承租人恢复原状或者赔偿损失。《城镇房屋租赁合同解释》第 14 条规定："承租人经出租人同意扩建，但双方对扩建费用的处理没有约定的，人民法院按照下列情形分别处理：①办理合法建设手续的，扩建造价费用由出租人负担；②未办理合法建设手续的，扩建造价费用由双方按照过错分担。"据此，承租人可以对租赁物进行改善或增设他物，但需要征得出租人的同意。这种同意应该是明示的，如合同中明确约定或承租人向出租人表达改善、增设的意愿且征得出租人的同意。未经出租人同意进行改动的，能够恢复原状的应当由承租人恢复原状，无法恢复原状的，承租人应当赔偿由此造成的损失。同时，在未能取得合法手续的情况下，承租人有以其过错承担费用的义务。

拓展知识
承租人通知义务
学术观点、域外
立法例

6. 承租人的通知义务。租赁期间，租赁物出现瑕疵，应当

---

〔1〕 参见朱伯玉、管洪彦：《合同法分则研究》，人民出版社 2014 年版，第 98 页。
〔2〕 参见郑玉波：《民法债编各论》（上编），三民书局 1981 年版，第 243 页。

由出租人负担的，或者因防止租赁物受危害有必要采取预防措施的，或者第三人主张权利的，承租人应当通知出租人，但出租人已知道的除外。承租人未能履行通知义务，致使出租人不能及时采取救济措施的，应当赔偿出租人因此所受的损害。

7. 租赁物的返还义务。根据《民法典》第 733 条的规定，租期届满的，承租人应当将租赁物返还给出租人。同时，交付的租赁物应当符合按照约定或者租赁物的性质使用后的状态。

六、房屋租赁合同

房租租赁合同是指以住房为标的物的租赁合同。房屋租赁合同在实践中非常常见，同时也有许多纠纷，《城镇房屋租赁合同解释》对其进行了专门规定，《房地产管理法》也有所涉及。

（一）房屋租赁合同的订立

前文已述，租赁合同是不要式合同，不采用书面形式不影响合同的效力，仅产生不定期租赁的后果。但《房地产管理法》第 54 条规定："房屋租赁，出租人和承租人应当签订书面租赁合同，约定租赁期限、租赁用途、租赁价格、修缮责任等条款，以及双方的其他权利和义务，并向房产管理部门登记备案。"《房地产管理法》与《民法典》分属不同的法律部门且层级相同，他们之间的适用关系为何？事实上，《房地产管理法》中关于房租租赁的规定与《民法典》关于租赁合同的规定构成"特别法"与"一般法"的关系，[1] 在房屋租赁的问题上，《房地产管理法》理应优先适用。为此，订立房屋租赁合同，即使租期在 6 个月以内，原则上也需要采取书面形式，并需要向房产管理部门办理租赁登记。

同时，考虑到《房地产管理法》的行政法属性，不宜认为采取书面形式和向房产管理部门登记备案是效力性强制性规定，而应当认为书面形式要求和租赁登记要求是为行政管理所需，无法直接对当事人之间的合同效力产生影响，即未采取书面形式或未

---

〔1〕 一般规定是适用于一般情况的法律规定，特别规定是法律对于特殊地区、特殊人员、特殊事项作出的专门规定。参见曹康泰主编：《中华人民共和国立法法释义》，中国法制出版社 2000 年版，第 202 页。

进行备案登记不影响房屋合同效力，但可能产生其他不利后果如被视为不定期租赁、租赁权无法对抗善意第三人等。[1]

此外，《城镇房屋租赁合同解释》第 2 条规定："出租人就未取得建设工程规划许可证或者未按照建设工程规划许可证的规定建设的房屋，与承租人订立的租赁合同无效。但在一审法庭辩论终结前取得建设工程规划许可证或者经主管部门批准建设的，人民法院应当认定有效。"第 3 条规定："出租人就未经批准或者未按照批准内容建设的临时建筑，与承租人订立的租赁合同无效。但在一审法庭辩论终结前经主管部门批准建设的，人民法院应当认定有效。租赁期限超过临时建筑的使用期限，超过部分无效。但在一审法庭辩论终结前经主管部门批准延长使用期限的，人民法院应当认定延长使用期限内的租赁期间有效。"为此，房屋租赁合同在订立时，以房屋取得相应的许可为前提，否则将影响合同效力。

（二）房屋租赁中对承租人的保护

1. 承租人的优先购买权。根据《民法典》第 726 条的规定，出租人出卖租赁房屋的，应当在出卖之前的合理期限内通知承租人，承租人享有以同等条件优先购买的权利。但有下列情形之一的，承租人不享有优先购买权：房屋共有人行使优先购买权；出租人向其近亲属出卖租赁房屋。依据《城镇房屋租赁合同解释》第 24 条的规定，近亲属包括配偶、父母、子女、兄弟姐妹、祖父母、外祖父母、孙子女、外孙子女；出租人履行通知义务后，承租人在 15 日内未明确表示购买；第三人善意取得租赁房屋的所有权并已办理登记手续。也就是说承租人的优先购买权有期限限制（除斥期间），同时劣后于近亲属、房屋共有人的权利，也无法对抗善意第三人。

承租人行使优先购买权有三个条件：标的物为房屋，应当认为不动产及其附属设施均可；出卖人出卖房屋；承租人以同等条件购买。对于同等条件，应当认为是在对房屋所有人利益产生影响的事项上，出租人与其他愿意购买房屋的人提供的条件相同，例如价款、付款期限、付款方式等。

拓展知识
承租人优先购买权性质及同等条件含义

拓展知识
承租人优先购买权的学术观点、域外立法例

---

[1] 参见崔丽丽："论我国房屋租赁登记制度的转型"，载《中财法律评论》2013 年第 1 期。

承租人的优先购买权是形成权，[1] 承租人行使优先购买权的，出租人负有与其订立房屋买卖合同的义务，而为保障这种权利的实现，出租人的通知就非常必要。根据《城镇房屋租赁合同解释》第 22 条的规定，不仅在出租人出卖房屋时必须通知，出租人与抵押权人协议折价、变卖租赁房屋偿还债务，应当在合理期限内通知承租人；出租人委托拍卖人拍卖租赁房屋，应当在拍卖 5 日前通知承租人。承租人则可以通过明示（明确放弃）或默示（不予回应、不予行使）的方式放弃优先购买权，承租人放弃优先购买权的，出租人可以向第三人自由转让房屋。但需要注意的是，承租人的优先购买权是否行使仅影响房屋的所有权归属，而不影响出租人与第三人签订的合同的效力。[2] 承租人行使优先购买权导致出租人无法履行与第三人之间的合同的，第三人可以追究出租人的违约责任。

2. 共同居住人、共同经营人的居住权。承租人在房屋租赁期间死亡的，与其生前共同居住的人可以按照原租赁合同租赁该房屋。《城镇房屋租赁合同解释》第 19 条规定："承租人租赁房屋用于以个体工商户或者个人合伙方式从事经营活动，承租人在租赁期间死亡、宣告失踪或者宣告死亡，其共同经营人或者其他合伙人请求按照原租赁合同租赁该房屋的，人民法院应予支持。"对此，房屋租赁中的共同居住人的居住权得到了法律的保护。这种居住权的行使有三个前提条件：承租人死亡或失踪；租赁期间未届满；居住人与承租人关系密切，是共同居住人、共同经营人或合伙人。此处的共同居住人不限于承租人的近亲属，但应当以长期共同生活、长期居住于租赁房屋内为必要条件，否则没有保护其居住权的必要性。

共同居住人的居住权也可以被视为法定的债权债务承受，出租人必须接受租赁人的变更，在租期内不得以承租人死亡为由解除租赁合同或主张合同终结。当然，在订立合同时，出租人和承租人可以将承租人死亡作为合同的解除条件从而排除共同居住人的居住权。

拓展案例
蒋某诉通州区房地产开发总公司、北京东海房地产开发有限公司房屋租赁合同纠纷案

---

〔1〕 参见崔建远主编：《合同法》，法律出版社 2016 年版，第 347 页。

〔2〕 参见韩世远：《合同法学》，高等教育出版社 2010 年版，第 460 页。

（三）装饰装修归属问题

1. 未经出租人同意的装饰装修。对未经出租人同意的装饰装修，依据《民法典》第715条和《城镇房屋租赁合同解释》第13条的规定，承租人未经出租人同意装饰装修或者扩建发生的费用，由承租人负担。出租人有权请求承租人恢复原状或者赔偿损失。为此，未经出租人同意情况下，承租人不得装饰装修。对于未构成附合的装饰装修，出租人得请求恢复原状，对于构成附合无法恢复原状的部分，承租人不得主张相应的费用，同时还须赔偿承租人的损失。

2. 征得出租人同意的装饰装修。承租人经出租人同意可以进行装饰装修，但须自行承担装饰装修费用。在合同无效、合同解除或租期届满的情况下，需要判断装饰装修物的归属问题。对此，《城镇房屋租赁合同解释》作出了明确规定。

（1）合同无效。《城镇房屋租赁合同解释》第9条规定，承租人经出租人同意装饰装修，租赁合同无效时，未形成附合的装饰装修物，出租人同意利用的，可折价归出租人所有；不同意利用的，可由承租人拆除。因拆除造成房屋毁损的，承租人应当恢复原状。已形成附合的装饰装修物，出租人同意利用的，可折价归出租人所有；不同意利用的，由双方各自按照导致合同无效的过错分担现值损失。

（2）合同解除。《城镇房屋租赁合同解释》第10条规定，承租人经出租人同意装饰装修，租赁期间届满或者合同解除时，除当事人另有约定外，未形成附合的装饰装修物，可由承租人拆除。因拆除造成房屋毁损的，承租人应当恢复原状。

根据《城镇房屋租赁合同解释》第11条的规定，已形成附合的装饰装修，除当事人另有约定外，因出租人违约导致合同解除，由出租人赔偿剩余租赁期内装饰装修残值损失；因承租人违约导致合同解除，出租人同意利用的，应在利用价值范围内予以适当补偿；因双方违约导致合同解除，剩余租赁期内的装饰装修残值损失，由双方根据各自的过错承担相应的责任；因不可归责于双方的事由导致合同解除的，剩余租赁期内的装饰装修残值损失，由双方按照公平原则分担。

（四）一房数租

一房数租是指出租人就同一房屋、重合的租赁期限与不同的人订立了租赁合同。对此，《城镇房屋租赁合同解释》第 6 条规定："出租人就同一房屋订立数份租赁合同，在合同均有效的情况下，承租人均主张履行合同的，人民法院按照下列顺序确定履行合同的承租人：①已经合法占有租赁房屋的；②已经办理登记备案手续的；③合同成立在先的。不能取得租赁房屋的承租人请求解除合同、赔偿损失的，依照合同法的有关规定处理。"即遵循交付优先于登记，登记优先于未登记的原则。

课后练习与测试

第十七章　融资租赁合同

🔖 **本章知识结构图**

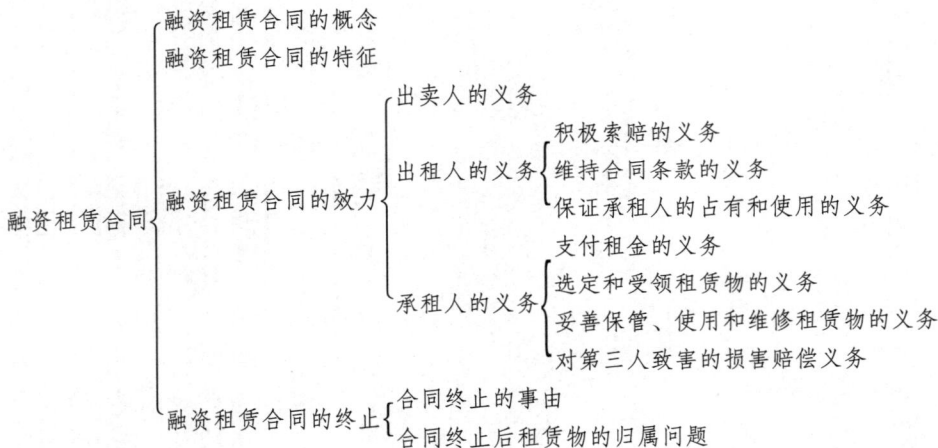

融资租赁合同
- 融资租赁合同的概念
- 融资租赁合同的特征
- 融资租赁合同的效力
  - 出卖人的义务
  - 出租人的义务
    - 积极索赔的义务
    - 维持合同条款的义务
    - 保证承租人的占有和使用的义务
  - 承租人的义务
    - 支付租金的义务
    - 选定和受领租赁物的义务
    - 妥善保管、使用和维修租赁物的义务
    - 对第三人致害的损害赔偿义务
- 融资租赁合同的终止
  - 合同终止的事由
  - 合同终止后租赁物的归属问题

🔖 **本章重点内容讲解**

　　融资租赁合同是出租人根据承租人对出卖人、租赁物的选择，向出卖人购买租赁物，提供给承租人使用，承租人支付租金的合同。其从形式上看属于租赁，但实质上却是在融资。实践中，融资租赁公司一般没有承租人要租赁的标的物，但拥有雄厚的资金，其与承租人签订合同后，购买承租人想要租赁的标的物，发生跟出租人借款后购买租赁物相同的效果，因此，实质上是一种融资的手段。融资租赁合同的特点是：合同涉及三方当事人，出租人一般不对租赁物的瑕疵承担担保责任，双方当事人可以协商合同期限届满时租赁物所有权的归属。应注意把握其与租赁合同的区别及联系。

一、融资租赁合同的概念

依据《民法典》第 735 条的规定，融资租赁合同是出租人根据承租人对出卖人、租赁物的选择，向出卖人购买租赁物，提供给承租人使用，承租人支付租金的合同。一般而言，融资租赁合同具有三方当事人，但承租人将其自有物出卖给出租人，再通过融资租赁合同将租赁物从出租人处租回的，承租人和出卖人系同一人不影响融资租赁合同的成立。

拓展知识
融资租赁合同与借款合同的差异

融资租赁具备"融资"和"租赁"双重功能，承租人得以用融资租赁的方式获得对租赁物的使用权，出租人则得以获得租金从而达到融通资金的目的。由于我国不允许企业间的借贷，融资租赁是满足企业间融资的合法有效途径之一。当然，并非所有的企业之间都可以从事融资租赁，融资租赁中的出租人应当是获得了许可资质的企业，[1] 但承租人对租赁物的经营使用未取得相关行政许可的，不影响融资租赁合同的效力。对于融资租赁的标的物是否存在限制，存在不同观点，一种观点认为，融资租赁的标的物应仅限于动产,[2] 第二种观点则认为融资租赁的标的物既可以是动产也可以是不动产，第三种观点则认为融资租赁的标的物仅限于动产和房屋。[3]

拓展知识
融资租赁交易发展历史及融资租赁的标的物

二、融资租赁合同的特征

1. 一般涉及三方当事人。与其他典型合同不同，融资租赁合同涉及出卖人、出租人（买受人）和承租人三方当事人，他们之间不仅涉及租赁关系还涉及买卖关系，法律关系更为复杂。当然，在"回租"的情况下，融资租赁合同的当事人可以是两人，对此，《最高人民法院关于审理融资租赁合同纠纷案件适用法律问题的解释》（以下简称《融资租赁合同解释》）第 2 条规定：

---

〔1〕　能够进行融资租赁的企业均需取得许可资质，可分为两类，一类是以经营融资租赁业务为主的中外合资租赁公司，另一类则是作为非银行金融机构的以经营融资租赁业务为主的金融租赁公司。（参见王卫国主编：《合同法》，北京师范大学出版社 2010 年版，第 310 页。王轶编著：《租赁合同 融资租赁合同》，法律出版社 1999 年版，第 134 页。）

〔2〕　参见王卫国主编：《合同法》，北京师范大学出版社 2010 年版，第 311 页。

〔3〕　参见王利明：《合同法分则研究》（上卷），中国人民大学出版社 2012 年版，第 309 页。

"承租人将其自有物出卖给出租人，再通过融资租赁合同将租赁物从出租人处租回的，人民法院不应仅以承租人和出卖人系同一人为由认定不构成融资租赁法律关系。"

2. 所有权和占有相分离。融资租赁中，出租人享有租赁物的所有权。承租人破产时，租赁物不属于破产财产。但出租人对租赁物的所有权未经登记，不得对抗善意第三人。

3. 要式性。依据《民法典》第 736 条的规定，融资租赁合同的内容一般包括租赁物名称、数量、规格、技术性能、检验方法、租赁期限、租金构成及其支付期限和方式、币种、租赁期间届满租赁物的归属等条款。融资租赁合同应当采用书面形式。

4. 诺成性、双务性、有偿性、继续性。融资租赁合同具备租赁合同的特征，以当事人合意为合同成立要件，三方当事人均负有相应的义务，合同的履行也具有期限性和继续性。

三、融资租赁合同的效力

（一）出卖人的义务

总的来说，融资租赁合同中的出卖人须负担如同买卖合同中出卖人的义务，即交付标的物并移转标的物的所有权的义务、瑕疵担保义务等。但在融资租赁中，若租赁物为承租人所选定，出卖人负有的部分义务应向承租人而非出租人（买受人）履行。依据《民法典》第 739 条规定，出租人根据承租人对出卖人、租赁物的选择订立的买卖合同，出卖人应当按照约定向承租人交付标的物，承租人享有与受领标的物有关的买受人的权利。出租人、出卖人、承租人可以约定，出卖人不履行买卖合同义务的，由承租人行使索赔的权利。承租人行使索赔权利的，出租人应当协助。即出卖人须向承租人交付标的物，承租人有权受领并进行瑕疵检验和通知，在三方当事人明确约定的情况下，承租人还可以自行索赔并要求出租人协助。

此外，在租赁合同中，出租人应当对承租人负担租赁物的瑕疵担保义务，那么在融资租赁合同中，是否承租人受到双重瑕疵担保义务的保护呢？依据《民法典》第 747 条的规定，租赁物不符合约定或者不符合使用目的的，出租人不承担责任，但是，承租人依赖出租人的技能确定租赁物或者出租人干预选择租赁物的

拓展知识
融资租赁出租人瑕疵担保免责规则

除外。据此，出卖人而非出租人应当对承租人负担瑕疵担保义务，出租人对承租人选择租赁物产生影响的，承租人方可以标的物瑕疵为由向其主张违约。[1]

（二）出租人的义务

1. 积极索赔的义务。出租人的索赔可以分为两种情形，一种是协助承租人索赔。在出租人、出卖人、承租人约定的情况下，出卖人不履行买卖合同义务的，承租人可以行使索赔的权利，同时出租人应当协助。此处的协助可以理解为提供出卖人与出租人之间的买卖合同文本、订立合同的背景资料等，也可以是出租人知晓租赁物质量瑕疵的告知义务。第二种则是自行索赔。《融资租赁合同解释》第 18 条规定："出租人有下列情形之一，导致承租人对出卖人索赔逾期或者索赔失败，承租人要求出租人承担相应责任的，人民法院应予支持：……③怠于行使融资租赁合同中约定的只能由出租人行使对出卖人的索赔权的；④怠于行使买卖合同中约定的只能由出租人行使对出卖人的索赔权的。"即在三方当事人没有约定承租人索赔的情况下，租赁物存在瑕疵或不满足合同约定的，承租人有权要求出租人积极向出卖人索赔，以修理、更换租赁物，从而保障承租人的权益。

2. 维持合同条款的义务。依据《民法典》第 744 条的规定，出租人根据承租人对出卖人、租赁物的选择订立的买卖合同，未经承租人同意，出租人不得变更与承租人有关的合同内容。据此，在承租人选择出卖人、标的物的情形下，出租人不得擅自变更合同条款。此处的合同条款当然包含融资租赁合同的条款，也包含了买卖合同中影响承租人利益的条款，如标的物的种类、交付时间、标的物的质量要求等，出租人未经承租人同意变更以上条款的，应向承租人承担违约责任。

3. 保证承租人的占有和使用的义务。依据《民法典》第 748

_____

〔1〕 本书认为，承租人依赖出租人之技能确定租赁物与出租人干预承租人选择租赁物的情形应当区别对待。在依赖出租人之技能确定租赁物的情况下，出租人应独立对承租人负担瑕疵担保义务，承租人发现标的物瑕疵的，应当向出租人索赔，出租人再根据买卖合同向出卖人索赔；而在出租人干预承租人选定租赁物的情况下，出租人和出卖人均应当向承租人负担瑕疵担保义务。但考虑到承租人可以独立向出卖人索赔或要求出租人索赔，最终依然是出卖人赔偿标的物瑕疵造成的损失，并且出租人不负有瑕疵担保义务是国际通行做法，故在下文中，本书亦不讨论出租人的瑕疵担保义务。

条的规定，出租人应当保证承租人对租赁物的占有和使用。出租人有下列情形之一的，承租人有权请求其赔偿损失：无正当理由收回租赁物；无正当理由妨碍、干扰承租人对租赁物的占有和使用；因出租人的原因致使第三人对租赁物主张权利；不当影响承租人对租赁物占有和使用的其他情形。

此处第三人对租赁物主张权利可能是担保物权人主张实现担保物权、出卖人基于正当理由要求返还标的物等。[1] 出租人干扰了承租人对租赁物的占有、使用的，应对承租人承担违约责任。

（三）承租人的义务

1. 支付租金的义务。为取得租赁物的占有和使用权限，承租人须向出租人按照合同项下的要求支付租金，这是承租人最为主要的义务。除当事人另有约定的外，租金应当根据购买租赁物的大部分或者全部成本以及出租人的合理利润确定。《民法典》第 752 条也明确规定，承租人应当按照约定支付租金，承租人经催告后在合理期限内仍不支付租金的，出租人可以请求支付全部租金；也可以解除合同，收回租赁物。据此，承租人不支付租金的，出租人得要求继续履行或解除合同，并要求承租人承担违约责任。

此外，还有两种特殊情形。一是承租人对出卖人索赔的情况下承租人仍需支付租金，但承租人依赖出租人的技能确定租赁物或者出租人干预选择租赁物的，可以减轻或者免除相应的租金支付义务；二是承租人占有租赁物期间，除当事人另有约定或者法律另有规定的外，租赁物毁损、灭失的风险由承租人承担，租赁物毁损、灭失，承租人应继续支付租金。[2]

2. 选定和受领租赁物的义务。融资租赁中租赁物一般由承租人选定，当出现租赁物不符合约定或不符合使用目的的情形时，出租人不承担责任，除非承租人依赖出租人的技能确定租赁物或者出租人干预选择租赁物。

拓展案例
某租赁公司与某建筑公司融资租赁合同纠纷案

---

〔1〕 参见郑云瑞：《合同法》，北京大学出版社 2018 年版，第 365 页。

〔2〕 实际上，根据《解释》第 11 条之规定，标的物毁损、灭失且没有替代物的情况下，承租人可以要求解除合同，因此要注意承租人应继续支付租金的前提是合同未被解除。

对于租赁物的受领，除租赁物严重不符合约定、出卖人未在约定的交付期间或者合理期间内交付租赁物，经承租人或者出租人催告，在催告期满后仍未交付这几种情形外，承租人不得拒绝受领租赁物。承租人拒绝受领租赁物，未及时通知出租人，或者无正当理由拒绝受领租赁物，造成出租人损失的，出租人可以向承租人主张损害赔偿。

概言之，承租人应当自行选定并及时、妥当受领租赁物，有正当理由拒绝受领的，也应当及时通知出租人。

3. 妥善保管、使用和维修租赁物的义务。依据《民法典》第750条的规定，承租人应当妥善保管、使用租赁物，并且承租人应当履行占有租赁物期间的维修义务。由于租赁物的所有权归属于出租人，承租人不得以类似于所有权人的权限任意处置租赁物，其对租赁物的占有和使用受到合同约定和使用目的的限制，并且承租人应尽到通常情况下普通人对租赁物的注意，例如电子产品不应放置在高温或高湿的环境下，载客汽车不得用于货物运输等。除此之外，承租人的使用权限不包含对租赁物的处分，承租人处分租赁物的，须向出租人承担违约责任。[1] 在租赁期间，承租人还须对租赁物进行维修，这与普通租赁合同有所不同。原因在于，融资租赁合同中租赁物的选定一般基于承租人的选择，并且承租人占有、使用租赁物，他有动力也有能力负责租赁物的修缮，维修义务的负担也能敦促承租人妥善保管和合理使用租赁物。

4. 对第三人致害的损害赔偿义务。依据《民法典》第749条的规定，承租人占有租赁物期间，租赁物造成第三人的人身损害或者财产损失的，出租人不承担责任。有学者认为，这明确了

---

〔1〕 善意取得制度在融资租赁中承租人处分租赁物的情况下也可以适用，但受到进一步的限制。《解释》第9条规定："承租人或者租赁物的实际使用人，未经出租人同意转让租赁物或者在租赁物上设立其他物权，第三人依据物权法第106条（现为《民法典》第311条）的规定取得租赁物的所有权或者其他物权，出租人主张第三人物权权利不成立的，人民法院不予支持，但有下列情形之一的除外：①出租人已在租赁物的显著位置作出标识，第三人在与承租人交易时知道或者应当知道该物为租赁物的；②出租人授权承租人将租赁物抵押给出租人并在登记机关依法办理抵押权登记的；③第三人与承租人交易时，未按照法律、行政法规、行业或者地区主管部门的规定在相应机构进行融资租赁交易查询的；④出租人有证据证明第三人知道或者应当知道交易标的物为租赁物的其他情形。"

承租人租赁期间对租赁物致害的赔偿义务，[1] 本书认同这一观点，原因在于，租赁期间租赁物在承租人管控之下，租赁物致害的，可以认为承租人没有尽到妥善保管和合理使用的义务，应当就其造成的损害承担赔偿责任。

四、融资租赁合同的终止

（一）合同终止的事由

融资租赁合同在租赁期届满、合同解除、合同无效或出现当事人约定的事由的情况下可告终止。对于融资租赁合同的解除，可分为双方解除和单方解除。

在以下情形中双方均享有合同解除权：出租人与出卖人订立的买卖合同解除、被确认无效或者被撤销，且双方未能重新订立买卖合同；租赁物因不可归责于双方的原因意外毁损、灭失，且不能修复或者确定替代物；因出卖人的原因致使融资租赁合同的目的不能实现。

在以下情形中仅一方享有合同解除权：对于出租人来说，承租人未经其同意，将租赁物转让、转租、抵押、质押、投资入股或者以其他方式处分租赁物；承租人未按照合同约定的期限和数额支付租金，符合合同约定的解除条件，经出租人催告后在合理期限内仍不支付；合同对于欠付租金解除合同的情形没有明确约定，但承租人欠付租金达到 2 期以上，或者数额达到全部租金15%以上，经出租人催告后在合理期限内仍不支付等承租人违反合同约定，致使合同目的不能实现的情况下，出租人可以要求解除合同。承租人则在因出租人的原因致使其无法占有、使用租赁物的情况下可以解除合同。

（二）合同终止后租赁物的归属问题

租赁期间，出租人享有租赁物的所有权，但租赁期满租赁物的所有权归属则允许当事人自行约定。当事人约定租赁期间届满后租赁物归出租人的，因租赁物毁损、灭失或者附合、混同于他物导致承租人不能返还，出租人可以要求承租人给予合理补偿；当事人约定租赁期间届满租赁物归承租人所有，承租人已经支付

---

［1］ 参见王利明：《合同法分则研究》（上卷），中国人民大学出版社 2012 年版，第335页。

大部分租金，但无力支付剩余租金，出租人因此解除合同收回租赁物的，收回的租赁物的价值超过承租人欠付的租金以及其他费用的，承租人可以要求部分返还；当事人约定租赁期间届满，承租人需向出租人支付象征性价款的，视为租赁物归承租人所有。

法条链接

当事人对租赁物的归属没有约定或者约定不明确，依照《民法典》第 510 条规定仍不能确定的，租赁物的所有权归出租人。

根据《民法典》第 760 条的规定，融资租赁合同无效，当事人就该情形下租赁物的归属有约定的，按照其规定；没有约定或约定不明确的，租赁物应当返还出租人。但是，因承租人的原因致使合同无效，出租人不请求返还或者返还后会显著降低租赁物效用的，租赁物的所有权归承租人，由承租人给予出租人合理补偿。

课后练习与测试

第十八章　保理合同

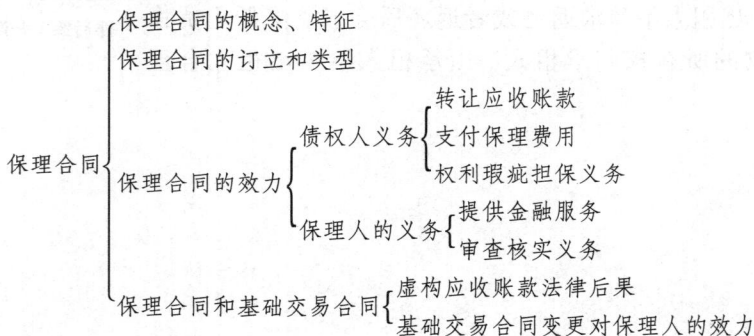

保理合同 ┃
　　保理合同的概念、特征
　　保理合同的订立和类型
　　保理合同的效力 ┃
　　　　债权人义务 ┃ 转让应收账款
　　　　　　　　　　支付保理费用
　　　　　　　　　　权利瑕疵担保义务
　　　　保理人的义务 ┃ 提供金融服务
　　　　　　　　　　　审查核实义务
　　保理合同和基础交易合同 ┃ 虚构应收账款法律后果
　　　　　　　　　　　　　　基础交易合同变更对保理人的效力

本章重点内容讲解

　　保理合同是应收账款债权人将现有的或者将有的应收账款转让给保理人，保理人提供资金融通、应收账款管理或者催收、应收账款债务人付款担保等服务的合同。债权转让说为保理合同法律性质的通说，保理合同以应收账款转让为基础，但目的在于实现债权人融资。债权转让的一般条款不能涵括保理合同中应收账款转让通知、保理合同特殊类型、基础交易合同变更的效力以及多重保理的清偿顺序问题。保理合同的特点是：主体具有特定性，标的具有金融性和对基础合同关系的依附性。保理合同以将来债权为标的突破了传统处分理论的观点，多重保理的清偿顺序规则有利于解决保理人之间的权利冲突。有追索权保理和无追索权保理在权利义务配置上具有明显区别，需要重点把握。

一、保理合同的概念、特征

（一）保理合同的概念

　　《民法典》新增保理合同为典型合同。依照《民法典》的规定，保理合同是应收账款债权人将现有的或者将有的应收账款转让给保理人，保理人提供资金融通、应收账款管理或者催收、应收账款债务人付款担保等服务的合同。保理合同以应收账款转让为基础，涉及债务人的利益，但保理合同当事人为债权人、保理人两方主体。债权人将应收账款转让给保理人，保理人为债权人提供金融服务，以达到债权人解决融资难题，债务人继续享有期限利益的法律效果。

保理合同具有"融资"和"担保"的双重功能。保理合同是基于真实交易，以债权人转让应收账款为前提，由保理人向债权人提供集应收账款融资、催收、管理、坏账担保等服务为一体的金融服务合同。保理合同能够发挥债权的融资功能，解决中小企业融资的难题，为实体经济服务。区别于借款合同，保理人向债务人主张应收账款债权，突破了债的相对性限制。在无追索权保理中，保理人不能要求债权人归还融资。保理合同的本质是商业上的债权让与。

拓展知识
保理业务发展
历史及规范

（二）保理合同的特征

特别法上的有名合同转化为普通法上的有名合同的重要条件包括了交易形态的典型性、交易的频发性、纠纷的多发性、规则的成熟性。[1] 保理合同成为《民法典》中的典型合同，其突出的特点为主体特定性、标的金融性和基础合同关系依附性。

保理合同的主体具有特定性。保理合同经由保理人和债权人意思表示一致而成立。保理业务的发展催生出了成熟的保理合同规范，保理行业的特性也要求保理人具有特殊资格。根据《天津市高级人民法院关于审理保理合同纠纷案件若干问题的审判委员会纪要（一）》（津高法〔2014〕251号）的规定，保理法律关系的构成要件包括"保理商必须是依照国家规定、经过有关主管部门批准可以开展保理业务的金融机构和商业保理公司"。[2] 为了保障保理业务的发展，我国对于保理人设置一定的准入条件，

拓展知识
保理合同的法律
性质争议

---

〔1〕　参见王利明：《合同法研究》（第四卷），中国人民大学出版社2017年版，第21页。

〔2〕　《天津市高级人民法院关于审理保理合同纠纷案件若干问题的审判委员会纪要（一）》〔津高法〔2014〕251号〕中规定，构成保理法律关系，应当同时具备以下几个基本条件：①保理商必须是依照国家规定、经过有关主管部门批准可以开展保理业务的金融机构和商业保理公司；②保理法律关系应当以债权转让为前提；③保理商与债权人应当签订书面的保理合同；④保理商应当提供下列服务中的至少一项：融资、销售分户账管理、应收账款催收、资信调查与评估、信用风险控制及坏账担保。

保理人应当具有相应的市场主体资格。保理商应当为金融机构或商业保理公司，符合相关主管部门的规定进行经营。

保理合同的标的具有金融性。保理合同以应收账款债权为标的。应收账款原本是会计专业术语，指商事主体因销售货物、提供服务、出租财产而对另一方主体享有的支付货款、服务费用、租金等货币债权请求权，具体包括应收取的价款、税款、租金和代垫款等。[1] 中国人民银行在 2019 年颁布的《应收账款质押登记办法》第 2 条中规定："本办法所称应收账款是指权利人因提供一定的货物、服务或设施而获得的要求义务人付款的权利以及依法享有的其他付款请求权，包括现有的和未来的金钱债权，但不包括因票据或其他有价证券而产生的付款请求权，以及法律、行政法规禁止转让的付款请求权。"应收账款债权是没有证券化的金钱债权，产生于商事实践中赊销交易的需要，而不是基于日常生活消费产生的债。

2019 年中国人民银行颁布的《应收账款质押登记办法》明确未来金钱债权及其收益可以作为质押标的，《民法典》第 761 条再次确认未来的应收债权可以质押或者作为保理合同的标的。

保理合同对基础合同关系具有依附性。基础合同和保理合同不构成主从关系，但保理合同的核心是应收账款债权的转让。保理法律关系涉及三方主体和两个合同，与单纯的借款合同存在显著区别。保理合同对于基础合同具有成立上的依附性，但基础合同效力对于保理合同的影响则存在争议。根据德国民法理论的"区分原则"，基础合同无效，保理合同的效力不受影响。但在不承认物权行为无因性的国家，保理合同的效力受到基础合同效力的影响。

从传统合同特征来看，保理合同具有要式性、诺成性、双务性、有偿性。《民法典》第 762 条规定保理合同应当采用书面形式订立。保理合同自保理人和债权人意思表示一致时成立，不需要以标的物的交付为成立要件。保理人和债权人互相负有对待给付义务，权利的获得需要付出对价。

---

[1] 财政部注册会计师考试委员会办公室：《会计》，中国财政经济出版社 2015 年版，第 29 页。

二、保理合同的订立和类型

（一）保理合同的订立

保理合同是要式合同，保理人和债权人需以书面形式订立。保理合同订立过程中具有争议的是将来债权的转让和多重保理的清偿顺序问题。

《民法典》明确保理合同可以"将来的应收账款"为标的。将来的应收账款具有不确定性，因此是否可以作为债权转让的标的存在争议。《民法典》第545条没有明确禁止将来应收账款作为债权转让标的，根据"法无禁止即自由"的私法自治原则，将来应收账款债权转让不违背法律禁止性规定。正如海因·克茨所言："面对商业尤其是银行业压倒一切的实际需要，对未来债权让与的理论上和政策上的反对终于全部消失了。"[1] 处分行为以标的特定为生效要件。传统权利处分观点认为权利确定是处分生效的前提，但各国为了扩大财产效用，对于在债权发生之前取得债权事项出现了不同程度的立法缓和。根据德国法上的"区分原则"，学者将未来债权按照是否具备基础关系的情形来区分，具有基础关系的将来债权由受让人直接取得，尚未具备基础关系的将来债权先由让与人取得，再由受让人取得。[2] 美国《统一商法典》不区分基础合同关系是否存在，以登记优先为原则，登记发生对抗第三人的效力。

《民法典》没有禁止应收账款的重复转让，体现了保理合同促进融资的立法目的。根据债权平等原则，多重保理中保理人的权利冲突不能简单以保理合同成立的先后顺序判定。有学者认为对于债权让与的对抗要件有不同的主张，但由于应收账款多重让与涉及不特定第三人的利益，要求确定受让人债权实现顺序的规则具有更强的公示性。[3] 我国未设置债权转让登记的强制性规则，中央人民银行仅提供公示服务。《民法典》第768条适用了

---

[1] ［德］海因·克茨：《欧洲合同法》（上卷），周忠海、等云译，法律出版社2001年版，第395页。

[2] 参见黄茂荣：《债法通则之三：债之保全、移转及消灭》，厦门大学出版社2014年版，第118页。

[3] 参见程啸："论动产多重买卖中标的物的所有权归属的确定标准——评最高法院买卖合同司法解释第9、10条"，载《清华云学》2012年第6期。

拓展知识
债权转让通知

登记对抗主义，登记在先的保理人优先受让应收账款。应收账款转让登记制度有利于保障交易安全。应收账款的转让如果没有公示的方式，保理人难以对应收账款的归属进行识别。但由于让与登记制度仅存在于保理合同中，因此让与人和其他受让人之间的债权转让无法通过登记查询，保理合同以外的清偿顺序也存在争议。

（二）保理合同的类型

按照不同的标准，保理可以分为多种类型。我国《民法典》第 766 条和第 767 条分别规定了有追索权保理合同和无追索权保理合同。根据应收账款债权人是否对保理人对债务人的债权承担保证责任，可以将保理合同分为有追索权保理合同和无追索权保理合同。

1. 有追索权保理合同。在有追索权保理中，债权人转让应收账款后，保理人可以向应收账款债权人主张返还保理融资款本息或者回购应收账款债权，也可以向应收账款债务人主张应收账款债权。保理人在有追索权保理中选择了风险转移，将应收账款回收不能的风险转移给债权人。有追索权保理合同中债权人和债务人实际是连带责任义务人。根据风险与收益相匹配的原则，有追索权保理体现了对于债权人的授信，有债权人保证的情况下，保理人的风险降低，因此保理人对于受让的应收账款不享有全部权益。保理人向债务人主张应收账款债权后，扣除保理融资款本息和相关费用后有剩余的，剩余部分应当返还给应收账款债权人。

2. 无追索权保理合同。无追索权保理中，债权人转让应收账款后退出应收账款法律关系，保理人只能向债务人主张应收账款债权。无追索权保理体现了对于债务人的授信，债权人将大部分风险转移给保理人且不承担保证责任，因此保理人的风险增加，取得超过保理融资款本息和相关费用的部分，无需向应收账款债权人返还。无追索权保理中保理人并非任何情况下都没有追索权，例如债务人基于基础交易产生的抗辩权、解除权均可对保理人行使，保理人仍有权请求债权人回购应收账款或者承担其他违约责任。《天津市高级人民法院关于审理保理合同纠纷案件若干法律问题的审判委员会纪要（一）》在对相关概念的解释中提出，"发生下列情况之一的，无追索权保理的保理商有权追索已付融资款并不承担坏账担保义务：债权人有明显欺诈行为；不可抗力；债务人对基础合同项下的商品、服务等提出异议"。

三、保理合同的效力

（一）债权人的义务

1. 转让应收账款。保理合同以应收账款转让为基础。"如果去掉应收账款转让这个保理的前提，只向保理商申请提供融资或坏账担保，则分别构成了借款或债务担保。如果只要求保理商提供销售账务管理、应收账款催收服务，则构成了雇佣或者代理法律关系。"[1] 保理合同作为财产处分类合同，债权人应当确保应收账款转让于保理人。目前我国应收账款转让未采取登记生效主义，因此保理人和债权人达成应收账款债权合意即发生债权转让的效果，但债权人负有提供应收账款凭证的附随义务。

2. 支付保理费用。保理合同作为双务有偿合同，债权人有义务向保理人支付融资款及利息，应收账款管理支出等费用。

3. 权利瑕疵担保义务。保理合同中的应收账款必须是基于合法交易，并是真实且可被转让的。债权转让不改变债的内容，债务人对让与人的抗辩权和抵销权，可以继续对受让人主张。债权人以应收账款融资，为了保障交易的公平和保理人的持续经营，债权人应当承担权利瑕疵担保义务。无追索权保理中，对于债权人违反权利瑕疵担保责任的情形，保理人也可以请求债权人承担违约责任。

（二）保理人的义务

1. 提供金融服务。债权人向保理人转让应收账款后，保理人不负有提供金融服务功能的交易构成应收账款买卖。债权人订立保理合同的目的在于实现债权融资。我国《民法典》第 761 条列举了"提供资金融通、应收账款管理或者催收、应收账款债务人付款担保"四种保理人服务类型。随着保理业务的发展，完全列举保理服务的类型不具有现实性。法律不完全列举存在解释的

---

[1]　参见罗欢平："论保理的法律性质 —— 兼论应收账款担保融资的现实需求"，载《学海》2009年第 4 期。

空间，对于未列举的服务在价值评价上应当与"资金融通、应收账款管理或者催收、应收账款债务人付款保证"等量齐观，可以采用《前海法院保理纠纷指引》的做法，将兜底性服务规定为"其他可认定为保理性质的金融服务"。[1]

2. 审查核实义务。保理业务基于真实的基础交易关系而产生，当前保理业务监管要求保理人对于基础合同应当负有审查义务。保理人作为从事保理业务的专业机构，具备保理业务经验和相关知识，具备履行审慎经营义务的条件。《商业银行保理业务管理暂行办法》规定了保理人对基础交易及其他贸易背景真实性作严格审查的义务。现行《民法典》对于保理人的审查标准规定尚不明确，因此实践中责任尺度认定不一的情形未得到解决。有学者认为监管文件作为银行的内部管理性规定，不能以保理人未尽到审慎义务而判令其承担责任。[2] 从交易性质来看，保理作为有偿的金融服务，对于保理商有较高的审慎义务要求。

拓展案例
美臣保险经纪集团有限公司与熠生投资管理（上海）有限公司保理合同纠纷案

四、保理合同和基础交易合同

（一）虚构应收账款法律后果

《民法典》第763条规定了虚构应收账款的法律后果，该条款是诚实信用原则在保理合同中的体现。基础合同存在是保理合同缔约的前提，但二者并非主从关系，具有相对独立性。《商业银行保理业务管理暂行办法》第7条规定商业银行应当按照"权属确定，转让明责"的原则，严格审核并确认债权的真实性。《最高人民法院关于当前商事审判工作中的若干具体问题》第七部分"关于保理合同纠纷案件的审理问题"中也得以体现："应注意的是，实务中确实有部分保理商与交易相对人虚构基础合同，以保理之名行借贷之实。对此，应查明事实，从是否存在基础合同、保理商是否明知虚构基础合同、双方当事人之间实际的权利义务关系等方面审查和确定合同性质。如果确实是名为保理、实为借贷的，仍应当按照借款合同确定案由并据此确定当事

---

［1］ 参见徐同远："论民法典中保理合同典型义务条款的设计——以《民法典合同编（草案）（二次审议稿）》第525条之一第1款为中心"，载《内蒙古社会科学（汉文版）》2019年第4期。

［2］ 参见白金城："保理商是否尽到审慎义务与承担保理合同责任无关"，载《人民司法》2019年第17期。

人之间的权利义务。"对于保理人明知应收账款债权不存在，以保理为名实施借贷的，保理人只能请求债权人还本付息，无权向"债务人"主张权利。

基础交易合同双方串通，虚构应收账款转让给保理人，债务人作为欺诈方不具有主张应收账款不存在的抗辩权。《民法典》总则编规定恶意串通的民事法律行为无效。《民法典》规定保理人不符合"明知"应收账款虚假的情况下，保理人可以向应收账款债务人主张债权。由此总则和分则的规定存在冲突，保理人仅能主张合同有效还是具有选择权存在争议。《民法典》总则编第763条规定保理人权利排除事由为"明知虚构"，主张保理人明知基础合同虚假的举证责任在债务人一方，且仅举证证明保理人有过失不能免除债务人的责任，要达到证明保理人对于基础合同虚假知情的举证程度。需要避免对于保理人的倾斜保护形成受让人对权利外观信赖达到"合同具有公信力"的效果，[1] 以免与我国合同相对性基本原则相冲突。

拓展案例
珠海华润银行股份
有限公司与江西省
电力燃料有限公司
保理合同纠纷案

（二）基础交易合同变更对保理人的效力

基础交易关系的作用是成立一个可以转让的应收账款债权。基础合同的变更对保理人的权利义务会产生影响。我国地方法院曾根据债务人是否向保理商作出不变更基础合同的承诺、变更是否恶意的分类来界定基础合同变更的效力。2015年《天津市高级人民法院关于审理保理合同纠纷案件若干问题的审判委员会纪要（二）》曾经就基础合同变更对债权人影响的权利义务分配作出规定："债权转让通知送达债务人，债务人未向保理商作出不变更基础合同承诺的，不承担因基础合同变更给保理商造成损失的赔偿责任。债务人已向保理商作出不变更基础合同承诺的，对于因基础合同变更给保理商造成的损失，如果没有明确责任承担方式，保理商可以主张债务人在债权人承担责任的范围内承担补充赔偿责任。债权人与债务人恶意串通变更基础合同，损害保理商利益的，保理商依法主张债权人与债务人对造成的损失承担连带责任的，应予支持。"

《民法典》对于基础交易合同变更的效力做出了更加具体的

---

〔1〕　参见李宇："保理合同立法论"，载《法学》2019年第12期。

规定。根据《民法典》第 765 条的法解释学分析，基础交易合同变更对保理的效力分为以下三种情形：

法条链接

1. 债务人在收到债权转让通知前，债务人可与债权人协商变更基础合同，该变更对保理人有效；

2. 债务人在收到债权转让通知后，债务人与债权人协商变更基础合同的，需要看变更对保理人是否有利：如果对保理人有利，则变更对保理人发生效力；如果对保理人不利，则变更对保理人原则上不发生效力；

3. 债务人在收到债权转让通知后，债务人与债权人基于正当理由协商变更基础合同，即使该变更对保理人不利，则仍然对保理人发生效力。

课后练习与测式

限制基础关系变动的正当性在于保理人变成了新的债权人，基础交易合同的变动将产生涉他效力。《民法典》结合债权转让通知规则、涉他合同效力及正当理由的兜底条款扩大了基础交易合同变更的有效范围，对此应当进行严格限制解释，以避免保理人的权利处于不确定状态。

第十九章　承揽合同

本章知识结构图

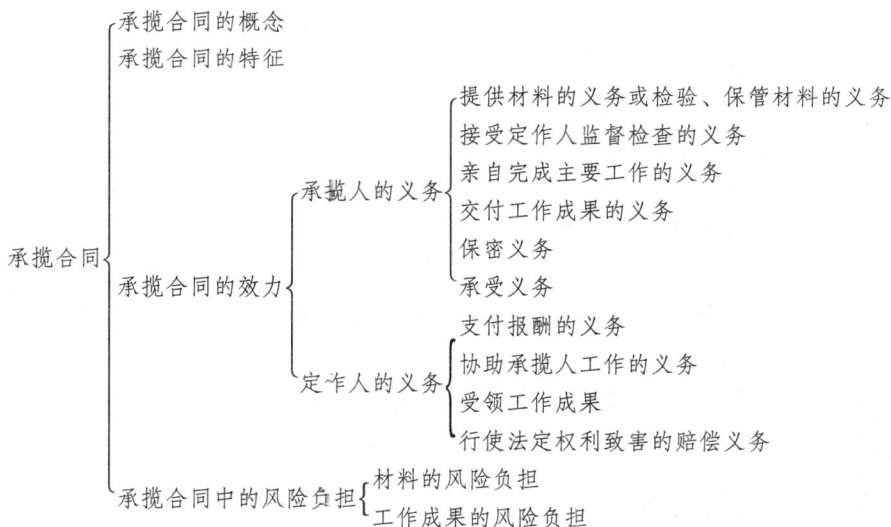

承揽合同
- 承揽合同的概念
- 承揽合同的特征
- 承揽合同的效力
  - 承揽人的义务
    - 提供材料的义务或检验、保管材料的义务
    - 接受定作人监督检查的义务
    - 亲自完成主要工作的义务
    - 交付工作成果的义务
    - 保密义务
    - 承受义务
  - 定作人的义务
    - 支付报酬的义务
    - 协助承揽人工作的义务
    - 受领工作成果
    - 行使法定权利致害的赔偿义务
- 承揽合同中的风险负担
  - 材料的风险负担
  - 工作成果的风险负担

本章重点内容讲解

承揽合同是承揽人按照定作人的要求完成工作，交付工作成果，定作人给付报酬的合同。承揽合同包括不同的种类，但承揽人的主要义务是按照约定完成工作，定作人的主要义务是按照约定支付报酬。同时，承揽合同中的定作人有任意解除合同的权利。应注意把握承揽合同的不同种类及当事人的主要权利与义务。

一、承揽合同的概念

承揽合同是承揽人按照定作人的要求完成工作，交付工作成果，定作人给付报酬的合同。其中，完成工作并交付工作成果的一方称为承揽人，接受工作成果并支付报酬的称为定作人。承揽

拓展知识
加工合同与物权法
上的加工的区别

包括加工、定作、修理、复制、测试、检验等工作。[1] 一般而言，定作由承揽人提供原材料，加工、修理、复制、测试、检验等则由定作人提供原材料或物品。

二、承揽合同的特征

1. 以交付工作成果为内容的合同。承揽合同中，定作人的目的是获取劳动成果而非承揽人所提供的劳务本身，[2] 承揽人必须向定作人交付劳动成果才算履行了义务，这与劳务合同、劳动合同存在差别。

2. 具有一定的人身属性。定作人选择将工作交予承揽人完成是基于对其技能、经验等的信赖，承揽人应当亲自完成工作。承揽人未经定作人同意将其承揽的主要工作交由第三人完成的，定作人可以解除合同。

3. 承揽人承担工作风险。承揽人在完成工作的过程中、交付工作成果之前，承担工作成果毁损、灭失的风险。

4. 双务性、有偿性、诺成性。承揽合同经双方当事人意思表示一致而生效，一经生效，承揽人须交付工作成果，定作人则要支付报酬。

5. 承揽合同一般包含承揽标的、数量、质量、报酬、承揽方式、材料的提供、履行期限、验收标准和方法等条款。

三、承揽合同的效力

（一）承揽人的义务

1. 提供材料的义务或检验、保管材料的义务。在承揽合同中，双方可以约定由承揽人提供材料（如定作合同），也可以约定由定作人提供材料（如加工合同）。承揽人提供材料的，应当按照约定选用材料，并接受定作人检验。定作人提供材料的，承揽人的义务有三：一是检验通知义务。承揽人对定作人提供的材料，应当及时检验，发现不符合约定时，应当及时通知定作人更换、补齐或者采取其他补救措施。承揽人发现定作人提供的图纸

拓展知识
劳务合同、雇佣合同、承揽合同以及劳动合同辨析

拓展知识
承揽人提供材料的义务域外立法例

---

[1] 参见《民法典》第 770 条的规定。
[2] 参见崔建远主编：《合同法》，法律出版社 2016 年版，第 361 页。

或者技术要求不合理的，应当及时通知定作人。二是保管义务。承揽人应当妥善保管定作人提供的材料，因保管不善造成毁损、灭失的，应当承担损害赔偿责任。三是承揽人不得擅自更换定作人提供的材料，不得更换不需要修理的零部件。

拓展案例
衡水市开发区联盟
汽修厂与高奇服务
合同纠纷上诉案

2. 接受定作人监督检查的义务。承揽人在工作期间，应当接受定作人必要的监督检验。即承揽人要容忍定作人对其工作的监督和检查，并提供配合，如按照定作人的要求汇报进展、将工作成果展示给定作人等。但该种检查应当以实现合同目的为限，不能干扰承揽人的正常工作。例如定作人可以要求承揽人展示加工的半成品，但非存在工艺流程上的缺陷和半成品的重大瑕疵，一般不得要求承揽人拆解半成品并重作。

3. 亲自完成主要工作的义务。承揽人应当以自己的设备、技术和劳力，完成主要工作，[1] 但当事人另有约定的除外。承揽人将其承揽的主要工作交由第三人完成的，应当就该第三人完成的工作成果向定作人负责；未经定作人同意的，定作人也可以解除合同。

拓展知识
承揽人亲自完成
工作义务的域外
立法例

承揽合同是具有人身性的合同，承揽人应当亲自完成工作，不得擅自将主要工作交给第三人完成，否则定作人可以解除合同。[2] 承揽人经定作人同意将主要工作交由第三人完成的，定作人仍得以向承揽人主张权利。此外，依据《民法典》第773条的规定，承揽人可以将其承揽的辅助工作交由第三人完成。承揽人将其承揽的辅助工作交由第三人完成的，应当就该第三人完成的工作成果向定作人负责。即承揽人可以在不经定作人同意的情况下，将辅助工作交给第三人完成，但定作人仍可以向承揽人就该工作成果主张权利。例如，A需要复印一本书，找到了B打印店。B

拓展知识
承揽合同中留置权
的学术观点及域外
立法例

〔1〕 这里首先要探讨的是，三要工作的判断标准是什么。"主要工作"的界定需视具体合同而定，一般认为是指工作的主要部分或主要工作。所谓"主要部分"，首先是指对定作物质量起决定性作用的部分；如果其质量在承揽工作中不起决定性作用，定作物一般人均可完成的工作，那么"主要部分"即指数量上的大部分。（参见王家福主编：《中国民法学·民法债权》，法律出版社1991年版，第696页。）

〔2〕 在传统民法上，一般对于承揽人应否以自己的工作依定作人要求完成工作，并不作明确要求，由当事人自己决定或根据工作的性质决定。只有《意大利民法典》是一个例外，该法典第1656条规定："如果没有定作人的许可，承揽人不得将成果或者服务提供进行转承揽。"依该条规定，并不区分主要二作和辅助工作。我国《民法典》第772条第1款的规定，可谓是对前述两种做法的折中。（参见王利明、房绍坤、王轶：《合同法》，中国人民大学出版社2013年版，第321页。）

合 | 同 | 法

打印店未经 A 同意将复印工作交给 C 打印店，A 可以解除合同；B
经 A 同意将复印工作交给 C 的，A 可以就 C 完成的工作成果向 B
主张权利，如主张按时交付、瑕疵的赔偿等。但对于辅助工作如
装订，B 可以不经 A 的同意将该工作交给 C，但装订不合格的，
B 向 A 承担责任。

4. 交付工作成果的义务。依据《民法典》第 780 条的规定，
承揽人完成工作的，应当向定作人交付工作成果，并提交必要的
技术资料和有关质量证明。即承揽人应当将工作成果交付给定作
人（主给付义务），并完成有关资料的移交（从给付义务），这可
以参照买卖合同中出卖人的给付义务。但在定作人未向承揽人支
付报酬或者材料费等价款的情况下，承揽人对完成的工作成果享
有留置权，可以拒绝交付。

承揽人交付的工作成果必须符合质量约定，否则定作人可以
要求承揽人承担修理、重作、减少报酬、赔偿损失等违约责任。

5. 保密义务。据《民法典》第 785 条的规定，承揽人应当
按照定作人的要求保守秘密，未经定作人许可，不得留存复制品
或者技术资料。这确立了承揽人的保密义务，为此，承揽人不得
将定作人交付及其在承揽工作中获取的有关资料披露或留存。

6. 承受义务。定作人可以中途变更承揽工作的要求或随时
解除承揽合同，这是定作人两项重要权利——变更权、解除
权[1]的规定，这两项权利均为形成权，对应承揽人的承受义务，
即承揽人须接受定作人变更工作要求或解除合同，定作人的该项
行为对承揽人造成损失的，可以要求赔偿。

在承揽人为多人的情况下，各承揽人均应遵从上述义务并对
定作人承担连带责任，但当事人另有约定的，从其约定。

（二）定作人的义务

1. 支付报酬的义务。根据《民法典》第 782 条的规定，定
作人应当按照约定的期限支付报酬，这是定作人的主要义务。当
事人对支付报酬的期限没有约定或者约定不明确，依照《民法

---

〔1〕 定作人的任意解除权具有以下特征：首先，这是一种法定的权利，该权利的行使不以存在正当
理由为必要；其次，该权利为定作人一方所享有，承揽人并不享有这一权利。因为承揽人是为了定作人的
利益进行工作，承揽人任意解除合同会使得定作人的利益落空。（参见王利明：《合同法分则研究》（上
卷），中国人民大学出版社 2012 年版，第 387 页。）

典》第 510 条相关规定仍不能确定的，定作人应当在承揽人交付工作成果时支付；工作成果部分交付的，定作人应当相应支付。

2. 协助承揽人工作的义务。根据《民法典》第 778 条的规定，承揽工作需要定作人协助的，定作人有协助的义务。定作人不履行协助义务致使承揽工作不能完成的，承揽人可以催告定作人在合理期限内履行义务，并可以顺延履行期限；定作人逾期不履行的，承揽人可以解除合同。

定作人的协助义务可以分为积极的协助和消极的协助。所谓积极的协助，是指按照承揽人的要求交付或更换图纸、材料、说明要求等。消极的协助则是尊重承揽人的工作，不以非正当理由干扰。如定作人不得因监督检验妨碍承揽人的正常工作。

3. 受领工作成果。定作人应当按照合同约定受领并检验工作成果，工作成果不符合约定的要求的，应及时通知承揽人。工作成果符合合同约定，定作人无正当理由拒绝受领的，应当向承揽人赔偿损失，超过约定的期限受领的，要向承揽人支付实际支出的保管费用。

4. 行使法定权利致害的赔偿义务。根据《民法典》第 787 条的规定，定作人应当善意行使权利，在承揽人完成工作的过程中解除承揽合同或变更承揽工作要求、因此给承揽人造成损失的，应当赔偿损失。

拓展知识
承揽合同中原材料
风险负担问题的域
外立法例

四、承揽合同中的风险负担

（一）材料的风险负担

材料可以由承揽人提供，也可以由定作人提供，在承揽人提供的情况下，材料毁损、灭失的风险应当由承揽人承担。在定作人提供材料的情形下，则存在不同观点，一种观点认为，定作人将材料提供给承揽后就转移了风险，由控制材料的人承担风险符合成本理论，即采"交付主义"；另一种观点则认为承揽人只是在材料的基础上进行加工，材料的所有权并没有转移，风险也就不能转移，即采"所有人主义"。[1] 依据《民法典》第 784 条相

课后练习与测试

---

〔1〕 "交付主义"参见李永军：《合同法》，中国人民大学出版社 2016 年版，第 312 页；"所有人主义"参见王利明：《合同法分则研究》（上卷），中国人民大学出版社 2012 年版，第 382 页。

关规定，承揽人应当妥善保管定作人提供的材料以及完成的工作成果，因保管不善造成毁损、灭失的，应当承担赔偿责任。就此看来，承揽人仅对保管不善造成的材料损失负责，在材料非因当事人的原因毁损、灭失的情况下，定作人不得要求承揽人赔偿，并且应当另行提供材料，即采"所有人主义"。

（二）工作成果的风险负担

工作成果的风险负担遵循买卖合同风险负担的规则，即交付转移风险。在交付之前，承揽人承担工作成果毁损、灭失的风险，工作成果毁损、灭失的，承揽人应当重作并不得要求赔偿；在交付之后，则由定作人承担工作成果毁损、灭失的风险，工作成果毁损、灭失的，不得要求承揽人再为给付。

法条链接

第二十章　建设工程合同

本章知识结构图

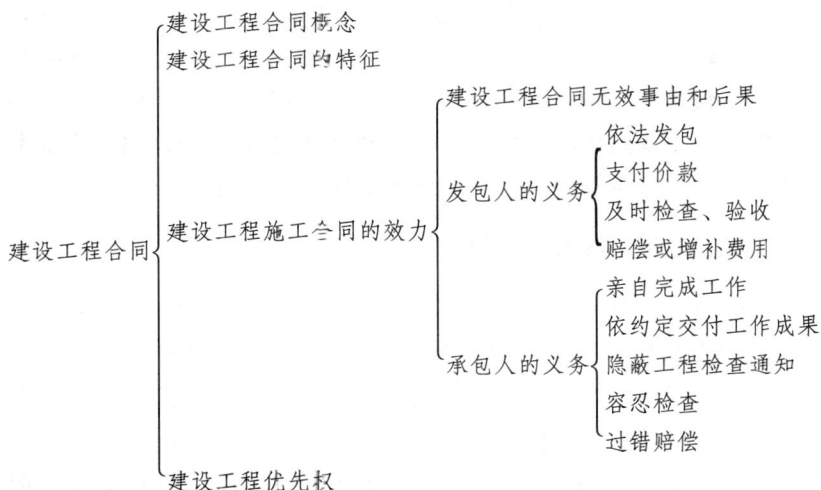

建设工程合同 {
- 建设工程合同概念
- 建设工程合同的特征
- 建设工程施工合同的效力 {
  - 建设工程合同无效事由和后果
  - 发包人的义务 {
    - 依法发包
    - 支付价款
    - 及时检查、验收
    - 赔偿或增补费用
  }
  - 承包人的义务 {
    - 亲自完成工作
    - 依约定交付工作成果
    - 隐蔽工程检查通知
    - 容忍检查
    - 过错赔偿
  }
}
- 建设工程优先权
}

本章重点内容讲解

　　建设工程合同是承包人进行工程建设，发包人支付价款的合同，其包括工程勘察、设计、施工合同。为保证建设工程的质量，结合我国的实践情况，《民法典》要求承包人具有相应的资质，禁止承包人将工程分包给不具备相应资质条件的单位，禁止分包单位将其承包的工程再分包，建设工程主体结构的施工必须由承包人自行完成。另外，承包人不得将其承包的全部建设工程转包给第三人或者将其承包的全部建设工程技解后以分包的名义分别转包给第三人。同时，应当结合我国招标投标法的相关规定，有些建设工程必须以招标投标的方式签订，为保证承包人能够获得工程价款，防止发包人恶意拖欠工程款，《民法典》特别规定了承包人的优先受偿权。注意理解该优先受偿权的法律性质及其与商品房买卖中买受人房屋交付请求权的冲突。

一、建设工程合同的概念

依据《民法典》第788条的规定，建设工程合同是承包人进行工程建设，发包人支付价款的合同。建设工程合同包括工程勘察、设计、施工合同。其中，进行工程建设的一方称为承包人，验收工程并支付价款的一方称为发包人。

对于"工程"的理解，存在争议，有观点认为工程是指与建筑物有关的活动，[1]也有观点认为应限缩为"基本建设工程"，个人为建造住房而订立的合同属于承揽合同而非建设工程合同。[2]本书认为，建设工程合同是以建筑物为标的的承揽合同，因建筑物勘察、设计等费用较高，且可能对第三人以至于社会公众产生较大的影响，故而单列为一种合同类型进行特别规定，个人为建造、勘察房屋而订立的合同也属于建设工程合同，适用本章的规则，本章没有规定的，适用承揽合同的规则。[3]

拓展知识
建设工程合同的标的

二、建设工程合同的特征

建设工程合同属于承揽合同中的特殊类型，具有以下特点：

1. 要式性。依据《民法典》第789条的规定，建设工程合同应当采用书面形式。国家重大建设工程合同，应当按照国家规定的程序和国家批准的投资计划、可行性研究报告等文件订立。

2. 主体特殊性。建设工程合同中的承包人必须取得特别资质，例如建筑资质、勘验资质、设计资质等，这一要求与建设工程资金投入大、专业要求高、影响范围大的特点相适应。《中华人民共和国建筑法》（以下简称《建筑法》）第12条规定："从事建筑活动的建筑施工企业、勘察单位、设计单位和工程监理单位，应当具备下列条件：①有符合国家规定的注册资本；②有与其从事的建筑活动相适应的具有法定执业资格的专业技术人员；③有从事相关建筑活动所应有的技术装备；④法律、行政法规规

〔1〕 参见欧海燕：《标准建筑合同比较研究——以中英为视角》，法律出版社2010年版，第1页。
〔2〕 参见郭明瑞、王轶：《合同法新论·分则》，中国政法大学出版社1997年版，第238页。
〔3〕 将个人为建造、勘察房屋而订立的合同纳入建设工程合同的范畴有利于当事人双方的利益以及公共利益的保护，因为承包人资质、承包人的优先受偿权等规则以及国家管制和调控仅体现在建设工程合同中，而未规定在承揽合同中。

定的其他条件。"第 13 条规定："从事建筑活动的建筑施工企业、勘察单位、设计单位和工程监理单位，按照其拥有的注册资本、专业技术人员、技术装备和已完成的建筑工程业绩等资质条件，划分为不同的资质等级，经资质审查合格，取得相应等级的资质证书后，方可在其资质等级许可的范围内从事建筑活动。"

3. 程序特殊性。《建筑法》第 19 条规定："建筑工程依法实行招标发包，对不适于招标发包的可以直接发包。"依法必须进行招投标的情形规定在《中华人民共和国招标投标法》（以下简称《招投标法》）第 3 条中，具体包括大型基础设施、公用事业等关系社会公共利益、公众安全的项目；全部或者部分使用国有资金投资或者国家融资的项目；使用国际组织或者外国政府贷款、援助资金的项目等，除此及其他法律特别规定外，建设工程合同方可采普通程序。[1]

4. 双务性、有偿性、诺成性。建设工程合同不以交付标的物为生效要件，双方互负义务。对于建设工程施工合同的内容，《民法典》第 795 条规定其包括工程范围、建设工期、中间交工工程的开工和竣工时间、工程质量、工程造价、技术资料的交付时间、材料和设备供应责任、拨款和结算、竣工验收、质量保修范围和质量保证期、双方互协作义务等条款。

三、建设工程施工合同的效力

（一）建设工程施工合同无效事由和后果

建设工程施工合同比较特殊，须严格遵循主体资质、订立程序等要件，否则会影响合同效力。具体来说，有下列情形之一的，建设工程施工合同无效：承包人未取得建筑施工企业资质或者超越资质等级，但竣工前取得相应资质等级的除外；没有资质的实际施工人借用有资质的建筑施工企业名义；建设工程必须进行招标而未招标或中标无效。

拓展知识
中标无效的事由

建设施工合同无效的，若建设工程经竣工验收合格，承包人可以参照合同的约定，请求支付工程价款。若建设工程经竣工验

[1] 也有学者认为凡建设工程的发包必须采取招投标的程序进行。参见王利明：《合同法分则研究》（上卷），中国人民大学出版社 2012 年版，第 398 页。

收不合格，承包人可以对建设工程进行修复，经修复验收合格的，发包人可以要求承包人承担修复费用；经修复验收仍不合格的，承包人不能要求支付工程价款。发包人对因建设工程不合格造成的损失有过错的，应当承担相应的责任。

（二）发包人的义务

1. 依法发包义务。发包人应当依照相关法律规定发包。一是对于必须采取招投标程序的建设工程项目，应当采取招投标程序。对此，《建筑法》第20条规定："建筑工程实行公开招标的，发包单位应当依照法定程序和方式，发布招标公告，提供载有招标工程的主要技术要求、主要的合同条款、评标的标准和方法以及开标、评标、定标的程序等内容的招标文件。开标应当在招标文件规定的时间、地点公开进行。开标后应当按照招标文件规定的评标标准和程序对标书进行评价、比较，在具备相应资质条件的投标者中，择优选定中标者。"第21条规定："建筑工程招标的开标、评标、定标由建设单位依法组织实施，并接受有关行政主管部门的监督。"二是发包人可以与总承包人订立建设工程合同，也可以分别与勘察人、设计人、施工人订立勘察、设计、施工承包合同。但发包人不得将应当由一个承包人完成的建设工程肢解成若干部分发包给几个承包人。

2. 支付价款的义务。根据《民法典》第807条的规定，发包人应当依照合同约定向承包人支付价款，发包人未按照约定支付价款的，承包人可以催告发包人在合理期限内支付价款。发包人逾期不支付的，除根据建设工程的性质不宜折价、拍卖外，承包人可以与发包人协议将该工程折价，也可以向人民法院申请将该工程依法拍卖。建设工程的价款就该工程折价或者拍卖的价款优先受偿。

3. 及时检查、验收的义务。依据《民法典》第798条的规定，隐蔽工程在隐蔽以前，承包人应当通知发包人检查。发包人没有及时检查的，承包人可以顺延工程日期，并有权要求赔偿停工、窝工等损失。所谓隐蔽工程，是指铺设在表面内部的工程如公路基面、墙体内层等。这类工程在整体工程竣工后难以查验，因此在对其进行封闭以前承包人就应当通知发包人检验。发包人应当检验，否则将耽误进一步的施工。此外，《民法典》第799

条也规定建设工程竣工后，发包人应当根据施工图纸及说明书、国家颁发的施工验收规范和质量检验标准及时进行验收。建设工程竣工经验收合格后，方可交付使用；未经验收或者验收不合格的，不得交付使用。据此，发包人还有验收工程的义务，对于不符合合同约定和国家标准的工程，应当交由承包人修理、更换、重作。

如果建设工程未经竣工验收，发包人即擅自使用，除违反法律、行政法规的强制性规定的情形外，依法视为工程验收合格，但承包人应当在建设工程的合理使用寿命内对地基基础工程和主体结构质量承担责任。

4. 赔偿或增补费用的义务。依据《民法典》第 803 条、第 804 条、第 805 条的规定，发包人在以下情形负有赔偿或增补费用的义务：一是未按照约定的时间和要求提供原材料、设备、场地、资金、技术资料，造成承包人停工、窝工的；二是由于发包人的原因致使工程中途停建、缓建的，如未取得许可证、土地使用权纠纷；三是因发包人变更计划，提供的资料不准确，或者未按照期限提供必需的勘察、设计工作条件而造成勘察、设计的返工、停工或者修改设计。

（三）承包人的义务

1. 亲自完成工作的义务。《民法典》第 791 条第 2 款和第 3 款规定，总承包人或者勘察、设计、施工承包人经发包人同意，可以将自己承包的部分工作交由第三人完成。第三人就其完成的工作成果与总承包人或者勘察、设计、施工承包人向发包人承担连带责任。承包人不得将其承包的全部建设工程转包给第三人或者将其承包的全部建设工程肢解后以分包的名义分别转包给第三人。禁止承包人将工程分包给不具备相应资质条件的单位。禁止分包单位将其承包的工程再分包。建设工程主体结构的施工必须由承包人自行完成。

据此，承包人须按照合同约定亲自完成工作，未经合同事先约定或发包人同意不得转包，经发包人同意转包的，须满足以下条件：一是该转包部分非建设工程主体结构的施工工作；二是分包单位必须是具备相应资质条件的单位；三是不得将工程整体肢解分包；四是不得进行二次转包和分包。转包以后，第三人就其完成的工作成果与总承包人或者勘察、设计、施工承包人向发包人承担连带责任。

2. 依约定交付工作成果的义务。承包人应当按照合同约定的时间、方式、质量（须同时符合国家标准）等交付工作成果，如勘验报告、设计图纸或建设工程。迟延履行或瑕疵给付的，应就此承担违约责任。由于建设工程的特殊性，承包方必须继续履行、无偿返工、改建并赔偿损失，以确保交付的工作成果的质量。

3. 隐蔽工程检查通知义务。与发包人的检查义务相对应的，隐蔽工程在隐蔽前承包人负有通知义务。承包人的该项义务服务于发包人对隐蔽工程的检查，为此，必须在完成工作或即将完成工作时就不迟延地发出通知，并应为发包人检查提供相应的便利，如交付图纸、解释说明等。

4. 容忍检查的义务。我国《民法典》赋予了发包人在不妨碍承包人正常作业的情况下的检查权，相应地，承包人有容忍发包人检查并提供配合的义务。此处的检查不限于隐蔽工程，对建筑外观、设计图纸、工程进度等都可以进行检查，承包人应当依照发包人的要求为其提供资料、样品、人员等。

5. 过错赔偿义务。因承包人的原因致使建设工程在合理使用期限内造成人身和财产损害的，承包人应当承担赔偿责任。

四、建设工程优先权

建设工程优先权，是指发包人未依约定支付价款，承包人享有的将建设工程拍卖、折价并就所得价款优先受偿的权利。该项权利具有以下特征：一是建设工程优先权属于一种法定优先权。[1] 建设工程优先权的内容、效力等均由法律直接规定。二是建设工程优先权以价款优先受偿为内容。发包人未支付价款的，承包人不能直接获得建设工程的所有权，而仅能就建设工程变卖、拍卖所得的价款优先于发包人的其他债权人受偿。三是承包人仅能就其施工、勘验、设计的建设工程进行变价拍卖以受偿，不能要求一同变卖其他建设工程，否则可能损害发包人、其

拓展知识
优先受偿权的性质

拓展知识
建设工程优先受偿权的适用条件（是否要求竣工）

拓展知识
优先受偿权的效力

拓展案例
福华建筑公司与丰兰公司建设工程价款优先受偿权纠纷上诉案

---

[1] 参见郑云瑞：《合同法》，北京大学出版社2018年版，第385页。

他承包人及第三人的利益。

关于建设工程优先权的性质，存在着三种学说。第一种学说认为，建设工程优先权是留置权；第二种观点认为，建设工程优先权是法定抵押权；第三种观点认为建设工程优先权是一种优先权。[1]

建设工程优先权的行使须满足以下条件：一是发包人的债务已届清偿期；二是发包人未付价款且经承包人催告在合理期限内仍未支付价款；三是建设工程可以采取折价、拍卖的形式变价。在工程是否已经竣工并验收合格这一点上，则存在争议。有观点认为，工程没有竣工或对于验收不合格的工程，发包人可以拒绝支付并要求返工，在这两种情况下，承包人没有价款请求权，也就没有建设工程优先权。[2] 另一种观点认为，因发包人原因（如资金不到位等）造成的"烂尾楼"，亦可以存在建设工程优先权。[3] 本书采后一种观点，非因承包人的过错造成的不能竣工和验收合格的情况下，承包人仍能对其建设的未完成的工程进行变卖，并以价款优先受偿，这与立法设置建设工程优先权的目的相适应。

建设工程优先权的效力主要体现在优先性上，即承包人可以就变卖工程所得的价款优先于债权人受偿。此处需要讨论的问题是，这种优先性是否绝对？[4] 即承包人的这种权利是否可以对抗其他享有优先受偿权的人，例如抵押权人、房地产合同中的买受人？对此，最高人民法院发布的《关于建设工程价款优先受偿权问题的批复》明确指出，建筑工程的承包人的优先受偿权优于抵押权和其他债权。消费者交付购买商品房的全部或者大部分款项后，承包人就该商品房享有的工程价款优先受偿权不得对抗买受人。

拓展案例
莫志华、深圳市东深工程有限公司与东莞市长富广场房地产开发有限公司建设工程合同纠纷案

法条链接

课后练习与测试

---

〔1〕 留置权说参见江平主编：《中华人民共和国合同法精解》，中国政法大学出版社 1999 年版，第 223 页；法定抵押权说参见李永军：《合同法》，中国人民大学出版社 2016 年版，第 318 页；优先权说参见王卫国主编：《合同法》，北京师范大学出版社 2010 年版，第 338 页；王利明：《合同法分则研究》（上卷），中国人民大学出版社 2012 年版，第 436 页。

〔2〕 参见王利明：《合同法分则研究》（上卷），中国人民大学出版社 2012 年版，第 437 页。

〔3〕 参见李永军：《合同法》，中国人民大学出版社 2016 年版，第 319 页。

〔4〕 参见隋彭生：《合同法要义》，中国人民大学出版社 2018 年版，第 356 页。

第二十一章 运输合同

本章知识结构图

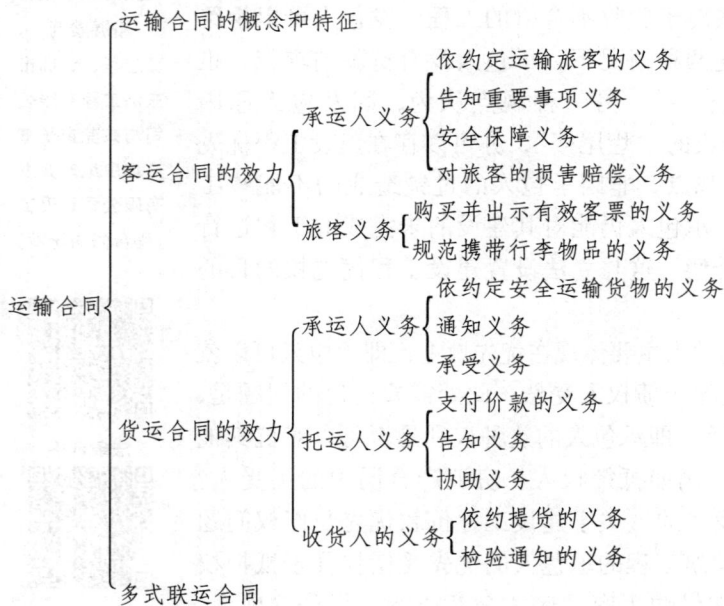

运输合同的概念和特征

运输合同

客运合同的效力
- 承运人义务
  - 依约定运输旅客的义务
  - 告知重要事项义务
  - 安全保障义务
  - 对旅客的损害赔偿义务
- 旅客义务
  - 购买并出示有效客票的义务
  - 规范携带行李物品的义务

货运合同的效力
- 承运人义务
  - 依约定安全运输货物的义务
  - 通知义务
  - 承受义务
- 托运人义务
  - 支付价款的义务
  - 告知义务
  - 协助义务
- 收货人的义务
  - 依约提货的义务
  - 检验通知的义务

多式联运合同

本章重点内容讲解

运输合同是承运人将旅客或货物从起运地点运输到约定地点，旅客、托运人或者收货人支付票款或者运输费用的合同。运输合同在分类上通常为格式合同、双务合同、有偿合同、诺成合同。运输合同中，双方的权利义务，尤其是旅客和托运人在其中意思自由所受的限制，以及承运人的违约责任和赔偿责任需要重点关注和掌握。

一、运输合同的概念和特征

运输合同是承运人将旅客或者货物从起运地点运输到约定地点，旅客、托运人或者收货人支付票款或者运输费用的合同。[1] 其中，提供运输服务的是承运人，接受运输服务的是托运人或旅客。

运输合同具有以下特征：

1. 主体特殊性。提供运输服务的一方应当取得货运或客运资质，例如铁道运输由中国铁路总公司负责，出租车公司应当取得相应行政许可。个人或未取得特定资质的企业，不能提供经常性、重复性的交通运输服务。

2. 强制缔约性。[2] 依据《民法典》第810条的规定，从事公共运输的承运人不得拒绝旅客、托运人通常、合理的运输要求。

3. 公共性。交通运输服务一般由政府调控并实行政府指导价，其不单纯通过市场自身完成交易匹配和竞争定价，尤其是公共交通运输服务体现出一定的公共性和公益性特征。

4. 交易条款格式化。交通运输服务一般具有多次、重复的特征，如果均单次协商拟定合同条款会耗费大量的成本。因此运输合同具备格式条款特征，并以特定的方式呈现，例如购买车船票、乘坐公汽的投币或刷卡行为、乘坐出租车打表计价等。

5. 双务性、有偿性、诺成性。运输合同一般有偿，当事人互负对待给付义务。

因为运输对象的不同，运输合同的效力会有所差异，下文将分别详述。

二、客运合同的效力

客运合同是以旅客为运输对象的运输合同。客运合同自承运人向旅客交付客票时成立，并自成立时生效，但当事人另有约定或者另有交易习惯的除外。

---

〔1〕　参见《民法典》第809条的规定。

〔2〕　参见魏振瀛主编：《民法》，北京大学出版社、高等教育出版社2010年版，第521页。

（一）承运人义务

1. 依约定运输旅客的义务。运输合同是承揽合同的一种，[1] 原则上承运人应当亲自完成运输工作，但当事人可以对此另行约定。对此，《中华人民共和国海商法》第 42 条第 2 项专门定义了"实际承运人"，其为接受承运人委托，从事货物运输或者部分运输的人，包括接受转委托从事此项运输的其他人。并且，第 61 条规定："本章对承运人责任的规定，适用于实际承运人……"第 63 条规定："承运人与实际承运人都负有赔偿责任的，应当在此项责任范围内负连带责任。"

拓展知识
实际承运人

总体来说，运输合同中承运人的主要义务是将运输对象在约定或合理期间内以约定的或者通常的运输路线将旅客、货物安全运输到约定地点。承运人迟延运输的，应当根据旅客的要求安排改乘其他班次或者退票；承运人擅自变更运输工具而降低服务标准的，应当根据旅客的要求退票或者减收票款；提高服务标准的，不应当加收票款。

2. 告知重要事项义务。根据《民法典》第 819 条的规定，承运人应当向旅客及时告知安全运输应当注意的事项。所谓有关不能正常运输的重要事由，是指因承运人的原因或天气等原因使运输时间迟延，或运输合同所约定的车次、航班取消等影响旅客按约定时间到达目的地的事由。所谓安全运输应当注意的事项，是指在运输中为保障旅客的人身、财产安全，需要提醒旅客注意的事项。

3. 安全保障义务。承运人应当保障运输工具具备通常的性能、为旅客提供安全的运输，并在旅客遇到危险或突发疾病时，实施必要的、合理的救助。

对此，《民法典》第 822 条规定，在运输过程中，承运人应当尽力救助患有急病、分娩、遇险的旅客。《中华人民共和国海商法》第 38 条规定："船舶发生海上事故，危及在船人员和财产

---

[1] 运输合同中承运人除了提供运输的劳务之外，还应保障旅客或者货物安全且按时到达目的地，故具有承揽的性质。肯定运输合同具有承揽的性质，比如 ［日］户田修三、中村真澄编：《商法总则·商法行为法》，青林书院 1985 年版，第 269 页；郑玉波：《海商法》，三民书局 1970 年版，第 57 页；林诚二：《民法债编各论》（中），瑞兴图书股份有限公司 2002 年版，第 406 页。（转引自韩世远：《合同法学》，高等教育出版社 2010 年版，第 509 页。）

的安全时，船长应当组织船员和其他在船人员尽力施救。在船舶的沉没、毁灭不可避免的情况下，船长可以作出弃船决定；但是，除紧急情况外，应当报经船舶所有人同意。弃船时，船长必须采取一切措施，首先组织旅客安全离船，然后安排船员离船，船长应当最后离船。"《中华人民共和国民用航空法》第44条规定："民用航空器的操作由机长负责，机长应当严格履行职责，保护民用航空器及其所载人员和财产的安全。机长在其职权范围内发布的命令，民用航空器所载人员都应当执行。"

4. 对旅客的损害赔偿义务。根据《民法典》第823条的规定，承运人应当对运输过程中旅客，包括免票、持优待票或者经承运人许可搭乘的无票旅客的伤亡承担损害赔偿责任，但伤亡是旅客自身健康原因造成的或者承运人证明伤亡是旅客故意、重大过失造成的除外。

在运输过程中旅客自带物品毁损、灭失，承运人有过错的，应当承担损害赔偿责任。旅客托运的行李毁损、灭失的，适用货物运输的有关规定。

（二）旅客义务

1. 购买并出示有效客票的义务。旅客应当支付票款或者运输费用。若承运人未按照约定路线或者通常路线运输增加票款或者运输费用的，旅客、托运人或者收货人可以拒绝支付增加部分的票款或者运输费用。

同时，旅客应当持有效客票乘运。旅客无票乘运、超程乘运、越级乘运或者持失效客票乘运的，应当补交票款，承运人可以按照规定加收票款。旅客不交付票款的，承运人可以拒绝运输。在旅客因自己的原因不能按照客票记载的时间乘坐的情况下，其应当在约定的时间内办理退票或者变更手续。逾期办理的，承运人可以不退票款，并不再承担运输义务。

2. 规范携带行李物品的义务。旅客在运输中应当按照约定的限量携带行李。超过限量携带行李的，应当办理托运手续。此外，依据《民法典》第818条的规定，旅客不得随身携带或者在行李中夹带易燃、易爆、有毒、有腐蚀性、有放射性以及可能危及运输工具上人身和财产安全的危险物品或者其他违禁物品。旅客违反前款规定的，承运人可以将违禁物品卸下、销毁或者送交有关部门。旅客坚持携带或者夹带危险物品或者违禁物品的，承运人应当拒绝运输。

三、货运合同的效力

货运合同中一般存在托运人、承运人和收货人三方当事人，收货人也可以是托运人。

（一）承运人义务

1. 依约定安全运输货物的义务。承运人的首要义务是依照约定将货物安全送达指定地点。货物毁损、灭失的，承运人须承担损害赔偿责任，但承运人证明货物的毁损、灭失是因不可抗力、货物本身的自然性质或者合理损耗以及托运人、收货人的过错造成的，不承担赔偿责任。

对于确定损失额的方法，依据《民法典》第 833 条的规定，货物的毁损、灭失的赔偿额，当事人有约定的，按照其约定；没有约定或者约定不明确，依照《民法典》第 510 条的规定仍不能确定的，按照交付或者应当交付时货物到达地的市场价格计算。法律、行政法规对赔偿额的计算方法和赔偿限额另有规定的，依照其规定。

拓展知识
保价运输

若存在两个以上承运人以同一运输方式联运的，与托运人订立合同的承运人应当对全程运输承担责任。损失发生在某一运输区段的，与托运人订立合同的承运人和该区段的承运人承担连带责任。

2. 通知义务。货物运输过程中发生特殊情况如需变更承运人等应当及时通知托运人，必要时还需要征得其同意。在货物运输到达目的地时，承运人也应当及时通知收货人或其指定人员，以保证能够在合同约定的时限或合理时间范围内将货物交付给收货人或其指定的人。

在收货人不及时提货时，承运人应当保管货物，并可以主张就此产生的费用；收货人不明或者收货人无正当理由拒绝受领货物的，承运人可以提存货物。

3. 承受义务。依《民法典》第 829 条的规定，在承运人将货物交付收货人之前，托运人可以要求承运人中止运输、返还货物、变更到达地或者将货物交给其他收货人，但是应当赔偿承运

人因此受到的损失。

（二）托运人义务

1. 支付价款的义务。托运人或者收货人应当支付票款或者运输费用，对此，托运人、承运人和收货人可以约定"付款发货"或"货到付款"。托运人或者收货人不支付运费、保管费以及其他运输费用的，承运人对相应的运输货物享有留置权，但当事人另有约定的除外。但在承运人未按照约定路线或者通常路线运输增加票款或者运输费用的情况下，旅客、托运人或者收货人可以拒绝支付增加部分的票款或者运输费用。货物在运输过程中因不可抗力灭失，未收取运费的，承运人不得要求支付运费；已收取运费的，托运人可以要求返还。

2. 告知义务。托运人办理货物运输，应当向承运人准确表明收货人的名称或者姓名或者凭指示的收货人，货物的名称、性质、重量、数量、收货地点等有关货物运输的必要情况。因托运人申报不实或者遗漏重要情况，造成承运人损失的，托运人应当承担赔偿责任。

托运人可以选择是否告知承运人货物的价值，这会影响到货损时的赔偿。

3. 协助义务。依据《民法典》第826条和第827条的规定，托运人具有两项协助运输的义务。一是货物运输需要办理审批、检验等手续的，托运人应当将办理完有关手续的文件提交承运人；二是托运人有妥善包装货物的义务。托运人应当按照约定或在没有约定时按照该法第619条的规定包装货物。托运人托运易燃、易爆、有毒、有腐蚀性、有放射性等危险物品的，应当按照国家有关危险物品运输的规定对危险物品妥善包装，作出危险物标志和标签，并将有关危险物品的名称、性质和防范措施的书面材料提交承运人。托运人违反前款规定的，承运人可以拒绝运输，也可以采取相应措施以避免损失的发生，因此产生的费用由托运人承担。

（三）收货人的义务

1. 依约提货的义务。货物运输到达、承运人通知收货人后，收货人应当及时提货。收货人逾期提货的，应当向承运人支付保管费等费用。

2. 检验通知的义务。依据《民法典》第 831 条的规定，收货人提货时应当按照约定的期限检验货物。对检验货物的期限没有约定或者约定不明确，依照《民法典》第 510 条的规定仍不能确定的，应当在合理期限内检验货物。收货人在约定的期限或者合理期限内对货物的数量、毁损等未提出异议的，视为承运人已经按照运输单证的记载交付的初步证据。

四、多式联运合同

多式联运合同，是指多式联运经营人和托运人约定，采用两种以上不同运输方式运输货物到达约定地点，由托运人或者收货人支付运费的运输合同。

多式联运合同涉及托运人、收货人、联运经营人和实际承运人。多式联运合同由托运人和多式联运经营人订立。依据《民法典》第 838 条的规定，多式联运经营人负责履行或者组织履行多式联运合同，对全程运输享有承运人的权利，承担承运人的义务。

多式联运合同主要涉及承运人的责任承担问题。依据《民法典》第 839 条、第 840 条、第 841 条、第 842 条的规定，首先，多式联运经营人对运输全程的损害负责。其可以与参加多式联运的各区段承运人就多式联运合同的各区段运输约定相互之间的责任，但该约定不影响多式联运经营人对全程运输承担的义务。其次，多式联运单据转让不影响托运人的求偿权。多式联运经营人收到托运人交付的货物时，应当签发多式联运单据。按照托运人的要求，多式联运单据可以是可转让单据，也可以是不可转让单据。因托运人托运货物时的过错造成多式联运经营人损失的，即使托运人已经转让多式联运单据，托运人仍然应当承担赔偿责任。最后，货物的毁损、灭失发生于多式联运的某一运输区段的，多式联运经营人的赔偿责任和责任限额，适用调整该区段运输方式的有关法律规定。货物毁损、灭失发生的运输区段不能确定的，依照本章规定承担赔偿责任。

法条链接

课后练习与测试

第二十二章 技术合同

本章知识结构图

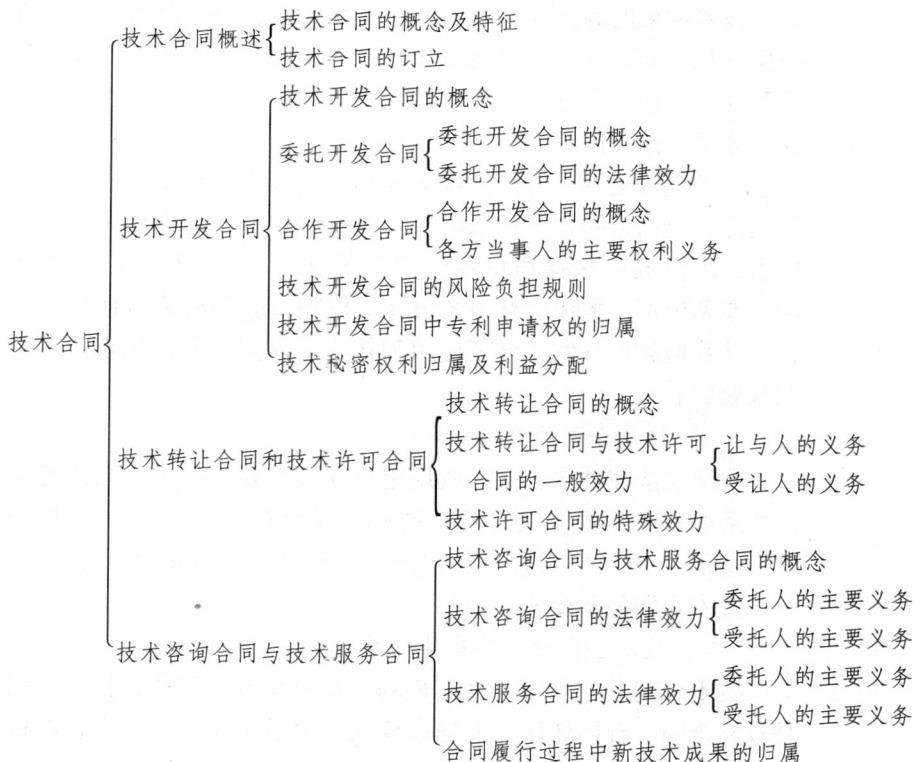

技术合同 {
- 技术合同概述 {
  - 技术合同的概念及特征
  - 技术合同的订立
- 技术开发合同 {
  - 技术开发合同的概念
  - 委托开发合同 {
    - 委托开发合同的概念
    - 委托开发合同的法律效力
  - 合作开发合同 {
    - 合作开发合同的概念
    - 各方当事人的主要权利义务
  - 技术开发合同的风险负担规则
  - 技术开发合同中专利申请权的归属
  - 技术秘密权利归属及利益分配
- 技术转让合同和技术许可合同 {
  - 技术转让合同的概念
  - 技术转让合同与技术许可合同的一般效力 {
    - 让与人的义务
    - 受让人的义务
  - 技术许可合同的特殊效力
- 技术咨询合同与技术服务合同 {
  - 技术咨询合同与技术服务合同的概念
  - 技术咨询合同的法律效力 {
    - 委托人的主要义务
    - 受托人的主要义务
  - 技术服务合同的法律效力 {
    - 委托人的主要义务
    - 受托人的主要义务
  - 合同履行过程中新技术成果的归属
}

本章重点内容讲解

技术合同是以技术成昊或有关技术成果的服务为标的的合同，技术合同的订立应当符合有利于技术进步和技术成果转化与推广原则。技术合同包括技术开发合同、技术转让、专利实施许可合同、技术咨询合同以及技术服务合同，其中技术开发合同与技术转让合同应当以书面形式订立。从分类上，技术合同通常为非要式合同、双务合同、有偿合同。技术合同中，双方当事人的权利义务、风险负担及合同履行过程中新技术成果的归属是特别值得关注的问题，需重点理解和把握。

第一节　技术合同概述

一、技术合同的概念及特征

科技是第一生产力，技术作为一种产品早已被世界各国所认同，技术成果的商品交换催生了一类新型合同——技术合同。在根据《民法典》第 843 条的规定，技术合同是指当事人之间就技术开发、转让、许可、咨询或者服务而订立的确立相互之间权利和义务关系的合同。

由于现行法律、行政法规对专利、计算机软件、集成电路布图设计、植物新品种等技术成果均有专门规定，为避免相关类型技术成果合同的法律适用顺位产生争议，法律、行政法规对专利，专利申请，集成电路布图设计，植物新品种权许可使用、转让，计算机软件开发、许可使用和转让等合同有专门规定的，依照其规定。

（一）技术合同为非要式合同

我国立法在技术合同一般规定中并没有要求技术合同的订立需要采取特定形式，仅要求"技术开发合同"与"技术转让合同"应当以书面形式订立，因此，一般认为，除法律特别规定外，技术合同为非要式合同。

（二）技术合同为双务有偿合同

技术合同双方当事人互享权利，互负义务，因此，技术合同是双务合同。合同任何一方均享权利，也承担义务。一方在取得权利时，要付出相应对价，因此，技术合同为有偿合同。

根据《民法典》第 846 条的规定，技术合同价款、报酬或者使用费的支付方式由当事人约定，可以采取一次总算、一次总付或者一次总算、分期支付，也可以采取提成支付或者提成支付附加预付入门费的方式。约定提成支付的，可以按照产品价格、实施专利和使用技术秘密后新增的产值、利润或者产品销售额的一定比例提成，也可以按照约定的其他方式计算。提成支付的比例可以采取固定比例、逐年递增比例或者逐年递减比例。约定提成支付的，当事人可以约定查阅有关会计账目的办法。

（三）技术合同是以技术成果或有关技术成果的服务为标的的合同

技术合同，无论是技术开发合同、技术转让合同、技术服务合同、技术咨询合同，都是围绕技术成果展开。不同的是，技术开发合同、技术转让合同是直接以技术成果为标的；而技术服务合同与技术咨询合同虽不直接以技术成果为标的，但也是以为技术成果提供服务为基础。所谓技术成果，是指利用科学技术知识、信息和经验作出的设计产品、工艺、材料及改进等的技术方案，包括专利、专利申请、技术秘密、计算机软件、集成电路布图设计、植物新品种等。[1]

二、技术合同的订立

（一）有利于技术进步和技术成果转化与推广原则

技术合同的订立与其他合同并不存在太大区别，都需要遵循合同订立的一般规则。但技术合同还应当遵循"有利于技术进步和技术成果转化与推广原则"。[2] 原因在于对于智力成果的保护具有两面性。一方面，保护权利人的正当利益，鼓励创新。即法律应当保护技术成果的权利人的合法权益，使其付出可以得到回报，从而激发人们的发明意识和创新激情。但另一方面，预防垄断。即避免对于权利人的过分保护而造成对技术成果的垄断，方便智力成果的转化与推广。因此，对于技术合同，法律明确要求，订立技术合同，应当有利于科学技术的进步，加速科学技术

---

〔1〕　参见最高人民法院《关于审理技术合同纠纷案件适用法律若干问题的解释》（法释〔2004〕20号）第1条的规定。

〔2〕　参见《民法典》第844条的规定。

成果的转化、应用和推广。非法垄断技术、妨碍技术进步[1]或侵害他人技术成果的技术合同无效，但经过权利人追认或无权处分的人订立合同后取得所有权的除外。

（二）技术合同的内容

对于技术合同的内容，在不违反法律强行性规定的前提下，当事人可以根据契约自由原则自行约定。此外，对于具体内容，法律要求技术合同一般应有以下条款：①项目名称；②标的的内容、范围和要求；③履行的计划、进度、期限、地点、地域和方式；④技术情报和资料的保密；⑤风险责任的承担；⑥技术成果的归属和收益的分成办法；⑦验收标准和方法；⑧价款、报酬或者使用费及其支付方式；⑨违约金或者损失赔偿的计算方法；⑩解决争议的方法；⑪名词和术语的解释。但上述条款为提示性条款，并非必备条款。

与履行合同有关的技术背景资料、可行性论证和技术评价报告、项目任务书和计划书、技术标准、技术规范、原始设计和工艺文件，以及其他技术文档，按照当事人的约定可以作为合同的组成部分。

技术合同涉及专利的，应当注明发明创造的名称、专利申请人和专利权人、申请日期、申请号、专利号以及专利权的有效期限。

---

　〔1〕　根据最高人民法院《关于审理技术合同纠纷案件适用法律若干问题的解释》（法释〔2004〕20号）第10条的规定，下列情形属于"非法垄断技术、妨碍技术进步"：①限制当事人一方在合同标的技术基础上进行新的研究开发或者限制其使用所改进的技术，或者双方交换改进技术的条件不对等，包括要求一方将其自行改进的技术无偿提供给对方、非互惠性转让给对方、无偿独占或者共享该改进技术的知识产权；②限制当事人一方从其他来源获得与技术提供方类似技术或者与其竞争的技术；③阻碍当事人一方根据市场需求，按照合理方式充分实施合同标的技术，包括明显不合理地限制技术接受方实施合同标的的技术生产产品或者提供服务的数量、品种、价格、销售渠道和出口市场；④要求技术接受方接受并非实施技术必不可少的附带条件，包括购买非必需的技术、原材料、产品、设备、服务以及接收非必需的人员等；⑤不合理地限制技术接受方购买原材料、零部件、产品或者设备等的渠道或者来源；⑥禁止技术接受方对合同标的技术知识产权的有效性提出异议或者对提出异议附加条件。

第二节　技术开发合同

一、技术开发合同的概念

技术开发合同是指当事人之间就新技术、新产品、新工艺、新品种或者新材料及其系统的研究开发所订立的合同。[1] 技术开发合同包括委托开发合同和合作开发合同。技术开发合同应当采用书面形式。当事人之间就具有产业应用价值的科技成果实施转化订立的合同，参照技术开发合同的规定。

二、委托开发合同

（一）委托开发合同的概念

所谓委托开发合同，是指当事人一方按照另一方的要求完成研究开发工作，另一方当事人接受研究开发成果并支付报酬的协议。其中，接受成果并支付报酬的一方当事人称为委托人，接受报酬并从事开发研究的一方为研究开发人。

（二）委托开发合同的法律效力

委托人主要承担以下义务：①委托开发合同的委托人应当按照约定支付研究开发经费和报酬；②提供技术资料、原始数据；③完成协作事项；④接受研究开发成果；⑤委托人违反约定造成研究开发工作停滞、延误或者失败的，应当承担违约责任。

研究开发人主要承担以下义务：①委托开发合同的研究开发人应当按照约定制定和实施研究开发计划；②合理使用研究开发经费；③按期完成研究开发工作，交付研究开发成果，提供有关的技术资料和必要的技术指导，帮助委托人掌握研究开发成果；④研究开发人违反约定造成研究开发工作停滞、延误或者失败的，应当承担违约责任。

---

〔1〕　参见《民法典》第 851 条的规定。

三、合作开发合同

（一）合作开发合同的概念

合作开发合同是指双方或多方当事人就共同合作开发研究事宜所达成的协议。与委托开发合同不同，合作开发合同的各方当事人共同投资，共担风险，共享成果。

（二）各方当事人的主要权利义务

①合作开发合同的当事人应当按照约定进行投资，包括以技术进行投资；②分工参与研究开发工作；③协作配合研究开发工作；④合作开发合同的当事人应当按照约定进行投资，包括以技术进行投资、分工参与研究开发工作、协作配合研究开发工作；⑤合作开发合同的当事人违反约定造成研究开发工作停滞、延误或者失败的，应当承担违约责任；⑥因作为技术开发合同标的的技术已经由他人公开，致使技术开发合同的履行没有意义的，当事人可以解除合同。

四、技术开发合同的风险负担规则

根据《民法典》第858条第1款的规定，在技术开发合同履行过程中，因出现无法克服的技术困难，致使研究开发失败或者部分失败的，该风险责任由当事人约定。没有约定或者约定不明确，当事人可以事后达成补充协议；如果达不成补充协议的，按照交易习惯确定；仍不能确定的，风险责任由当事人合理分担。

根据《民法典》第858条第2款的规定，当事人一方发现前款规定的可能致使研究开发失败或者部分失败的情形时，应当及时通知另一方并采取适当措施减少损失。没有及时通知并采取适当措施，致使损失扩大的，应当就扩大的损失承担责任。

五、技术开发合同中专利申请权的归属

1. 委托开发合同的技术成果专利申请权的归属。根据《民法典》第859条的规定，委托开发完成的发明创造，除法律另有规定或者当事人另有约定的以外，申请专利的权利属于研究开发人。研究开发人取得专利权的，委托人可以依法实施该专利。研究开发人转让专利申请权的，委托人享有以同等条件优先受让的权利。

2. 合作开发合同的技术成果专利申请权的归属。根据《民法典》第 860 条的规定，合作开发完成的发明创造，除当事人另有约定的以外，申请专利的权利属于合作开发的当事人共有。当事人一方转让其共有的专利申请权的，其他各方享有以同等条件优先受让的权利。合作开发的当事人一方声明放弃其共有的专利申请权的，除当事人另有约定外，可以由另一方单独申请或者由其他各方共同申请。申请人取得专利权的，放弃专利申请权的一方可以免费实施该专利。合作开发的当事人一方不同意申请专利的，另一方或者其他各方不得申请专利。

六、技术秘密权利归属及利益分配

根据《民法典》第 861 条的规定，委托开发或者合作开发完成的技术秘密成果的使用权、转让权以及利益的分配办法，由当事人约定。没有约定或者约定不明确，当事人可以事后达成补充协议；如果达不成补充协议的，按照交易习惯确定；仍不能确定的，在没有相同技术方案被授予专利权前，当事人均有使用和转让的权利，但委托开发的研究开发人不得在向委托人交付研究开发成果之前，将研究开发成果转让给第三人。

第三节　技术转让合同和技术许可合同

一、技术转让合同的概念

技术转让合同存在广义和狭义之分，广义的技术转让合同包括技术转让合同和技术许可合同。但"转让"通常应理解为权利的让渡，而在实施许可的情况下，只是允许他人在一定范围内使用该技术，并无权利让渡之含义。因此，本文的技术转让合同采狭义理解。所谓技术转让合同，是指合同拥有技术的权利人，将现有特定的专利、专利申请、技术秘密的相关权利让与他人所订立的合同。所谓技术许可合同，是指合同拥有技术的权利人，将现有特定的专利、技术秘密的相关权利许可他人实施、使用所订立的合同。因此，技术许可合同又包括专利实施许可合同、技术秘密使用许可合同。技术转让合同和技术许可合同的订立应当采取书面形式。

技术许可方式包括独占实施许可、排他实施许可、普通实施许可。当事人可以约定技术合同的许可方式。当事人对技术许可方式没有约定或者约定不明时，视为普通实施许可。技术许可合同约定被许可人可以再许可他人实施技术的，认定该再许可为普通实施许可，但当事人另有约定的除外。

二、技术转让合同与技术许可合同的一般效力

（一）让与人的义务

1. 保证自己是技术成果的合法拥有者的义务。技术转让合同的让与人负有保证自己是技术成果合法拥有者的义务。因技术成果的完成主体与方式的不同，可以将技术成果分为职务技术成果与非职务技术成果，两者的义务主体并不相同。

所谓职务技术成果，是指执行法人或者其他组织的工作任务，或者主要是利用法人或者其他组织的物质技术条件所完成的技术成果。职务技术成果的使用权、转让权属于法人或者其他组织的，法人或者其他组织可以就该项职务技术成果订立技术合同。法人或者其他组织应当依法对完成该项职务技术成果的个人给予奖励，职务技术成果被使用或转让后，法人或其他组织应依法从使用和转让该项职务技术成果所取得的收益中提取一定比例或固定数额作为报酬给予完成该项职务技术成果的个人。当事人另有约定的，按约定支付报酬。法人或者其他组织订立技术合同转让职务技术成果时，职务技术成果的完成人享有以同等条件优先受让的权利。法人或其他组织与职工就职期间或离职以后所完成的技术成果的权益有约定的，依约定确认。

所谓非职务技术成果，是指非为执行法人或者其他组织的工作任务或未主要利用法人或者其他组织的物质技术条件所完成的技术成果。非职务技术成果的使用权、转让权属于完成技术成果的个人，完成技术成果的个人可以就该项非职务技术成果订立技术合同。

因此，对于职务技术成果，拥有该技术成果使用权、转让权的法人或其他组织负有保证自己是技术成果合法拥有者的义务；对于非职务技术成果，则由完成该技术成果的个人负担上述保证

义务。

2. 保证所提供的技术符合合同目的。技术转让合同的让与人应当保证自己是所提供的技术的合法拥有者，并保证所提供的技术完整、无误、有效，能够达到约定的目标。

3. 违约责任。让与人未按照约定转让技术的，应当返还部分或者全部使用费，并应当承担违约责任；违反约定的保密义务的，应当承担违约责任。

4. 权利瑕疵担保责任。技术转让合同的转让人应当保证所提供的技术不受第三人追究，如果受让人按照约定实施专利、使用技术秘密侵害他人合法权益的，由让与人承担责任，但当事人另有约定的除外。

（二）受让人的义务

1. 支付费用的义务。受让人未按照约定支付使用费的，应当补交使用费并按照约定支付违约金；不补交使用费或者支付违约金的，应当停止实施专利或者使用技术秘密，交还技术资料，承担违约责任；实施专利或者使用技术秘密超越约定的范围的，未经让与人同意擅自许可第三人实施该专利或者使用该技术秘密的，应当停止违约行为，承担违约责任。

2. 保密义务。技术转让合同和专利实施许可合同的受让人应当按照约定的范围和期限，对让与人提供的技术中尚未公开的秘密部分，承担保密义务。

三、技术许可合同的特殊效力

专利实施许可合同和技术秘密使用许可合同除了具备上述共通的效力之外，还具有以下特殊效力。

（一）专利实施许可合同

许可人具有以下义务：①让与人的义务仅在专利有限期内转让的义务。专利实施许可合同只在该专利权的存续期间内有效。专利权有效期限届满或者专利权被宣布无效的，专利权人不得就该专利与他人订立专利实施许可合同。②依约提供专利的义务。专利实施许可合同的许可人应当按照约定许可受让人实施专利，交付与实施专利有关的技术资料，否则，许可人承担违约责任。③合同有效期内维持专利有效的义务。专利实施许可合同让与人负有在合同有效期内维持专利权有效的义务，但当事人另有约定的除外。④提供必要技术指导的义务。技术秘密使用许可合同的许可人应当按照约定提供技术资料，进行技术指导，保证技术的实用性、可靠性，承担保密义务。

被许可人的义务主要是指，专利实施许可合同的被许可人应当按照约定实施专利，不得许可约定以外的第三人实施该专利，并按照约定支付使用费。

（二）技术秘密使用许可合同的特殊效力

根据《民法典》第 868 条的规定，技术秘密使用许可合同的许可人应当按照约定提供技术资料，进行技术指导，保证技术的实用性、可靠性，承担保密义务。根据《民法典》第 869 条的规定，技术秘密使用许可的被许可人应当按照约定使用技术，支付转让费、使用费，承担保密义务。

（三）违反技术许可合同的违约责任

根据《民法典》第 872 条的规定，许可人未按照约定许可技术的，应当返还部分或者全部使用费，并应当承担违约责任；实施专利或者使用技术秘密超越约定的范围的，违反约定擅自许可第三人实施该项专利或者使用该项技术秘密的，应当停止违约行为，承担违约责任；违反约定的保密义务的，应当承担违约责任。

根据《民法典》第 873 条的规定，被许可人未按照约定支付使用费的，应当补交使用费并按照约定支付违约金；不补交使用费或者支付违约金的，应当停止实施专利或者使用技术秘密，交还技术资料，承担违约责任；实施专利或者使用技术秘密超越约定的范围的，未经让与人同意擅自许可第三人实施该专利或者使用该技术秘密的，应当停止违约行为，承担违约责任；违反约定的保密义务的，应当承担违约责任。

第四节　技术咨询合同与技术服务合同

一、技术咨询合同与技术服务合同的概念[1]

技术咨询合同是指合同一方当事人就特定技术项目提供可行性论证、技术预测、专题技术调查、分析评价报告等，而另一方支付报酬的合同。

技术服务合同是指当事人一方以技术知识为另一方解决特定技术问题所订立的合同，不包括建设工程合同和承揽合同。

二、技术咨询合同的法律效力

（一）委托人的主要义务

1. 说明、提供资料并保密的义务。根据《民法典》第879条的规定，技术咨询合同的委托人应当按照约定阐明咨询的问题，提供技术背景材料及有关技术资料、数据，对于受托人提出的咨询报告和意见，委托人应当保密。根据《民法典》第881条第1款的规定，技术咨询合同的委托人未按照约定提供必要的资料和数据，影响工作进度和质量，支付的报酬不得追回，未支付的报酬应当支付。

2. 接受受托人的工作成果的义务。委托人应当按照合同的约定接受工作成果，不接受或者逾期接受工作成果的，已支付的报酬不得追回，未支付的报酬应当支付。

3. 支付报酬的义务。委托人应当按照合同的约定按时支付相应报酬。

（二）受托人的主要义务

1. 依约完成咨询报告或解答问题的义务。根据《民法典》第880条的规定，技术咨询合同的受托人应当按照约定的期限完成咨询报告或者解答问题；提出的咨询报告应当达到约定的要求。根据《民法典》第881条第2款、第3款的规定，技术咨询合同的受托人未按期提出咨询报告或者提出的咨询报告不符合约

---

[1]　我国《民法典》第878条对技术咨询合同和技术服务合同的概念作出了规定。

定的，应当承担减收或者免收报酬等违约责任。技术咨询合同的委托人按照受托人符合约定要求的咨询报告和意见作出决策所造成的损失，由委托人承担，但当事人另有约定的除外。

2. 保密义务。对于委托人提供的技术资料和数据，受托人应当保密。当事人对技术咨询合同委托人提供的技术资料和数据或者受托人提出的咨询报告和意见未约定保密义务，当事人一方引用、发表或者向第三人提供的，不认定为违约行为，但侵害对方当事人对此享有的合法权益的，应当依法承担民事责任。

三、技术服务合同的法律效力

（一）委托人的主要义务

1. 提供工作条件及配合义务。技术服务合同的委托人应当按照约定提供工作条件，完成配合事项。技术服务合同的委托人不履行合同义务或者履行合同义务不符合约定，影响工作进度和质量，不接受或逾期接受工作成果的，支付的报酬不得追回，未支付的报酬应当支付。技术服务合同受托人发现委托人提供的资料、数据、样品、材料、场地等工作条件不符合约定，未在合理期限内通知委托人的，视为其对委托人提供的工作条件予以认可。委托人在接到受托人的补正通知后未在合理期限内答复并予补正的，发生的损失由委托人承担。

2. 接受受托人的工作成果的义务。委托人应当按照合同的约定接受工作成果，不接受或者逾期接受工作成果的，已支付的报酬不得追回，未支付的报酬应当支付。

3. 支付报酬的义务。委托人应当按照合同的约定按时支付相应报酬。

（二）受托人的主要义务

技术服务合同的受托人应当按照约定完成服务项目，解决技术问题，保证工作质量，并传授解决技术问题的知识。技术服务合同的受托人未按照合同约定完成服务工作的，应当承担免收报酬等违约责任。

法条链接

课后练习与测试

四、合同履行过程中新技术成果的归属

在技术咨询合同、技术服务合同履行过程中，受托人利用委

托人提供的技术资料和工作条件完成的新的技术成果，属于受托
人。委托人利用受托人的工作成果完成的新的技术成果，属于委
托人。当事人另有约定的，按照其约定。

第二十三章 保管合同

本章知识结构图

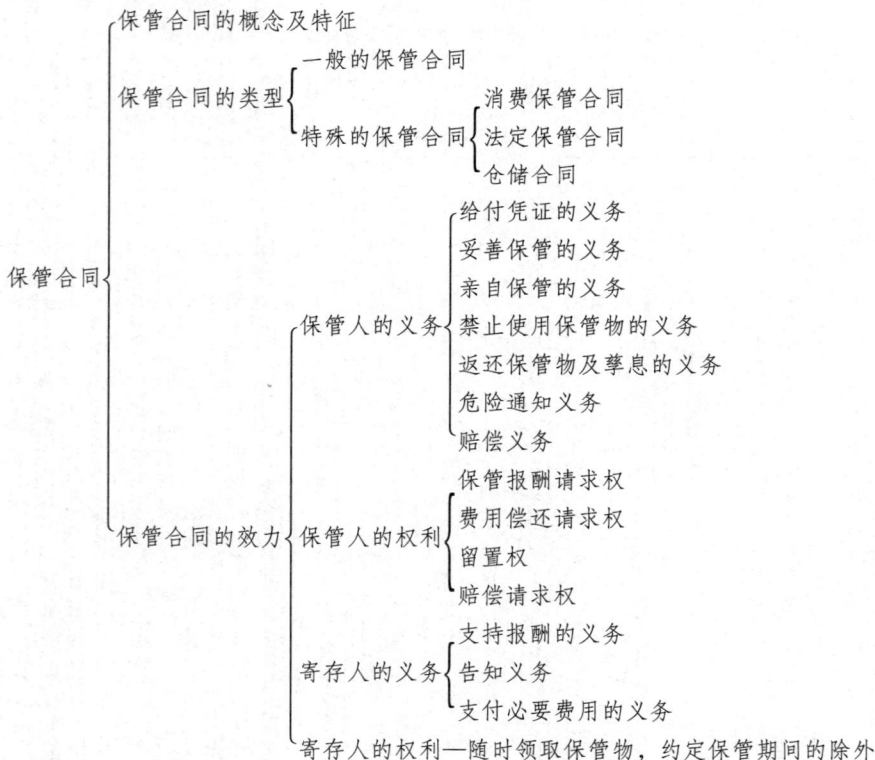

保管合同
- 保管合同的概念及特征
- 保管合同的类型
  - 一般的保管合同
  - 特殊的保管合同
    - 消费保管合同
    - 法定保管合同
    - 仓储合同
- 保管合同的效力
  - 保管人的义务
    - 给付凭证的义务
    - 妥善保管的义务
    - 亲自保管的义务
    - 禁止使用保管物的义务
    - 返还保管物及孳息的义务
    - 危险通知义务
    - 赔偿义务
  - 保管人的权利
    - 保管报酬请求权
    - 费用偿还请求权
    - 留置权
    - 赔偿请求权
  - 寄存人的义务
    - 支持报酬的义务
    - 告知义务
    - 支付必要费用的义务
  - 寄存人的权利—随时领取保管物，约定保管期间的除外

本章重点内容讲解

保管合同是以保管行为为标的，以保管物品为目的的合同，是不要式、实践合同。保管人负有给付凭证、妥善保管、亲自保管、禁止使用保管物、危险通知、返还保管物及孳息以及赔偿的义务；保管人享有报酬请求权、费用偿还请求权、损害赔偿请求权以及留置权等权利。上述权利与义务应重点把握。

一、保管合同的概念及特征

保管合同，又叫寄存合同，是指双方当事人约定一方当事人保管另一方当事人交付的物品，并在特定情形下将该物品返还的合同。寄存人到保管人处从事购物、就餐、住宿等活动，将物品存放在指定场所的，视为保管，但当事人另有约定或另有交易习惯的除外。保管合同具有以下特征：

1. 保管合同是实践合同。实践合同，又被称为要物合同，是指合同的成立不仅需要合司双方当事人真实的意思表示，还需要当事人交付标的物。对于保管合同，大多数国家都将之规定为要物合同，[1] 我国《民法典》第 890 条规定，保管合同自保管物交付时成立，但是当事人另有约定的除外。因此，我国的保管合同是一种要物合同，但如果当事人约定保管合同为诺成合同的，依照其约定。

2. 保管合同是以保管行为为标的，以保管物品为目的的合同。保管合同的标的为保管行为，其合同目的在于保管特定物品，换而言之，是在寄存人无法或不便现实管理物品的情形下，为使物品处于良好的存续状态而由保管人暂时保管，但保管人不能使用、收益以及处分标的物，也不能进行改造或毁损。

3. 保管合同既可以有偿，也可以无偿。既可以是有偿合同，也可以是无偿合司，具体情况由双方当事人自行约定，但在当事人没有约定或约定不明时，推定其为无偿合同。

4. 保管合同是一种不要式合同。保管合同既可以口头方式约定，也可用书面形式订立，我国法律并未要求其必须采用何种形式。实践中在保管物品时，保管人一般会向寄存人交付保管凭证，但这并非合同成立的要件，而只是证明合同存在的一种凭证。

5. 保管合同是一种继续性合同。所谓继续性合同，是指合同的内容并非一次履行，而需要当事人持续性履行的合同。在保管合同中，保管人一般需要持续性地保管标的物。

拓展案例
李杏英诉上海大润发超市存包损害赔偿案

---

〔1〕　参见杨立新：《合同法》，北京大学出版社 2013 年版，第 502 页。

二、保管合同的类型

保管合同包括一般的保管合同、消费保管合同、法定保管合同和仓储合同。

保管合同可以分为一般的保管合同与特殊的保管合同。所谓一般的保管合同，是指一般性的保管合同；而特殊的保管合同则是相对于一般的保管合同具有独特性的保管合同，主要包括消费保管合同、法定保管合同以及仓储合同等。

消费保管合同，是指以替代物为保管物，约定将保管物的所有权转移于保管人，而在将来由保管人以种类、品质、数量相同之物返还的保管合同。与一般的保管合同相比，消费保管合同最显著的特点在于其是以替代物作为保管物并转移保管物的所有权。[1] 消费保管合同又与消费借贷合同不同，前者是以保管为目的，后者则是以借用人对借用物的利用或消费为目的；前者虽兼有为保管人的利益，但主要是为了寄存人的利益，而后者则是为借用人的利益。

所谓法定保管合同，是指当符合法定条件时，保管合同当然成立的合同，这种保管合同的成立并非基于当事人双方的意思表示，而是基于法律的直接规定。

事实上仓储合同也是一种保管合同，[2] 但由于其特殊性，我国将之规定为一种独立的合同类型，并进行特别规定。

三、保管合同效力

（一）保管人的义务

1. 给付凭证的义务。寄存人向保管人交付保管物的，保管人应当给付保管凭证，另有交易习惯的除外。但如前所述，保管合同与保管凭证并非同一事物，即便存在书面的保管合同，保管人仍然需要交付给寄存人保管凭证。

2. 妥善保管的义务。保管人应当妥善保管保管物。因此，保

---

[1] 参见郑玉波：《民法债编各论》（下），三民书局 1981 年版，第 539～540 页；邱聪智：《新订债法各论》（中），中国人民大学出版社 2006 年版，第 271～272 页。

[2] 参见王家福主编：《中国民法学·民法债权》，法律出版社 1991 年版，第 718 页。

管人具有妥善保管保管物的义务。对于保管人所应尽的注意义务，传统民法理论根据程度的不同确立了三种不同的注意标准：[1]一为普通人的注意，欠缺普通人的注意即为重大过失。二为与处理自己事务为同一的注意，违反此种注意义务，即为具体的轻过失，也称主观的轻过失。三为善良管理人的注意，违反此种义务即为抽象的轻过失，也称客观的轻过失。在确定我国《民法典》上保管人注意义务的程度时，必须考虑到有偿保管与无偿保管对保管人责任规定的区别。保管期间，因保管人保管不善造成保管物毁损、灭失的，保管人应当承担损害赔偿的责任。此应解释为是对有偿保管合同保管人责任的规定。考虑到我国《民法典》对违约责任采纳严格责任的归责原则，有偿保管合同的保管人所应尽的注意义务比善良管理人的注意义务更重，还须就通常事变负责。因此，依我国《民法典》第897条的规定，除法定免责事由外，在保管期间保管物损毁、灭失的，有偿保管人即应承担违约责任，不管其是否具有过失。此外，保管合同若为无偿，保管人证明自己没有重大过失即不承担赔偿责任。因此，对无偿保管合同而言，保管人仅需尽普通人的注意义务，保管人若已尽一般人所应尽的注意即无重大过失，则其可以免责。当然，保管人欲免责应就其已尽该种注意义务负举证责任。显而易见，对无偿保管合同，我国《民法典》采用的是过错推定责任。

3. 亲自保管的义务。根据《民法典》第894条的规定，保管人不得将保管物转交第三人保管，但当事人另有约定的除外。法律之所以要求保管人负担此种义务，其根源在于包括保管、承揽等在内的以劳务给付为内容的合同十分重视当事人之间的信任关系。此外，寄存人本身可能也需要知道保管物实际上是由谁保管以便取回保管物。但这种义务并非绝对，当存在紧急情况或为了维护寄存人利益时，允许保管人改变保管场所或转交第三人保管。但保管人违反亲自保管义务，将保管物转交第三人保管，对保管物造成损失的，应当承担赔偿责任。此外，保管人依照当事人约定将保管物转交第三人保管的，保管人仅就其对第三人的选任及指示上的过错向寄存人承担责任。

---

〔1〕　参见隋彭生：《合同法要义》，中国人民大学出版社2018年版，第383页。

4. 禁止使用保管物的义务。根据《民法典》第 895 条的规定，保管人未经寄存人同意，不得自己使用或者许可第三人使用保管物。保管人擅自使用或许可第三人使用保管物的，应比照租赁合同的相关规定向寄存人支付租金。保管是保存行为，乃占有保管物加以保护，并维持其原状，不包括对保管物的利用与改良。因此，除非经寄存人同意，保管人不得擅自利用、改良保管物，更不得处分保管物。当然，有时为保管寄存物需对其加以使用，如当保管物为汽车时，为防止久未发动的汽车发生故障，保管人定期发动汽车，再如保管人对其所保管的马、猎犬等应使其适当活动，对其所保管的奶牛应取其乳，但该使用构成保管寄托物的方法，因此应视为保管行为的一部分，并非违反不得使用保管物之义务。

5. 返还保管物及孳息的义务。根据《民法典》第 900 条的规定，保管期间届满或者寄存人提前领取保管物的，保管人应当将原物及其孳息归还寄存人。因此，保管人不仅要返还保管物，还应当返还该保管物的孳息。此外，保管人保管货币的，可以返还相同种类、数量的货币。保管其他可替代物的，可以按照约定返还相同种类、品质、数量的物品。

6. 危险通知义务。根据《民法典》第 893 条的规定，寄存人交付的保管物有瑕疵或者按照保管物的性质需要采取特殊保管措施的，寄存人应当将有关情况告知保管人。寄存人未告知，致使保管物受损失的，保管人不承担损害赔偿责任；保管人因此受损失的，除保管人知道或者应当知道并且未采取补救措施的以外，寄存人应当承担赔偿责任。

7. 赔偿义务。根据《民法典》第 897 条的规定，保管期间，因保管人保管不善造成保管物毁损、灭失的，保管人应当承担赔偿责任，但如前所述，保管是无偿的，保管人证明自己没有重大过失的，不承担赔偿责任。

（二）保管人的权利

1. 保管报酬请求权。有偿的保管合同，寄存人应当按照约定的期限向保管人支付报酬。当事人对支付期限没有约定或者约定不明确，依照《民法典》第 510 条的规定，仍不能确定的，视为无偿保管，应当在返还保管物的同时支付。

2. 费用偿还请求权。我国法律并未明确规定保管人具有费用偿还请求权，但一般认为，保管合同是为寄存人的利益而设立[1]，因此，对于因保管而产生的必要费用，如保管物的税费、清洁费、冷藏费等，可以要求寄存人来承担，但双方当事人进行特殊约定的可以除外。

3. 留置权。当寄存人未按照约定支付保管报酬以及其他费用时，保管人对保管物享有留置权，用以维护自身利益，但当事人另有约定的除外。

4. 赔偿请求权。寄存人交付的保管物有瑕疵或者按照保管物的性质需要采取特殊保管措施的，寄存人应当将有关情况告知保管人。寄存人未告知致使保管物受损失的，保管人不承担赔偿责任；保管人因此受损失的，除保管人知道或者应当知道并且未采取补救措施的以外，寄存人应当承担赔偿责任。

（三）寄存人的义务

1. 支付报酬的义务。根据《民法典》第902条的规定，在有偿保管合同中，寄存人应当按照约定的期限向保管人支付保管报酬。当事人对支付期限没有约定或者约定不明，依照《民法典》第510条的规定，仍不能确定的，寄存人应当在领取保管物的同时支付。

2. 告知义务。根据《民法典》第898条的规定，寄存人寄存货币、有价证券或者其他贵重物品的，应当向保管人声明，由保管人验收或者封存。寄存人未声明的，该物品毁损、灭失后，保管人可以按照一般物品予以赔偿。同时，根据《民法典》第893条的规定，寄存人交付的保管物有瑕疵或者按照保管物的性质需要采取特殊保管措施的，寄存人应当将有关情况告知保管人，如因未履行告知义务而造成保管人损失的，应当向保管人承担赔偿责任。

3. 支付必要费用的义务。保管人因保管保管物而发生的必要费用，寄存人有义务支付，并支付自支出时起的利息。但当事人另有约定的除外。当事人对必要费用的偿还期限没有约定或者约定不明的，应当在保管物返还的同时支付。

---

〔1〕　参见崔建远主编：《合同法》，法律出版社2016年版，第423页。

法条链接

课后练习与测试

（四）寄存人的权利

根据《民法典》第 899 条的规定，寄存人可以随时领取保管物。当事人对保管期限没有约定或者约定不明确的，保管人可以随时要求寄存人领取保管物；约定保管期限的，保管人无特别事由，不得要求寄存人提前领取保管物。

根据《民法典》第 900 条、第 901 条的规定，保管期间届满或者寄存人提前领取保管物的，保管人应当将原物及其孳息归还寄存人。保管人保管货币的，可以返还相同种类、数量的货币。保管其他可替代物的，可以按照约定返还相同种类、品质、数量的物品。

第二十四章　仓储合同

本章知识结构图

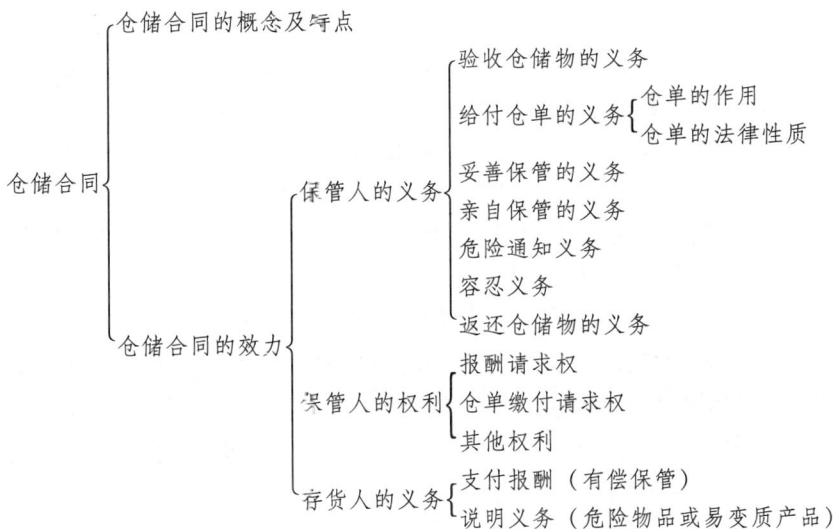

仓储合同 ┤
- 仓储合同的概念及特点
- 仓储合同的效力 ┤
  - 保管人的义务 ┤
    - 验收仓储物的义务
    - 给付仓单的义务 ┤
      - 仓单的作用
      - 仓单的法律性质
    - 妥善保管的义务
    - 亲自保管的义务
    - 危险通知义务
    - 容忍义务
    - 返还仓储物的义务
  - 保管人的权利 ┤
    - 报酬请求权
    - 仓单缴付请求权
    - 其他权利
  - 存货人的义务 ┤
    - 支付报酬（有偿保管）
    - 说明义务（危险物品或易变质产品）

本章重点内容讲解

仓储合同，是一种特殊的保管合同，对于我国《民法典》没有规定的，适用保管合同的有关规定。存货人交付仓储物的，保管人应当给付仓单。仓单是一种文义、要式、不要因、自付、缴回的物权证券，其具有重要的法律性质与作用。在仓储合同中，应注意厘清其与保管合同的相异之处及掌握合同当事人的主要权利与义务。

一、仓储合同的概念及特点

仓储合同，是指存货人将仓储物交付给保管人储存，并支付其仓储费用的合同。其中，存储货物的人叫作保管人；将货物交付给保管人的人叫作存货人；而其仓储的物品叫作仓储物，仓储人支付的报酬为仓储费。

仓储合同，是一种特殊的保管合同，在民商分立的国家，仓储合同是作为一种商事合同，由商事法律特别规范。[1] 我国虽采用民商合一的立法体例，但考虑到其特殊性，《民法典》将之独立于保管合同规定，但其本质仍是保管合同的一种，[2] 因此，对于我国《民法典》没有规定的，适用保管合同的有关规定。[3]

1. 保管人需要具备特殊条件。仓储合同中的保管人可以是自然人，也可以是法人、合伙企业、个体工商户等其他组织，但必须是具有仓储设备并专门从事仓储业务的商人。因此，保管人具有资格要求，首先，保管人需要具有专门用来满足储藏与保管仓储物的设备；其次，必须取得从事仓储业务的资格。我国《民法典》并未对保管人的资质进行明确规定，但在一些其他法律规范中予以明确，即仓储人必须是具备从事仓储保管业务的资格，在法律上取得资格应拥有相应保管条件，并经过有关部门的许可，履行相关登记等程序。[4]

2. 仓储物为动产。仓储物需要堆置和储藏的方式仓储，因此，仓储的性质与方式决定了仓储物只能是动产，而保管合同中的保管物既可以是动产也可是不动产。

3. 仓储合同是诺成合同。[5] 仓储合同是诺成合同，原因在于保管人是专门从事仓储业务的商人，在保管仓储物之前势必会

---

〔1〕 参见崔建远主编：《合同法》，法律出版社 2010 年版，第 502 页。

〔2〕 参见王家福主编：《中国民法学·民法债权》，法律出版社 1991 年版，第 718 页。

〔3〕 从我国《民法典》第 918 条的规定来看，既言"本章没有规定的，适用保管合同的有关规定"，故可以将仓储合同看成是一种特别的保管合同（日本学者持有相同的见解，参见［日］江头宪治郎：《商取引法》，弘文堂 2002 年版，第 327 页），与"保管合同"章构成特别法与一般法的关系（参见韩世远：《合同法学》，高等教育出版社 2010 年版，第 550 页）。

〔4〕 例如《国务院对确需保留的行政审批项目设定行政许可的决定》（中华人民共和国国务院令第 412 号）就对石油成品油的仓储经营资格进行了特别规定。

〔5〕 仓储合同为实践合同或还是诺成合同，我国《民法典》没有明文规定，在中国台湾地区，有的学者认为是实践合同［参见郑玉波：《民法债编各论》（下），三民书局 1981 年版，第 555 页；邱聪智：《新订债法各论》（中），中国人民大学出版社 2006 年版，第 320 页］，也有认为是诺成合同（参见史尚宽：《债法各论》，荣泰印书馆股份有限公司 1981 年版，第 523~524 页）。在中国大陆，大部分学者持诺成合同说，认为仓储合同为商事合同，其保管人是专门从事仓储业务的商人，其营业目的就是从仓储营业中牟利。（参见崔建远主编：《合同法》，法律出版社 2016 年版，第 427 页。）

提前为履行合同作出必要的准备，若将仓储合同规定为实践合同，则如果存货人在寄存货物之前反悔，则势必造成保管人利益受损。此外，合同诺成化也是现代合同法演变的趋势。因此，仓储合同自成立时生效。

4. 仓储合同是双务、有偿合同。仓储合同是一种双务合同，双方互负对待给付的义务。保管人有仓储保管仓储物之义务，而存货人有支付价款的义务。同时，保管人是商人，具有营利性，因此仓储合同是一种有偿合同。

5. 仓储合同是不要式合同。我国《民法典》并没有明确规定仓储合同应当采取何种形式订立，因此，仓储合同是一种不要式合同。

6. 仓储合同是继续性合同。与保管合同相同，仓储合同是一种继续性合同，它并非一次履行，而需要保管人持续性地、多次地履行，在合同未终止之前，保管人的保管义务持续存在。

拓展阅读
仓储合同的性质

二、仓储合同的效力

（一）保管人的义务

1. 验收仓储物的义务。根据《民法典》第 907 条的规定，保管人有义务按照合同约定对入库的仓储物进行验收。保管人在验收时发现入库仓储物与约定不符合的，应当及时通知存货人。保管人验收后，发生仓储物的品种、数量、质量不符合约定的情况时，保管人应当承担赔偿责任。

2. 给付仓单的义务。根据《民法典》第 908 条的规定，存货人交付仓储物的，保管人应当给付仓单。给付仓单是保管人最基本的义务之一。这里的仓单是保管人应存货人的请求而签发的用以表彰、处分和受领仓储物或保管物的一种有价证券。[1] 其作用在于：①仓单是仓储合同存在的证明，仓单并非仓储合同本身，如果没有订立书面的仓储合同，则仓单也可以成为仓储合同已合法有效订立的证据。②仓单是保管人已经接收货物的证明，保管人开出仓单则表明保管人已经接受了货物。③仓单是仓储物所有权的表彰，持有仓单，则意味着享有请求保管人交付仓储物

---

〔1〕　参见隋彭生：《合同法要义》，中国人民大学出版社 2018 年版，第 389 页。

的权利。

仓单的法律性质可以概括为以下几个方面：

（1）仓单是一种物权证券。仓单是一种有价证券，但究竟是一种物权证券还是一种债权证券，理论上存在一定争议，[1] 一般认为，仓单是一种物权凭证，其表彰物品上的所有权。持有仓单者，享有该仓单所载明的物品的所有权，交付该仓单等于交付该物品，其所有权随之转移。

（2）仓单是一种要式证券。保管人应当在仓单上签字或者盖章，同时规定了其记载事项，因此，仓单是一种要式证券。但需要注意，仓单是一种要式证券，但仓储合同是一种不要式合同，两者不能混淆。

（3）仓单是一种不要因证券。仓单是一种不要因证券是指仓单在填发流通后，其效力并不会因仓储合同的有效与无效而受到影响。将仓单认定为不要因证券有利于保护善意第三人的利益，从而维护整个交易安全与秩序。

（4）仓单是一种文义证券。所谓文义证券，是指当事人之间的权利义务关系依据证券上的记载事项而定，即便记载事项与当事人约定不符，也以记载的事项为准。同时仓单应包括下列事项：[2] ①存货人的名称或者姓名和住所；②仓储物的品种、数量、质量、包装、件数和标记；③仓储物的损耗标准；④储存场所；⑤储存期限；⑥仓储费；⑦仓储物已经办理保险的，其保险金额、期间以及保险人的名称；⑧填发人、填发地和填发日期。

（5）仓单是一种自付证券。所谓自付证券，是指由签发证券的人自己履行给付义务的证券，与自付证券相对应的是指示证券。仓单由保管人自己签发并由保管人自己履行给付义务，因此，仓单是一种自付证券。

（6）仓单是一种缴回证券。保管人在将货物交付给仓单持有人时，仓单持有人也应当将仓单交付给保管人以避免重复交付、欺诈等事情的发生。存货人或者仓单持有人在仓单上背书并经保

---

〔1〕 参见王利明：《合同法研究·第1卷》，中国人民大学出版社2011年版，第675页；崔建远主编：《合同法》，北京大学出版社2016年版，第638页。

〔2〕 参见我国《民法典》第909条的规定。

管人签字或者盖章的，可以转让提取仓储物的权利。因此，仓单具有可转让性，但需要具备以下条件：一是仓单应当以背书的方式转让，且背书应当连续；二是保管人需要在仓单上签字或盖章。此外，仓单是一种不要因证券，因此，仓单转让的效力不会因其基础关系即仓储合同的效力而有所改变，[1] 即便仓储合同不成立、无效或被撤销，转让仓单行为的效力并不会因此而受到影响。

拓展阅读
仓单的法律性质

3. 妥善保管的义务。妥善保管仓储物是保管人最主要的义务。不同于保管合同，仓储合同中保管人的注意义务较高，需要以善良管理人之义务来保管仓储物，这是由仓储合同是一种有偿合同、商事合同的法律性质所决定的。因此，根据《民法典》第917条的规定，在储存期内，因保管人保管不善造成仓储物毁损、灭失的，保管人应当承担赔偿责任，但因仓储物的性质、包装不符合约定或者超过有效储存期造成仓储物变质、损坏的，保管人不承担赔偿责任。此外，对于储存易燃、易爆、有毒、有腐蚀性、有放射性等危险物品的，保管人必须具备法律法规所要求的相应的保管条件。

4. 亲自保管的义务。仓储合同是一种特殊的保管合同，因此，仓储合同的保管人也应当亲自保管仓储物，不得擅自将仓储物交给第三人。一方面，将仓储物交给第三人保管违背了当事人双方之间的特别信任关系，可能加大仓储物毁损、灭失的风险，不利于存货人之利益；另一方面，仓储货物需要特别的经营资质，第三人可能并不具有。因此，未经存货人同意，保管人不得将仓储物擅自交付给第三人。[2]

拓展案例
北京瑞达兴通商贸有限公司诉北京亚鑫公铁快运有限责任公司仓储合同案

5. 危险通知义务。保管人对入库仓储物发现有变质或者其他损坏的，应当及时通知存货人或者仓单持有人。保管人对入库仓储物发现有变质或者其他损坏，危及其他仓储物的安全和正常保管的，应当催告存货人或者仓单持有人作出必要的处置。因情况

---

〔1〕　参见崔建远主编：《合同法》，法律出版社2010年版，第504页。

〔2〕　我国台湾学者认为，保管人能够证明纵不使第三人代为保管，仍不免发生损失的，可不负责任（参见郑玉波：《民法债编各论》（下），三民书局1981年版，第565~566页；史尚宽：《债法各论》，荣泰印书馆股份有限公司1981年版，第538~539页），对此，我国大陆大部分学者认为在司法实践中应予以借鉴（参见崔建远主编：《合同法》，法律出版社2016年版，第431页）。

紧急，保管人可以作出必要的处置，但事后应当将该情况及时通知存货人或者仓单持有人。

6. 容忍义务。保管人根据存货人或者仓单持有人的要求，应当同意其检查仓储物或者提取样品。这是保管人的容忍义务，即当存货人或仓单持有人请求时，保管人应当同意其检查仓储物有无变质、数量有无短缺等情况或者允许其提取货物的样品。

7. 返还仓储物的义务。当事人对储存期间没有约定或者约定不明确的，存货人或者仓单持有人可以随时提取仓储物，保管人也可以随时要求存货人或者仓单持有人提取仓储物，但应当给予必要的准备时间。

（二）保管人的权利

1. 报酬请求权。存储合同是有偿合同，因此，保管人有权请求存货人对其保管行为支付相应的报酬。储存期间届满，存货人或者仓单持有人应当凭仓单提取仓储物。存货人或者仓单持有人逾期提取的，应当加收仓储费；提前提取的，不减收仓储费。

2. 仓单缴付请求权。存货人或其他人在提取货物时应当支付仓单，同时，保管人有权要求存货人缴付仓单以避免重复提取或欺诈等情形出现。

3. 其他权利。仓储合同也是一种保管合同，因此可以参照适用保管合同的规定，保管人在权利方面类似保管合同的保管人，在存货人不支付报酬时有权留置该货物，对于因货物而造成的损害，有权提出损害赔偿。

法条链接

课后练习与测试

（三）存货人的义务

存储合同是有偿合同，存货人有义务支付报酬。根据《民法典》第906条的规定，储存易燃、易爆、有毒、有腐蚀性、有放射性等危险物品或者易变质物品时，存货人应当说明该物品的性质，提供有关资料。存货人违反说明义务的，保管人可以拒收仓储物，也可以采取相应措施以避免损失的发生，因此产生的费用由存货人承担。

第二十五章　委托合同

本章知识结构图

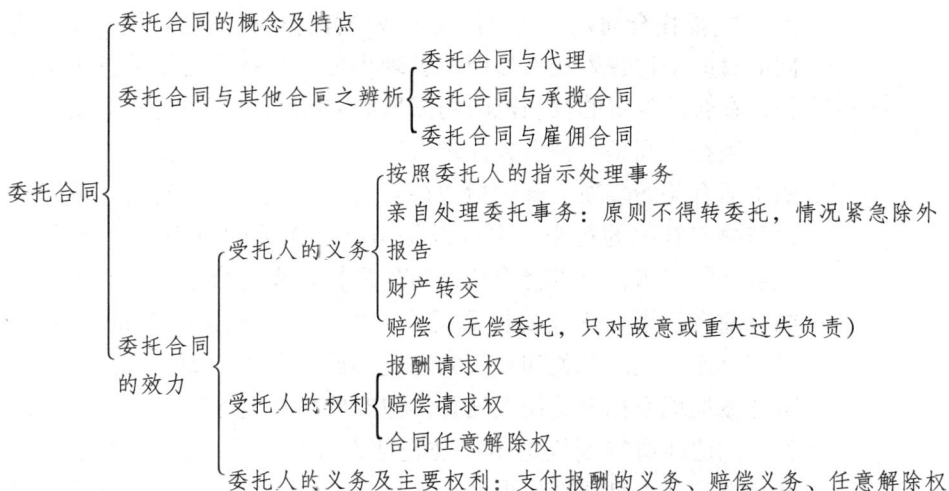

委托合同
- 委托合同的概念及特点
- 委托合同与其他合同之辨析
  - 委托合同与代理
  - 委托合同与承揽合同
  - 委托合同与雇佣合同
- 委托合同的效力
  - 受托人的义务
    - 按照委托人的指示处理事务
    - 亲自处理委托事务：原则不得转委托，情况紧急除外
    - 报告
    - 财产转交
    - 赔偿（无偿委托，只对故意或重大过失负责）
  - 受托人的权利
    - 报酬请求权
    - 赔偿请求权
    - 合同任意解除权
  - 委托人的义务及主要权利：支付报酬的义务、赔偿义务、任意解除权

本章重点内容讲解

委托合同是以委托人与受托人之间的信赖为基础订立的以处理他人事务的行为为标的的合同。委托合同既可以是有偿合同也可以是无偿合同，但两者的注意义务并不相同。委托与代理关系密切，但又存在重要区别。受托人负有按委托人指示、亲自处理、报告、财产转移及赔偿的义务；受托人享有报酬请求权、赔偿请求权和合同任意解除权。委托人具有支付报酬和赔偿的义务，委托人也具有合同任意解除权，但应注意把握民事委托与商事委托中委托人任意解除权区别对待的必要性。

一、委托合同的概念及特点

委托合同是当事人约定，由受托一方为了委托一方的利益而处理事务的合同。在委托合同关系中，委托他人处理事务的一方称为委托人，接受该委托为他人处理事务的一方称为受托人。随着经济全球化的发展，地域之间的界限被打破，人们不必事事亲力亲为，事务可以委托给他人处理从而扩大了民事主体行为的活动空间和范围，大大提高了效率，因此，委托合同在实践中应用十分广泛。

1. 委托合同是以处理他人事务的行为为标的的合同。委托合同的目的是代替委托人处理或管理事务，受托人为了委托方的利益，在合同规定的权利范围内采取必要措施对事务进行处置，因此，委托合同是一种事务处理合同。所谓事务，是指一切与我们的生活有关的事项，既包括法律行为，也包括事实行为，既可以是与财产有关的行为，也可以是与财产无关的行为。[1] 根据委托事项的多寡，可以将委托合同分为特别委托合同和概括委托合同，前者仅指委托人委托受托人处置某一个或某些个特定事项，民事诉讼法上的有关和解权的规定即属于此类，而后者是将一切事务概括地委托于受托人处置。但有些事务是不能委托他人办理的：①法律有特别规定不得委托他人办理的事务，如婚姻登记；②具有较强人身属性的事务，如履行演出合同的行为；③违背公序良俗和违反法律的事务，如委托他人购买枪支、毒品等。

2. 委托合同的订立是以委托人与受托人之间的信赖为基础。[2] 委托人之所以选择他人作受托人为其处理事务，是以对受托人的信任为基本出发点。而受托人接受委托也离不开对委托人的了解和信任。如果没有双方当事人相互间的信任，委托合同的关系就难以建立。因此，一般认为，即便委托合同成立并生效后，如果一方的行为使得另一方不信任时，另一方可以随时解除合同。[3] 此外，委托合同以信赖为基础，系处理他人事务的合

---

[1] 参见崔建远主编：《合同法》，法律出版社 2016 年版，第 436 页。
[2] 参见杨立新：《合同法》，北京大学出版社 2013 年版，第 510 页。
[3] 参见郑云瑞：《合同法》，北京大学出版社 2018 年版，第 432 页。

同，具有人身属性，不能被强制履行。

3. 委托合同是诺成、不要式合同。委托合同是诺成合同。当委托合同的双方当事人意思表示一致时，合同即宣告成立，不需要再以物的交付或当事人义务的履行作为成立要件。除非法律有特别规定，否则要约与承诺是当事人的意志自由，当事人承诺法律不得干涉。同时，委托合同原则上是不要式合同，当事人既可以选择口头形式也可选择书面形式，但法律规定应当采用特定形式的，当事人应依法律规定执行，如不动产的买卖、出租、提交诉讼、仲裁、和解等。

4. 委托合同既可以是有偿合同也可以是无偿合同。[1] 有偿的委托合同，因受托人的过错给委托人造成损失的，委托人可以要求赔偿损失。无偿的委托合同，因受托人的故意或者重大过失给委托人造成损失的，委托人可以要求赔偿损失。因此，在我国，委托合同既可以是有偿合同，也可以是无偿合同。

5. 委托合同既可以是单务合同也可以是双务合同。在有偿的委托合同中，委托方支付的报酬是受托方处理事务这一行为的对价，因此，有偿的委托合同是双务合同。而在无偿的委托合同中，委托方无需支付报酬，仅受托方一方承担处理事务之义务，因此，是典型的单务合同。

二、委托合同与其他合同之辨析

（一）委托合同与代理

代理，是指代理人在代理范围内以被代理人的名义独立地与第三人为法律行为，所产生的法律后果直接归属于被代理人的制度。委托与代理两者之间关系密切，委托合同法律关系可以被视为代理的法律的基础关系，[2] 代理只是受托人处理委托事务的一种手段。但二者并不相同：①代理关系是三方关系，当事人是被代理人、代理人和相对人，而委托合同是双方关系，当事人是

---

〔1〕 与罗马法、德国民法把委托合同定性为无偿合同不同，我国《民法典》第929条第1款明确地承认了有偿的委托合同和无偿的委托合同。在司法实践中，取决于当事人双方的约定或习惯或委托事务的性质。

〔2〕 参见崔建远主编：《合同法》，法律出版社2016年版，第439页；张俊浩主编：《民法学原理》，中国政法大学出版社2000年版，第819页。

委托人和受托人。②代理属于对外关系，即代理人与相对人，或者被代理人与相对人之间的关系，而委托是受托人和委托人双方的内部关系。③代理权的授予为单方行为，仅依被代理人的授权即可使代理关系成立，代理人不需要接受授权的意思表示，而委托合同的订立是双方行为，需要经过要约与承诺方可成立。④代理包括委托代理、法定代理和指定代理，而委托合同仅是委托代理的基础关系。⑤代理人必须以被代理人的名义为法律行为，而委托合同的受托人处理委托事务，既可以用委托人的名义，也可以用自己的名义。⑥代理的内容是代理人以被代理人的名义实施法律行为，而委托合同的受托人既可实施法律行为，也可实施非法律行为。

拓展阅读
委托合同与
间接代理制度

（二）委托合同与承揽合同

委托合同中受托人需要为委托人给付劳务，而承揽人需要为定作人完成一定成果，也要给付劳务，两者存在一定相似，[1]但两者本质并不相同：①委托合同订立的目的是为了使受托人替代委托人打理不能顾及的事务，强调的是处理事务的过程，不以有一定结果为必要；而承揽合同则以承揽方按定作方的要求完成一定成果为要件，即承揽人须为向定作人交付工作成果，如承揽方按时按量制作出符合要求的模具。②委托合同以双方当事人之间信赖关系为基础，因此，受托人须亲自办理委托事宜，原则上不得为"复委托"，同时，当这种信任关系不存在时，一方可以解除合同；承揽合同则注重工作的完成成果，承揽人按照定作人的要求完成其工作，承揽人也可以将其接受的工作的辅助部分交给他人来完成，且承揽合同的当事人不能随意解除合同。③委托可以是无偿的，但在双方当事人约定报酬时，受托人得就其已处理事务部分请求相应的报酬。而承揽合同则必须是有偿合同。

（三）委托合同与雇佣合同

委托合同与雇佣合同也都是提供劳务的合同，[2]但两者并不相同：①受托人在处理委托事务时，是独立的意思表示主体，具有一定的法律意义上的独立决定权，而受雇人处理的事务限于

---

〔1〕　参见江平主编：《民法学》，中国政法大学出版社 2000 年版，第 701 页。
〔2〕　参见苏万觉主编：《合同法原理与实务》，人民法院出版社 1999 年版，第 553 页。

非法律行为，在处理事务中不需要受雇人对外为意思表示，因而不是独立的意思表示主体。②委托合同可以是有偿的也可以是无偿的，而雇佣合同则只能是有偿的，雇佣人必须向受雇人支付报酬。

三、委托合同的效力

（一）受托人的义务

1. 按照委托人的指示处理事务。根据《民法典》第 922 条的规定，受托人应当按照委托人的指示处理委托事务。这里的指示根据指示的内容可以分为命令性指示、指导性指示和任意性指示。[1] 对于命令性的指示，受托人必须遵守，不得因自己的判断而改变。对于指导性的指示，受托人原则上应当遵守，但在特殊情况发生变化时，受托人可以酌情改变。而对于任意性的指示，受托人享有一定的独立裁量权，可以视情况而定。对于需要变更委托人指示的，应当经委托人同意，但如果因为情况紧急，难以和委托人取得联系的，受托人应当妥善处理委托事务，但事后应当将该情况及时报告委托人。

2. 亲自处理委托事务。根据《民法典》第 923 条的规定，委托人需要亲自办理委托事项。委托合同原则上建立于委托人对于受托人的特殊信赖之上，因此委托人应自己处理委托事务，只有在情况紧急时，为了委托人的利益，受托人可以将委托事项转委托给他人。

转委托，是指受托方得到委托人允许，将委任事宜的一部分或全体交由第三人办理，并使第三人处于受托人的地位并直接与委托人产生契约关系的行为，这种行为又被称为复委托。在转委托关系中，由受托人挑选的第三人被称为次受托人。

对于转委托，原则上应当经过委托人的同意，这是由委托合同的特别信赖关系所决定的。

在经过同意的转委托中，一方面，原委托合同不因转委托而发生改变，[2] 但受托人需要对次委托人的选任及指示承担责任，

---

〔1〕　参见崔建远主编：《合同法》，法律出版社 2016 年版，第 441 页。
〔2〕　参见崔建远主编：《合同法》，法律出版社 2016 年版，第 442 页。

例如因受托人选择次委托人不当或对次委托人发布指示有误等而导致委托人遭受损害的，受托人需要对委托人承担责任。但如果受托人无过错时，委托人只能向次委托人主张赔偿。另一方面，委托方与次受托人之间并没有直接的合同关系，但委托人可以向受托人直接发布指示。

转委托需要经过委托人的同意，但如果情况紧急，[1] 受托人为了委托人的利益可以将事项转委托于第三人。对于未经过委托人同意，也并非上述紧急情况时，受托人擅自将事务委托他人处理的，受托人应当对次受托人的行为负责。

3. 报告义务。根据《民法典》第 924 条的规定，受托人要根据委托人的要求，不定时的或者经过一定期限后及时告知受托事项的办理进度。受托人应于委托合同终止之时向委托人报告委任事项处理的情况。受托人需要综合整理各类账目及收支会计状况等文件交给委托人，并详细报告办理委托事项的过程和结果。在处理委托事项的过程中，委托人如果指示受托人向其告知事务办理的情况，受托人应当履行报告义务。委托人未指示受托人报告但依据形势确有报告之需时，如处理事务遭遇困难或发生无法预料情事等，受托人也要及时报告。受托人因不及时告知委托人情况使委托人利益受有损失的，委托人可要求受托人承担责任。

4. 财产转交的义务。根据《民法典》第 927 条的规定，受托人的转交财产义务，是指受托人因处理委托事务所取得的财产，应当以恰当方式及时转交委托人。这里所指的财产包括物权、债权、知识产权以及孳息等财产。受托人在处理委托事务时所取得的财产，无论是以委托人名义取得的，还是以受托人名义取得的，均须转交给委托人。

5. 赔偿义务。在有偿委托与无偿委托中，委托人的注意义务并不相同，前者的注意义务较之后者更高。根据《民法典》第929 条的规定，在有偿的委托合同中，因受托人的过错给委托人造成损失的，委托人可以请求赔偿损失。无偿的委托合同，只有

---

〔1〕 所谓情况紧急，有立法例及其学说称之为不得已的事由（参见崔建远主编：《合同法》，法律版社 2016 年版，第 443 页），至于受托人事务繁忙，则非此处所说的紧急情况［参见邱聪智：《新订债法各论》（中），中国人民大学出版社 2006 年版，第 163 页］。

因受托人的故意或者重大过失给委托人造成损失的，委托人可以请求赔偿损失。受托人超越权限给委托人造成损失的，应当赔偿损失。此外，两个以上的受托人共同处理委托事务的，对委托人承担连带责任。

（二）受托人的权利

1. 报酬请求权。有偿的委托合同，受托人完成委托事务的，委托人应当向其支付报酬；无偿的委托合同，受托人完成委托事务的，委托人可以以交易习惯支付费用。根据《民法典》第928条第2款的规定，因不可归责于受托人的事由，委托合同解除或委托事务不能完成的，委托人应当向受托人支付相应的报酬。

拓展阅读
委托合同的
任意解除权

2. 赔偿请求权。受托人处理委托事务时，根据《民法典》第930条的规定，因不可归责于自己的事由受到损失的，可以向委托人要求赔偿损失。此外，根据《民法典》第931条的规定，委托人经受托人同意，可以在受托人之外委托第三人处理委托事务。因此给受托人造成损失的，受托人可以向委托人要求赔偿损失。

3. 合同任意解除权。委托合同中，根据《民法典》第933条的规定，合同双方都可以随时解除合同，但因此给对方造成的损失的，除不可归责于当事人的事由以外应当予以赔偿。

拓展案例
上海盘起贸易
有限公司与盘
起工业（大连）
有限公司委托
合同纠纷案

（三）委托人的义务及主要权利

1. 支付报酬的义务。有偿的委托合同，受托人完成委托事务的，委托人应当向其支付报酬；无偿的委托合同，受托人完成委托事务的，委托人可以以交易习惯支付费用。因不可归责于受托人的事由，委托合同解除或委托合同不能完成的，委托人应当向受托人支付相应的报酬或费用。

2. 赔偿义务。受托人处理委托事务时，因不可归责于自己的事由受到损失的，可以向委托人要求赔偿损失。委托人经受托人同意，可以在受托人之外委托第三人处理委托事务。因此给受托人造成损失的，受托人可以向委托人要求赔偿损失。

法条链接

3. 委托人的权利。委托人和受托人都可以随时解除合同，但因此给对方造成的损失的，除不可归责于当事人的事由以外应当予以赔偿。

课后练习与测试

第二十六章　物业服务合同

📖 本章知识结构图

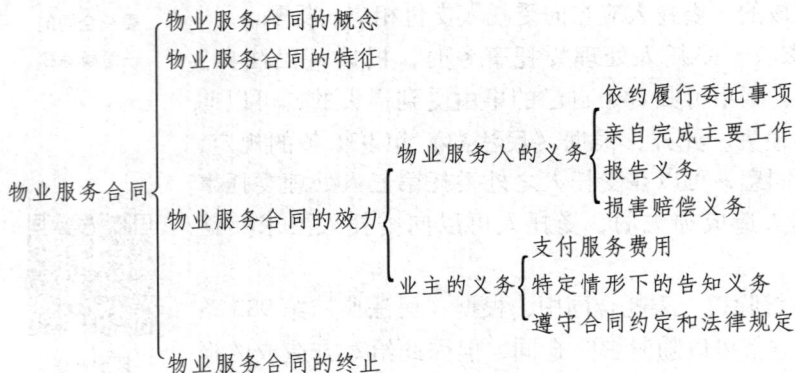

物业服务合同 ┤

- 物业服务合同的概念
- 物业服务合同的特征
- 物业服务合同的效力 ┤
  - 物业服务人的义务 ┤
    - 依约履行委托事项
    - 亲自完成主要工作
    - 报告义务
    - 损害赔偿义务
  - 业主的义务 ┤
    - 支付服务费用
    - 特定情形下的告知义务
    - 遵守合同约定和法律规定
- 物业服务合同的终止

📣 本章重点内容讲解

物业服务合同是物业服务人在物业服务区域内，为业主持续提供房屋和配套设施设备、环境卫生和相关秩序的维护等物业服务，业主支付报酬的合同。物业服务合同具有要式性、有偿性、双务性、诺成性等特点。应注意理解和掌握物业服务合同双方当事人的权利与义务，尤其是物业服务人是否具有安全保障义务的相关规则。

一、物业服务合同的概念

物业服务合同是物业服务人在物业服务区域内，为业主提供建筑物及其附属设施的维修养护、环境卫生和相关秩序的维护等物业服务，业主支付物业费的合同。[1] 其中，提供物业服务的一方称为物业服务人，包括物业服务企业或者其他物业管理人。

---

〔1〕 参见《民法典》第 937 条的规定。

接受物业服务的一方称为业主。

二、物业服务合同的特征

1. 以提供劳务为合同目的。物业服务合同中，物业服务人的主要义务是提供合同约定的劳务服务，如房屋维修、设备保养、治安保卫、清洁卫生、园林绿化等。物业服务企业在完成了约定义务以后，就有权要求获得报酬，这与以交付工作成果为目标的承揽合同不同。事实上，物业服务合同是一种特殊的委托合同，具备委托合同的特征。对于《民法典》未规定的内容，可以比照适用委托合同的相关规定。

2. 要式性。依据《民法典》第938条第2款、第3款的规定，物业服务合同应当采用书面形式，物业服务人公开作出的有利于业主的服务承诺及制定的服务细则，为物业服务合同的组成部分。并且，《物业管理条例》第34条第1款也规定："业主委员会应当与业主大会选聘的物业服务企业订立书面的物业服务合同。"

3. 效力扩张性。一般而言，物业服务合同非由业主与物业服务人单独签订，而是由业主代表或经大会决议程序与物业服务人签订。依据《民法典》第939条的规定，建设单位依法与物业服务人签订的前期物业服务合同，以及业主委员会与业主大会依法选聘的物业服务人签订的物业服务合同，对业主具有法律约束力。即物业服务合同具有效力扩张性，对于非直接签约的业主甚至持反对意见的业主，均有约束力。

4. 诺成性、双务性、有偿性。物业服务合同经双方协商一致即可成立，合同生效后，当事人双方互负义务，业主须向物业服务人支付服务费用，物业服务人则要依约定提供物业服务，属于双务有偿合同。即使物业服务合同无效，若物业服务人已提供物业服务，且合同无效主要是由物业服务人的过错造成的，可根据物业服务人提供的服务项目和服务质量，参照当地政府部门制定的指导价计算物业费。但双方约定的物业费低于该指导价的，按合同约定支付物业费；如合同无效主要是由业主方的过错造成的，仍可按合同约定支付物业费。

依据《民法典》第938条第1款的规定，物业服务合同的内容包括服务事项、服务质量、服务费用的标准和收取办法、维修资金的使用、服务用房的管理和使用、服务期限、服务交接等条款。

三、物业服务合同的效力

（一）物业服务人的义务

1. 依约履行委托事项。依据《民法典》第 942 条的规定，物业服务人提供物业服务应当履行善良管理人的义务，维护业主的权益。物业服务人应当根据合同约定和物业的使用性质，妥善维修、养护、清洁、绿化和经营管理物业服务区域内的业主共有部分，维护物业服务区域内的基本生活秩序，采取合理措施保障业主的人身财产安全。对物业服务区域内违反有关治安、环保、消防等法律法规的行为，物业服务人应当及时采取合理措施制止、协助相关行政管理部门处理并且向相关行政管理部门报告。

2. 亲自完成主要工作。物业服务合同是委托合同中的一种，当事人之间存在人身信赖关系，因此原则上物业服务人不得将服务转委托给第三人。对此，《民法典》第 941 条也规定，物业服务人将物业服务区域内的部分专项物业服务委托给专业性服务企业或者其他第三人的，应当就该部分专项服务事项向业主负责。物业服务人员不得将其提供的全部物业服务转委托给第三人，或者将全部物业服务支解后分别转委托给第三人。

3. 报告义务。依据《民法典》第 943 条的规定，物业服务人应当定期将服务事项、服务质量要求、服务收费项目、服务收费计算标准、项目负责人员、服务合同履行情况、维修资金管理与使用情况、业主共有部分的经营与收益情况、物业服务项目收支情况和预算方案等事项以合理方式向业主公开或者向业主大会、业主委员会报告。

4. 损害赔偿义务。物业服务人在提供物业服务时，因其行为造成业主损失的，应当赔偿损失。在第三人致害的情况下，物业服务人因过错未能防止第三人侵害业主权益的，物业服务人应当承担相应的赔偿责任。例如，物业服务人选任他人提供专项物业服务时未审查第三人的资质和能力。同时，物业服务人在提供

拓展案例
董研与抚顺市大自然物业服务有限公司违反安全保障义务责任纠纷案

物业服务时，因过错造成第三人损害的，由物业服务人承担损害赔偿责任；但物业服务人因执行业主指示造成第三人损害的，业主与物业服务人承担连带赔偿责任。

（二）业主的义务

1. 支付服务费用。依据《民法典》第 944 条的规定，业主应当按照约定向物业服务人支付物业服务费。物业服务人已经按照约定和相关规定提供服务的，业主不得以未接受或者无需接受相关物业服务为由拒绝支付物业服务费。业主违反约定逾期不支付物业服务费的，物业服务人员可以催告其在合理期限内支付；逾期仍不支付的，物业服务人可以提起诉讼或者申请仲裁。

物业服务费的收取标准和收取方式，由业主和物业服务人约定。业主预交物业服务费的，物业服务人应当合理使用物业服务费，不得挪用和私占。

2. 特定情形下的告知义务。根据《民法典》第 945 条的规定，业主装饰装修房屋的，应当事先告知物业服务人，遵守物业服务人告知的注意事项，配合物业服务人对装饰装修房屋情况进行必要的现场检查。业主转让、出租物业、设立居住权或者依法改变共用部位、共用设施设备用途的，应当及时将相关情况告知物业服务人。

3. 遵守合同约定和法律规定。业主应当遵守物业服务合同和法律、法规、管理规约，若实施了违反物业服务的行为，物业服务人可以请求业主承担相应的民事责任。实践中，许多业主违反物业服务合同和管理规约，私自改造房屋结构、违章搭建等，都属于违反法律和合同约定的行为，物业服务人有权要求业主限期改正、向房管城建部门举报。

四、物业服务合同的终止

物业服务合同经业主共同决定，可以随时解除。因解除合同给物业服务人造成损失的，除不可归责于业主的事由外，业主应当赔偿损失。业主终止物业服务合同的，应当以书面形式通知物业服务人。

物业服务合同存在服务期限，也会因为期限届满而告终止。依据《民法典》第 947 条的规定，期限届满前，业主委员会应当组织业主依法做出续聘或者另聘物业服务人的决定，决定续聘原物业服务企业的，应当与原物业服务人在物业服务合同期限届满前签订物业服务合同；决定解聘的，应当于合同期限届满前不少于 60 日书面通知物业服务人，但合同对通知期限另有约定的除外。物业服务人可以不同意续聘，但应当在物业服务合同期限届满前不少于 90 日书面通知业主或者业主委员会，合同对通知期限另有约定的除外。

物业服务期限届满后，业主没有依法做出续聘或者解聘物业服务人的决定，物业服务人按照原合同继续提供物业服务的，原物业服务合同继续有效，但服务期限为不定期。当事人可以随时解除不定期物业服务合同，但应当提前 60 日书面通知对方。

此外，根据《民法典》第 940 条的规定。建设单位依法与物业服务人签订前期物业服务合同约定服务期限的，服务期限届满前，业主或者业主委员会与新物业服务人签订的物业服务合同生效，前期物业服务合同终止。

物业服务合同终止后，物业服务人应当在合理期限内退出物业服务区域，将物业服务用房、相关设施、物业服务所必需的相关资料和代管的维修基金等交还给业主委员会或其指定的人，配合新的物业服务人做好交接工作，并如实告知物业的使用状况和管理状况。并且，在业主选定的新物业服务人接管之前，原物业服务人应当继续处理物业服务事务。

法条链接

第二十七章　行纪合同

本章知识结构图

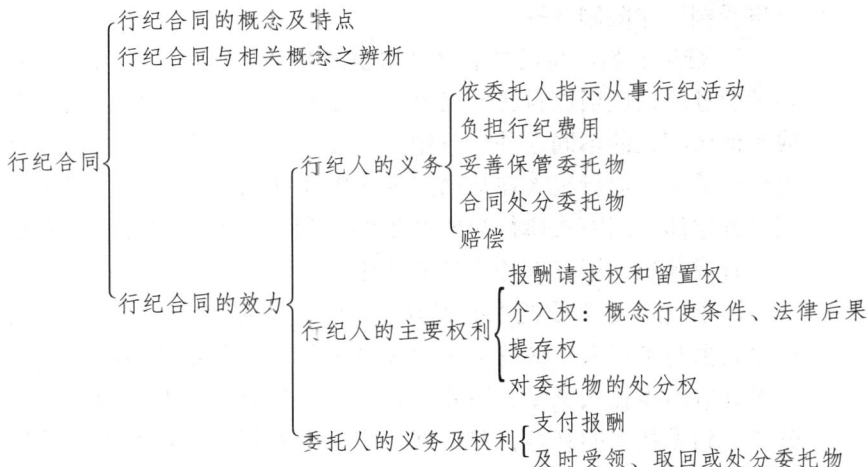

行纪合同
- 行纪合同的概念及特点
- 行纪合同与相关概念之辨析
- 行纪合同的效力
  - 行纪人的义务
    - 依委托人指示从事行纪活动
    - 负担行纪费用
    - 妥善保管委托物
    - 合同处分委托物
    - 赔偿
  - 行纪人的主要权利
    - 报酬请求权和留置权
    - 介入权：概念行使条件、法律后果
    - 提存权
    - 对委托物的处分权
  - 委托人的义务及权利
    - 支付报酬
    - 及时受领、取回或处分委托物

本章重点内容讲解

　　行纪合同是指一方根据他方的委托，以自己的名义为他人从事贸易活动，并收取报酬的合同。行纪合同的委托人可以是自然人，也可以是法人或其他组织；其标的是行纪人为委托人成立一定的法律行为；行纪人负有为委托人买卖或从事贸易活动的义务，而委托人负有给付报酬的义务，双方当事人的义务相互对应。本章的重点是理解和掌握行纪合同当事人的权利义务。

一、行纪合同的概念及特点

　　随着时代发展，社会分工将更加细化，商品交换和经济流转将呈现出复杂性、专业性的特点，各类民事主体的投资活动将更趋活跃，在这种情况下，任何民事主体都很难亲自参与所有的经济活动，于是借助行纪合同中行纪人的行为就成为民事主体参与经济活动的一种有效方式。行纪合同是一种应用十分广泛的合同。行纪合同，是指行纪人以自己的名义为委托人从事贸易活动，委托人支付报酬的合同。[1] 其中，以自己名义为他方从事贸易活动的称为行纪人；委托行纪人从事贸易活动并支付报酬的称为委托人。

1. 行纪人的主体资格受到限制。在我国，行纪合同的委托人可以是公民，也可以是法人，并无太多限制。但行纪人只能是经批准经营行纪业务的法人或自然人，未经法定手续批准或核准经营行纪业务的法人和自然人不得经营行纪业务，即行纪人的主体资格受到法律限制。[2]

2. 行纪人是以自己的名义从事贸易活动。行纪人在为委托人办理业务时，应当以自己的名义，这是行纪人与委托人、代理人或其他居间人的不同之处。行纪人与委托人的关系，虽发生类似媒介的关系，但行纪人在与第三人实施法律行为时，自己即为权利义务主体，因而法律行为所产生的权利、义务也均由行纪人自己享有或承担，第三人并不知道委托人是谁。

3. 行纪人是为委托人的利益而从事贸易活动。行纪合同中的行纪人虽与第三人直接发生法律关系，但因该关系所生的权利义务最终应由委托人承受，因此，在行纪人与第三人交易时，应充分考虑到委托人的利益，并将结果归属于委托人。行纪人为委托人所购买或销售的物品或委托人交支付行纪人的价款或行纪人出卖所得价金，虽然暂时为行纪人占有，但其所有权最终将归属于委托人。因为行纪人原因而导致的财产的毁损、灭失之风险也由委托人承担。

4. 行纪合同的标的是行纪人为委托人成立一定的法律行为。行纪合同是由行纪人为委托人提供的一种服务，但行纪人所提供的服务不是一般的劳务，而是须与第三人为法律行为。该法律行为的实施才是委托人与行纪人订立行纪合同的目的所在，该法律行为才是行纪合同的标的。

5. 行纪合同是双务、有偿合同。行纪人负有为他方办理买卖

---

[1] 参见《民法典》第951条的规定。

[2] 参见崔建远主编：《合同法》，法律出版社2010年版，第518页。

或其他商事交易的义务。而委托人负有给付报酬的义务，双方互负对待给付的义务，因此，行纪合同是双务合同。同时，委托人负有给付报酬的义务也意味着行纪合同是有偿合同。

6. 行纪合同是诺成、不要式合同。行纪合同只需双方当事人之间的意思表示一致即告成立，而无须为实际履行，因而是诺成合同、不要式合同。

二、行纪合同与相关概念之辨析

（一）行纪合同与委托合同

行纪合同中的行纪人与委托合同中的受托人都是为了委托人的利益行事，但两者并不相同，其区别点主要表现在以下方面：①行纪合同中的行纪人只能以自己名义为法律行为；而委托合同中的委托人既可以以自己名义，也可以以委托人的名义从事活动。②行纪人只能从事特定的贸易活动；而委托合同并无此限制，既可以从事法律行为，也可以从事事实行为。③行纪合同中的行纪人为委托人处理事务，都是双务有偿的；而委托合同中受托人为委托人处理事务，既可以是有偿的，也可以是无偿的。

（二）行纪与信托

行纪合同与信托的主要区别在于：①行纪合同是行纪人与委托人之间的双方关系；而信托则是一种复杂的财产管理关系。②行纪只能以合同的方式设立；而信托不仅可以合同的形式设立，还可以基于法律规定。③违反行纪合同应当承担违约责任；而违反信义义务需要承担信托责任，两者的责任形式与责任内容并不相同。

三、行纪合同的效力

（一）行纪人的义务

1. 依委托人指示从事行纪活动的义务。行纪人应依委托人的指示进行交易。对于委托人的指示，不管他是在事前还是在事后所做的指示，行纪人都应遵从。在委托人的指示中，对交易价格的指示最为重要。根据《民法典》第955条的规定，行纪人低于委托人指定的价格卖出或者高于委托人指定的价格买入的，应当经委托人同意。未经委托人同意，行纪人补偿其差额的，该买卖对委托人发生效力。行纪人高于委托人指定的价格卖出或者低于委托人指定的价格买入的，可以按照约定增加报酬。没有约定或者约定不明确的，可以协议补充；不能达成补充协议的，依照《民法典》第510条的规定仍不能确定的，该利益属于委托人。委托人对价格有特别指示的，行纪人不得违背该指示卖出或者买入。

2. 负担行纪费用的义务。根据《民法典》第952条的规定，行纪人处理委托事务支出的费用，由行纪人负担，但当事人另有约定或有不同习惯的除外。一般认为，这里的费用不仅应当包括寄存费、运送费等必要费用，还应当包括其他为委托人的利益而支出的有益费用，[1] 例如改换包装的费用、保险费等。

3. 妥善保管委托物的义务。根据《民法典》第953条的规定，行纪人占有委托物的，应当妥善保管委托物。行纪人占有委托物的，除委托人有明确指示外，行纪人不负保险义务。关于行纪人的妥善保管义务，准用保管合同的相关规定。在委托人委托行纪人卖出或买入各种商品的过程中，行纪人往往要占有委托人的财物。这种占有使行纪人成为这些财物事实上的保管人。行纪合同是有偿合同，行纪人在成为委托人财物事实上的保管人后，对委托人的财物应尽善良管理人的注意义务，即行纪人要将委托人的财物当作自己的财物去保管。

4. 合理处分委托物的义务。根据《民法典》第954条的规定，委托物交付给行纪人时有瑕疵或者容易腐烂、变质的，经委托人同意，行纪人可以处分该物；和委托人不能及时取得联系的，行纪人可以合理处分。

5. 赔偿义务。与委托合同不同，行纪合同是行纪人与第三人订立合同的，行纪人对该合同直接享有权利、承担义务，因此，根据《民法典》第958条第2款的规定，对于因第三人不履行义务致使委托人受到损害的，行纪人应当承担赔偿责任，但行纪人与委托人另有约定的除外。

（二）行纪人的主要权利

1. 报酬请求权和留置权。根据《民法典》第959条的规定，行纪人全部或部分完成委托事务的，委托人应当向其支付相应的

---

〔1〕 参见杨立新：《合同法》，北京大学出版社2013年版，第519页。

报酬。委托人支付报酬的期限应当在行纪合同中约定，没有约定的，应在行纪人完成委托事务后的合理期限内支付；未在合理期限内支付的，行纪人催告后仍不支付的，视为逾期不支付报酬。委托人逾期不支付报酬的，行纪人可依法行使留置权，但行纪人受委托出卖委托物或当事人另有约定的除外。

2. 介入权。

（1）介入权的概念。行纪人卖出或者买入具有市场定价的商品，除委托人有相反的意思表示的以外，行纪人自己可以作为买受人或者出卖人，此即为介入权。介入权又称为自约权。[1] 行纪人接受委托人的委托后，原则上应立即在市场上寻找第三人，并将其作为交易的相对人与之进行交易，从而完成委托人的委托。然而现实更为复杂，一方面行纪人短期内难以找到合适的买主，另一方面行纪人又希望自己购买这种商品。此时，如果严格地限制行纪人只能与第三人交易，而自己不能加入到这一交易中来，则不合乎商业交易的原则，不但增加了交易成本，甚至令本来能够完成的交易难以完成。为了解决这一问题，法律赋予行纪人以介入权。[2]

（2）行纪人行使介入权的条件。行纪人行使介入权需要符合一定条件：①委托人委托买卖的商品须为有市场定价的有价证券或其他商品。②委托人没有相反的意思表示。如果委托人在行纪合同中有行纪人不得介入买卖的约定，或者委托人在行纪人介入买卖之前有禁止行纪人介入的明示，那么行纪人则不能以自己的名义与委托人为买卖行为，否则应视为行纪人的违约。委托人事前的相反的意思表示，可以在订立行纪合同时既已明确约定，也可以在做出具体的交易授权委托时予以明确表示。但必须在对行纪人行使介入权之前做出，如果在行纪人已经行使了介入后，委托人才做出相反的意思表示，不具有阻止行纪人行使介入权的效力。③行纪人尚未实行委托的贸易活动。行纪人如果已经按照委托人的要求或行纪合同的规定，将委托物卖出或买进，则行纪人

〔1〕 参见隋彭生：《合同法要义》，中国人民大学出版社 2018 年版，第 400 页。
〔2〕 我国《民法典》第 956 条第 1 款是关于介入权的规定："行纪人卖出或者买入具有市场定价的商品，除委托人有相反的意思表示外，行纪人自己可以作为买受人或者出卖人。"

就无介入的余地。如若不然，行纪人就有可能利用自己为委托人交易的地位随意使委托人与第三人之间的交易破裂，而自己可根据市场行情的涨落，选择对自己有利的价格与委托人进行交易，不利于交易安全，有损于第三人的利益。

（3）行纪人行使介入权后的法律后果。行纪人的介入权为形成权，[1] 其行使需要行纪人一方向委托方发出意思表示，无论以明示还是默示的方法，都可以产生相应的法律效果。①介入权一经行使，行纪人与委托人成立买卖关系，且该买卖关系适用买卖合同的相关规定。②行纪合同并不因行纪权的行使而受到影响，行纪人仍然可以要求委托人支付报酬，其相应的义务也仍需履行。

3. 提存权。根据《民法典》第 957 条的规定，行纪人按照约定买入委托物，委托人应当及时受领。经行纪人催告，委托人无正当理由拒绝受领的，行纪人可以依法提存委托物。委托物不能卖出或者委托人撤回出卖，经行纪人催告，委托人不取回或者不处分该物的，行纪人可以依法提存委托物。

4. 对委托物的处分权。根据《民法典》第 954 条的规定，委托物交付给行纪人时有瑕疵或容易腐烂、变质的，经委托人同意，行纪人可以处分该物；和委托人不能及时取得联系的，行纪人可以合理处分。

（三）委托人的义务及权利

1. 支付报酬的义务。根据《民法典》第 959 条的规定，行纪人完成或者部分完成委托事务的，委托人应当向其支付相应的报酬。委托人逾期不支付报酬的，行纪人可以对委托物进行留置，但当事人另有约定的除外。

2. 及时受领、取回或处分的义务。根据《民法典》第 957 条的规定，行纪人按照约定买入委托物，委托人应当及时受领。同时，对于委托物不能卖出或者委托人撤回出卖，委托人应当及时取回或处分。若委托人不能及时受领或经行纪人催告，委托人不取回或者不处分该物的，行纪人可以将委托物依法提存。

法条链接

课后练习与测式

---

[1] 参见崔建远主编：《合同法》，法律出版社 2016 年版，第 457 页。

第二十八章　中介合同

本章知识结构图

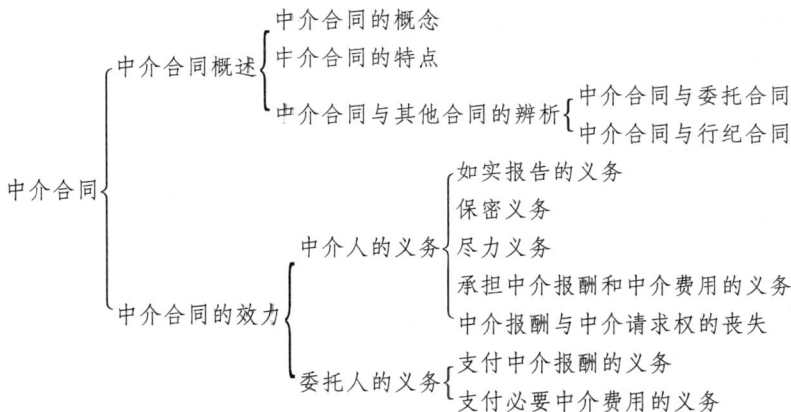

中介合同
- 中介合同概述
  - 中介合同的概念
  - 中介合同的特点
  - 中介合同与其他合同的辨析
    - 中介合同与委托合同
    - 中介合同与行纪合同
- 中介合同的效力
  - 中介人的义务
    - 如实报告的义务
    - 保密义务
    - 尽力义务
    - 承担中介报酬和中介费用的义务
    - 中介报酬与中介请求权的丧失
  - 委托人的义务
    - 支付中介报酬的义务
    - 支付必要中介费用的义务

本章重点内容讲解

　　中介合同是中介人向委托人报告订立合同的机会或者提供订立合同的媒介服务，委托人支付报酬的合同。中介人应当就有关订立合同的事项向委托人如实报告。中介人故意隐瞒与订立合同有关的重要事实或者提供虚假情况，损害委托人利益的，不得请求支付报酬并应当承担赔偿责任。中介人促成合同成立的，委托人应当按照约定支付报酬。因中介人提供订立合同的媒介服务而促成合同成立的，由该合同的当事人平均负担中介人的报酬。本章的重点是理解和掌握中介人的报告义务和报酬请求权，尤其是要重点掌握当事人的权利义务。

一、中介合同概述

（一）中介合同的概念

中介合同，[1] 是指双方当事人约定一方为他方提供、报告订约机会或为订约媒介，由他方给付报酬的合同。提供、报告订约机会的一方为中介人，中介人有时也称为居间人，中介人、居间人是经纪人的一种，中介人可以是法人、非法人组织，也可以是自然人；给付报酬的一方为委托人。中介人的报酬称为中介费、佣金，实践中多称为中介费。法律、行政法规要求中介人具备相关资质要求或取得特别许可的，中介人应遵守法律、行政法规的要求。

（二）中介合同的特点

1. 中介合同是一方当事人为他方报告订约机会或为订约媒介的合同。中介合同属于提供劳务的合同，中介人所提供劳务的内容分为两种，一种是向委托人报告订约机会，另一种是提供订约媒介服务，[2] 由此中介人分为报告中介人和媒介中介人两种。报告订约机会是为委托人寻觅可与其订立合同的相对人；而提供订约服务是指介绍双方当事人订立合同。可见中介人中介活动的内容就是使委托人能够与另一方订立合同。

2. 中介合同是有偿合同。在中介合同中，委托人需要向中介人给付一定报酬，作为对中介人中介行为的对价，因此，中介合同是有偿合同。

3. 中介合同是诺成、不要式合同。中介合同的成立只需要中介人与委托人双方达成一致的意思表示即可，无需当事人履行特

---

[1] 我国《民法典》第961条对中介合同的概念作出了明确规定："中介合同是中介人向委托人报告订立合同的机会或者提供订立合同的媒介服务，委托人支付报酬的合同。"中介合同从概念来看分为报告中介和媒介中介。

[2] 媒介中介具有双重法律关系，即在委托人与中介人达成合意时，成立了一个合同关系；在第三人同意中介人斡旋时，就产生了中介人与第三人的中介合同法律关系。对此有学者认为，在现今多样化交易中，双重中介人在未特别约定的情况下通常应被允许（参见黄立：《民法债编各论》（下册），中国政法大学出版社2003年版，第565~566页）。还有学者认为，关于中介人是否可以同时成为订约之相对人的中介人，应为解释问题，如仅为报告或媒介，应予以认定（参见史尚宽：《债法各论》，中国政法大学出版社2000年版，第470页）。根据我国《民法典》第961条的规定，在第三人同意媒介中介的情况下，必为两个中介法律关系，中介人必为双重中介人。媒介中介的双重中介的特性是不能被特别约定予以排除。

定的行为，中介合同也没有形式要求，既可以口头达成，也可以书面达成。

（三）中介合同与其他合同的辨析

1. 中介合同与委托合同。中介合同和委托合同一样，都是一方当事人接受他方委托而为他方提供一定服务的合同，但是二者也有明显的区别，主要表现在：①中介合同中中介人仅仅是为委托人报告订立合同的机会或为订立合同提供媒介服务。其范围受到限制，且不涉及法律行为；而委托合同的委托事项较为广泛，既可以包括法律行为，也可以是事实行为。②中介合同是有偿合同；而委托合同既可以是有偿合同，也可以是无偿合同。③中介合同仅是为他方报告订约机会或为订约媒介的合同，中介人并不介入合同双方之间；而委托合同中，委托人是以被委托人的名义从事委托事务。

2. 中介合同与行纪合同。中介合同与行纪合同存在相似之处，一方面，两种合同中的委托人都是为了受托人的利益而行事；另一方面，两种合同都是有偿合同。但两者也存在诸多不同之处：①中介合同是一方当事人为他方报告订约机会或为订约媒介的合同，且不涉及法律行为；而行纪合同中行纪人可以为委托人从事各种贸易活动。②中介合同中中介人并不参与到委托人与第三人之间的法律关系之中；而行纪人则是以自己的名义为委托人的利益而从事相关的贸易活动，可以做出独立的意思表示。③中介人从事中介活动的费用，在中介人促成委托人与第三人订立合同的，由中介人负担，未促成合同订立的，则可要求委托人支付必要的中介费用；而行纪人处理委托事务支出的费用，一般由行纪人自己负担，除非当事人之间另有约定。

二、中介合同的效力

（一）中介人的义务

1. 如实报告的义务。根据《民法典》第962条的规定，中介人在履行合同时应当就有关订立合同的事项向委托人如实报告。以中介为业的，应就订约事项及当事人的履约能力或缔约能力尽相应的调查义务。中介人过错未提供与订立合同有关的重要事实或者提供虚假情况，损害委托人利益的，不得要求支付报酬并应当承担损害赔偿责任。

2. 保密义务。在中介合同中，中介人对于在从事中介活动中知悉的委托人的商业秘密以及委托人提供的各种信息、机会等应当依照合同的约定或法律的规定保守秘密。中介人违反保密义务，给委托人造成损害的，应承担损害赔偿责任。

3. 尽力义务。所谓中介人的尽力义务，也被称为勤勉义务，是指中介人应当根据中介合同的约定，尽力为委托人报告订立合同的机会或者提供订立合同的媒介服务。对于中介人的尽力义务，我国法律并没有明确规定，但对于中介人的尽力义务及范围应依照诚实信用原则来判断。[1]

4. 承担中介报酬和中介费用的义务。中介人促成合同成立后，委托人应当按照约定支付报酬。中介人未能促成合同成立的，不得要求支付报酬。对中介报酬没有约定或者约定不明确的，可以协议补充；不能达成补充协议的，依照法律、行政法规和习惯仍不能确定的，根据中介人的劳务合理确定。中介人未促成合同成立的，不得要求支付报酬，但可以要求委托人支付从事中介活动支出的必要费用，法律、行政法规另有规定或当事人另有约定的除外。

5. 中介报酬与中介费用请求权的丧失。中介人违反对委托人的义务从事有利于中介合同相对人利益的行为，或者有其他违反诚信原则的行为，不得向委托人请求报酬及偿还中介所支付的费用。

（二）委托人的义务

1. 支付中介报酬的义务。委托人最主要的义务就是在中介合同成立后，委托人依照合同之约定支付相应的报酬。对中介人的报酬没有约定或者约定不明确，则根据中介人的劳务合理确定。因中介人提供订立合同的媒介服务而促成合同成立的，由该合同的当事人平均负担中介人的报酬，但合同另有约定，法律、行政法规另有规定或者有不同习惯的除外。当事人约定的中介报酬与中介人所提供的劳务之间显失公平的，法院可以根据报酬给付义务人的请求，酌情予以调整。但中介费用已经支付的，不得请求

[1] 参见郑云瑞：《合同法学》，北京大学出版社2018年版，第444页。

返还。

2. 支付必要中介费用的义务。对于中介人促成合同成立的，中介人在中介活动中所支出的费用由中介人承担，一般来说，这些费用都被算进了中介人的报酬之中。但中介人未促成合同成立的，不得要求支付报酬，但可以要求委托人支付从事中介活动支出的必要费用，法律、行政法规另有规定或当事人另有约定的除外。

金融借贷中介报酬、费用的限制基于审判实践的需要，为维护金融安全，防止经济脱实入虚、防范金融风险，金融借贷中介报酬、费用的应当受到限制。中介人中介借款所收取的管理费、报酬、支出等所有款项之和与借款人所支付利息之和所折抵的利率总和不得超过年利率 24％。但借款人已经支付的介于 24％ 与 36％ 之间的款项，借款人不得请求返还。中介人借款所收取的管理费、报酬、支出等所有款项之和与借款人所支付利息之和所折抵的利率总和超过年利率 36％ 的无效。

法条链接

第二十九章　合伙合同

本章知识结构图

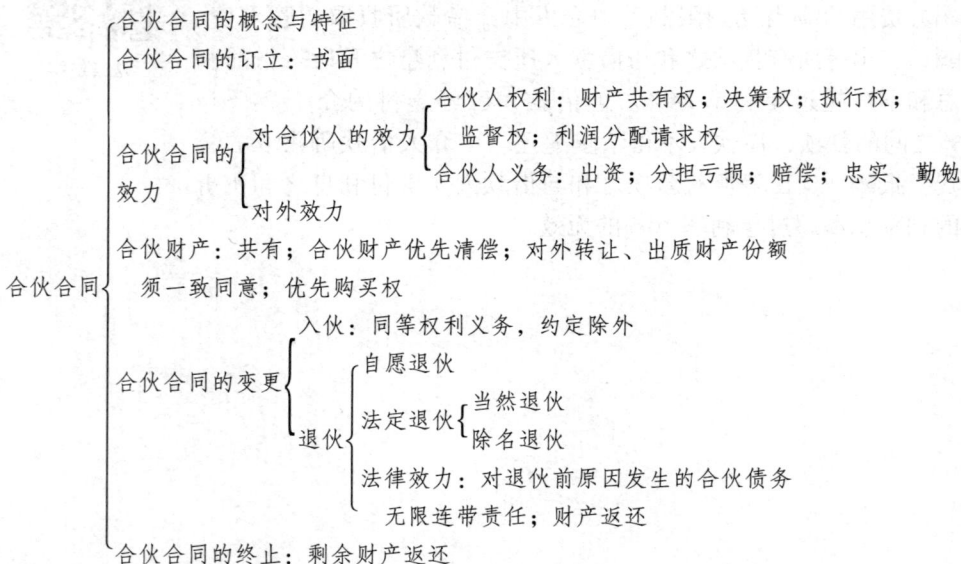

合伙合同
- 合伙合同的概念与特征
- 合伙合同的订立：书面
- 合伙合同的效力
  - 对合伙人的效力
    - 合伙人权利：财产共有权；决策权；执行权；监督权；利润分配请求权
    - 合伙人义务：出资；分担亏损；赔偿；忠实、勤勉
  - 对外效力
- 合伙财产：共有；合伙财产优先清偿；对外转让、出质财产份额须一致同意；优先购买权
- 合伙合同的变更
  - 入伙：同等权利义务，约定除外
  - 退伙
    - 自愿退伙
    - 法定退伙
      - 当然退伙
      - 除名退伙
    - 法律效力：对退伙前原因发生的合伙债务无限连带责任；财产返还
- 合伙合同的终止：剩余财产返还

本章重点内容讲解

　　合伙合同是两人以上共同出资、共同经营、共享利益、共担风险的合同。合伙合同的订立应当采取书面形式。合伙合同的法律效力可以分为对内效力和对外效力。合伙财产，包括合伙人的出资、合伙经营取得的收益和合伙依法取得的财产，合伙的债务应由合伙财产先予以清偿，合伙人就不足部分承担无限连带责任。入伙的新合伙人与原合伙人享有同等权利，负担同样的义务，但另有约定除外。退伙包括自愿退伙和被迫退伙。退伙人对由于退伙前原因发生的合伙债务承担无限连带责任。应重点把握合伙合同中当事人权利义务与合伙企业法中相关规则的相同与相异之处。

一、合伙合同的概念与特征

合伙合同，是指两个以上的民事主体共同出资、共同经营、共享利益、共担风险的合同。[1] 合伙合同的当事人称为合伙人，其既可以是自然人，也可以是法人或其他非法人组织。作为合伙人的自然人必须具备民事行为能力。

合伙合同具有以下特征：

1. 合伙合同是共同的法律行为。与一般合同相比，合伙合同的当事人为多数，是多数当事人之间为了共同的经济目的而成立的民事法律行为。

2. 合伙合同是诺成合同。只要当事人意思表示一致，无需交付财产，合伙合同即告成立。

3. 合伙合同是要式合同。合伙合同应当采取书面形式。

对于合伙合同，《民法典》没有规定的，参照适用《中华人民共和国合伙企业法》。

二、合伙合同的订立

合伙合同的订立主体应为具有民事行为能力的民事主体，且不属于法律、法规禁止从事营利活动的人。合伙合同的订立应当采用书面的形式。

对于合伙合同，应当载明以下重要事项：①合伙企业的名称和主要经营场所的地点；②合伙目的和合伙经营范围；③合伙人的姓名或者名称、住所；④合伙人的出资方式、数额和缴付期限；⑤利润分配、亏损分担方式；⑥合伙事务的执行；⑦入伙与退伙；⑧争议解决办法；⑨合伙企业的解散与清算；⑩违约责任。

三、合伙合同的效力

（一）合伙合同对合伙人的效力

1. 合伙人的权利。除合伙协议特别约定外，合伙人享有以下权利：

---

〔1〕　参见《民法典》第 967 条的规定。

（1）财产共有权。合伙人依据合同和《民法典》第 969 条以及《合伙企业法》第 19 条的规定，对合伙财产享有财产权，任何合伙人都不能侵害其他合伙人的财产权利。合伙人对于合伙财产的共有为共同共有，共同共有是合伙人权利平等的物质基础和理论依据，有利于维护财产稳定和合伙延续。

（2）合伙事务的决策权。根据《民法典》第 970 条第 1 款的规定，每个合伙人均享有对合伙事务决策的权利。

（3）合伙事务的执行权。根据《民法典》第 970 条第 2 款的规定，合伙人对执行合伙事务享有同等的权利。按照合伙协议的约定或者经全体合伙人决定，可以委托一个或者数个合伙人对外代表合伙企业，执行合伙事务。作为合伙人的法人、其他组织执行合伙事务的，由其委派的代表执行。委托一个或者数个合伙人执行合伙事务的，其他合伙人不再执行合伙事务。

（4）合伙事务的监督权。合伙人有权监督执行事务合伙人执行合伙事务的情况。合伙人为了解合伙事务的经营状况和财务状况，有权查阅合伙企业会计账簿等财务资料。限制或者排除合伙人监督权的约定无效。

（5）利润分配请求权。合伙人之间共担风险，也共享利益，合伙人享有请求分配合伙利润的权利。根据《民法典》第 972 条的规定，合伙企业的利润分配、亏损分担，按照合伙协议的约定办理；合伙协议未约定或者约定不明确的，由合伙人协商决定；协商不成的，由合伙人按照实缴出资比例分配、分担；无法确定出资比例的，由合伙人平均分配、分担。合伙协议不得约定将全部利润分配给部分合伙人或者由部分合伙人承担全部亏损。

2. 合伙人的义务。

（1）出资义务。合伙人应当按照约定的出资方式、数额缴付期限，履行出资义务。合伙人可以用货币、实物、知识产权、土地使用权或者其他财产权利出资，也可以用劳务出资。合伙人以实物、知识产权、土地使用权或者其他财产权利出资，需要评估作价的，可以由全体合伙人协商确定，也可以由全体合伙人委托法定评估机构评估。合伙人以劳务出资的，其评估办法由全体合伙人协商确定，并在合伙协议中载明。

（2）分担亏损。根据《民法典》第 973 条的规定，除有限合伙的有限合伙人外，合伙人应当对合伙债务承担无限连带责任；在合伙人之间，合伙人按照约定的比例或者出资比例分担合伙债务。

（3）赔偿责任。合伙人不履行合伙事务，不按照约定履行出资义务或因合伙人执行合伙事务所产生的费用和遭受的损害，其他合伙人有权要求合伙人支付或赔偿。

（4）执行合伙事务的忠实和勤勉义务。合伙人在执行合伙事务时，负有忠实和勤勉尽责的义务。合伙人不得自营或者同他人合作经营与本合伙事务相竞争的业务。除合伙协议另有约定或者经全体合伙人一致同意外，合伙人不得同本合伙企业进行交易。合伙人不得从事损害本合伙事务的活动。此外，合伙人在执行合伙事务时，负有与处理自己事务同样的注意义务。

拓展阅读
合伙合同合伙
人的诚信义务

（二）合伙合同的对外效力

1. 合伙人的权利。

（1）执行合伙事务时使用合伙组织或企业名称的权利。在商事合伙中，经登记的合伙企业都有名称权，各合伙人在执行合伙事务时，无需特别授权即可以使用合伙组织或企业名称。

（2）代表权。在没有对合伙事务的执行情况进行特别约定的情况下，每一个合伙人均有权代表合伙组织或企业对外进行与合伙事务相关的活动，且该行为直接对全体合伙人发生效力。合伙内部可以对合伙人执行合伙事务权利进行限制，但该限制属于合伙人之间的内部约定，不得对抗善意第三人从而维护交易安全。

拓展阅读
隐名合伙
和表见合伙

（3）免于抵消或代位的权利。合伙人负担与合伙事务无关的债务的，债权人不得以其债权抵消其对合伙的债务。合伙人的债权人不得代位行使合伙人合伙权利，但合伙人享有的利益分配请求权除外。

2. 合伙人的义务。合伙人对于合伙债务承担无限连带责任，但在商事合伙中，合伙企业对其债务应先以其全部财产进行清偿。合伙人由于承担无限连带责任，清偿数额超过其应当承担的亏损分担比例的，有权向其他合伙人追偿。合伙人之间对合伙债务的分担比例，对合伙债务的债权人没有约束力。

四、合伙财产

合伙财产，包括合伙人的出资、合伙经营取得的收益和合伙依法取得的财产。合伙财产由全体合伙人共有。合伙合同终止之前，合伙人不得请求分割合伙财产，但法律另有规定的除外。

合伙的债务应由合伙财产先予以清偿。合伙人对合伙财产不足以清偿的部分承担无限连带责任，清偿合伙债务超过自己应当承担数额的合伙人，有权向其他合伙人追偿。合伙人因执行合伙事务所产生的费用和遭受的损失由合伙财产承担。合伙人不得因执行合伙事务而请求支付报酬，但合伙合同另有约定的除外。

除合伙合同另有约定外，合伙人向合伙人以外的人转让其全部或部分财产份额时，须经其他合伙人一致同意。合伙人向合伙人以外的人转让财产份额的，在同等条件下，其他合伙人享有优先购买权，但合伙合同另有约定的除外。合伙人以其在合伙企业中的财产份额出质的，须经其他合伙人一致同意；未经其他合伙人一致同意，其行为无效，由此给善意第三人造成损失的，由行为人依法承担赔偿责任。

五、合伙合同的变更

合伙合同的变更包括合伙合同主体的变更和合伙合同内容的变更。合伙合同内容的变更主要是指合伙人对合同内容的另行约定，此处所指的合伙合同的变更仅指合同主体的变更，包括入伙和退伙。

1. 入伙。入伙，是指在合伙合同成立后，合伙人同意接受非合伙人加入合伙的意思表示，使其取得合伙人资格的行为。

新合伙人入伙，除合伙协议另有约定外，应当经全体合伙人一致同意，并依法订立书面入伙协议。订立入伙协议时，原合伙人应当向新合伙人如实告知原合伙企业的经营状况和财务状况。入伙的新合伙人与原合伙人享有同等权利，承担同等责任，新合伙人对入伙前合伙企业的债务承担无限连带责任，入伙协议另有约定的，从其约定。

2. 退伙。退伙，是指合伙人脱离合伙的行为。根据退伙原因，退伙可以分为自愿退伙（任意退伙）与法定退伙，法定退伙又包括当然退伙和除名退伙。

自愿退伙是指合伙人基于合伙协议或自己意愿主动脱离合伙的行为。合伙协议约定合伙期限的，在合伙企业存续期间，有下列情形之一的，合伙人可以退伙：①合伙协议约定的退伙事由出现；②经全体合伙人一致同意；③发生合伙人难以继续参加合伙的事由；④其他合伙人严重违反合伙协议约定的义务。合伙协议未约定合伙期限的，合伙人在不给合伙企业事务执行造成不利影响的情况下，可以退伙，但应当提前 30 日通知其他合伙人。因自愿退伙而给合伙事务造成损失的，应当赔偿相应的损失。

法定退伙是指基于法律规定的特殊原因或被合伙组织或合伙企业除名，合伙人被动退出合伙的行为，其中又包括当然退伙和除名退伙。

合伙人有下列情形之一的，当然退伙：①作为合伙人的自然人死亡或者被依法宣告死亡；②个人丧失偿债能力；③作为合伙人的法人或者其他组织依法被吊销营业执照、责令关闭、撤销，或者被宣告破产；④法律规定或者合伙协议约定合伙人必须具有相关资格而丧失该资格；⑤合伙人在合伙企业中的全部财产份额被人民法院强制执行。合伙人被依法认定为无民事行为能力人或者限制民事行为能力人的，经其他合伙人一致同意，可以依法转为有限合伙人，普通合伙企业依法转为有限合伙企业。其他合伙人未能一致同意的，该无民事行为能力或者限制民事行为能力的合伙人退伙。退伙事由实际发生之日为退伙生效日。

合伙人有下列情形之一的，经其他合伙人一致同意，可以决议将其除名：①未履行出资义务；②因故意或者重大过失给合伙企业造成损失；③执行合伙事务时有不正当行为；④发生合伙协议约定的事由。对合伙人的除名决议应当书面通知被除名人。被除名人接到除名通知之日，除名生效，被除名人退伙。被除名人对除名决议有异议的，可以自接到除名通知之日起 30 日内，向人民法院起诉。

退伙具有以下法律效力：①退伙后，退货人丧失合伙人资格。②合伙人退伙，其他合伙人应当与该退伙人按照退伙时的合伙企业财产状况进行结算，退还退伙人的财产份额。退伙时有未了结的合伙企业事务的，待该事务了结后进行结算。退伙人在合伙中财产份额的退还办法，由合伙协议约定或者由全体合伙人决定，可以退还货币，也可以退还实物。③退伙人对基于其退伙前的原因发生的合伙企业债务，承担无限连带责任。④退伙人对给合伙企业造成的损失负有赔偿责任的，相应扣减其应当赔偿的数额。

六、合伙合同的终止

合伙合同的终止，是指合伙合同因法定或约定的原因而失去法律效力。合伙合同终止的原因主要包括：①合伙期限届满，合伙人决定不再经营；②合伙协议约定的解散事由出现；③全体合伙人决定解散；④合伙协议约定的合伙目的已经实现或者无法实现；⑤法律、行政法规规定的其他原因。

合伙合同解除或合同终止后，应当对合伙财产进行清算。合伙财产在支付因终止而产生的费用，清偿合伙债务后有剩余的，应当返还合伙人的出资；不足以返还各合伙人出资的，按照各合伙人实际出资比例返还。

法条链接

法学 e 系列教材

书　名	作　者
法理学	赵雪纲
宪法学	姚国建
行政法学	王敬波
行政诉讼法学	张　锋
中国法制史	马志冰
民法总论	姚新华
物权法	刘智慧
债法总论	费安玲
合同法	朱晓娟
侵权责任法	寇广萍
知识产权法	周长玲
公司法学	吴景明等
证券法	王光进
经济法学	薛克鹏　张钦昱
金融法学	魏敬淼
竞争法学	刘继峰　刘　丹
刑法学总论	曲新久
刑法学分论	阮齐林
民事诉讼法学	杨秀清
刑事诉讼法学	卫跃宁
国际法	马呈元
国际私法	刘　力
国际经济法	张丽英